밀린다왕문경

불교경전 ⑱

밀린다왕문경②
(彌蘭陀王問經)

동서사상의 만남 • 이미령 譯

민족사

밀린다왕문경
차 례

제2편 논란(論難)

제2편 논란(論難)

제4장

1. 신통력을 가진 마하목갈라나의 죽음

"존자 나가세나여! 또 세존은 다음과 같이 말씀하셨습니다.

'비구들이여! 나의 제자 비구로서 신통력을 가진 자 가운데 으뜸 가는 사람은 이 마하목갈라나이니라.'

그런데 또 이렇게 전해지기도 합니다.

'그는 도적에게 몽둥이로 맞아 두개골이 깨어지고 뼈가 부러지고 근육과 혈관과 골수가 터져 죽었다.'

존자 나가세나여! 만일 장로 마하목갈라나가 신통력이 궁극에 달해 있었다고 한다면, 그렇다면 '그는 도적에게 몽둥이로 맞아 죽었다'라고 하는 말은 틀렸습니다. 만약 그가 도적에게 몽둥이로 맞아 죽었다고 한다면, '신통력이 궁극에 달해 있었다'고 하는 말은 틀렸습니다. 신들과 인간들이 의지할 만하다고까지 이야기되는 자가 어찌하여 신통력에 의해 자기에게 닥친 위험을 제거할 수가 없었겠습니까?

이것도 또 양도논법의 물음으로 당신에게 제출되었습니다.

이것은 당신이 해명해야 하는 것입니다."

"대왕이여! 참으로 세존은 다음과 같이 말씀하셨습니다.

'비구들이여! 나의 제자 비구로서 신통력을 가진 자 가운데 으뜸 가는 사람은 이 마하목갈라나이니라.'

그런데 또 존자 마하목갈라나는 도적에게 몽둥이로 맞아 죽었습니다. 이 일은 그가 자신의 숙업에 묶여 있었기 때문입니다."

"존자 나가세나여! 신통력을 가진 자의 신통경지나 숙업의 과보는 생각으로 헤아릴 수 없는 것입니까? 그리고 생각으로 헤아릴 수 없는 것은 생각으로 헤아릴 수 없는 것에 의해 제거될 수는 없습니까?

존자여! 예를 들면 과실을 얻으려고 생각하는 자가 사과로써 사과를 떨어뜨리고 망고 과실로써 망고 과실을 떨어뜨리는 것처럼, 그와 마찬가지로 생각으로 헤아릴 수 없는 것은 생각으로 헤아릴 수 없는 것에 의해 떨어뜨려 제거해야 합니다."

"대왕이여! 생각하여 헤아릴 수 없는 것들 가운데에도 어느 한 가지는 다른 모든 것보다 뛰어나고 유력합니다.

대왕이여! 예를 들면 지상에 태생이 같은 여러 왕이 있다고 합시다. 같은 태생의 그들 가운데서도 한 왕은 다른 모든 왕을 이기고 명령을 발하는 것처럼, 대왕이여! 그와 마찬가지로 생각으로 헤아릴 수 없는 것 중에서 업보만이 다른 모든 것보다 뛰어나고 유력하며 업보만이 모두를 이기고 명령을 발합니다. 왜냐하면 업에 묶여 있는 자에 대해서는 업 이외의 나머지 작용은 활동할 기회를 얻지 못하기 때문입니다.

대왕이여! 또 여기에 어떤 남자가 뭔가 법률에 저촉되어 죄를 지었다고 합시다. 그의 어머니와 아버지, 형제와 자매, 벗과 동료 모두 그를 보호하지 못합니다. 그 때 왕은 그들과는 반대로 그들을 이기고 그를 보호할 명령을 발합니다. 그 이유는 뭘까요? 그는 죄를 범했기 때문입니다. 대왕이여! 그와 마찬가지로 생각으로 헤아릴 수 없는 것 중에서 업보만이 다른 모든 것보다 뛰어나고 유력하며 업보만이 모두를 이기고 명령을 발합니다. 왜냐하면 업에 묶여 있는 자에 대해서는 업 이외의 나머지 작용은 활동할 기회를 얻지 못하기 때문입니다.

대왕이여! 예를 들면 또 지상의 밀림에서 화재가 일어났을 때 일천 개의 병에 담긴 물로도 진화할 수는 없습니다. 그 때 불만이 그들 병의 물을 이기고 명령을 발합니다. 그 이유는 뭘까요? 불의 세력이 강력하기 때문입니다. 대왕이여! 그와 마찬가지로 생각으로 헤아릴 수 없는 것 중에서 업보만이 다른 모든 것보다 뛰어나고 유력하며 업보만이 모두를 이기고 명령을 발합니다. 왜냐하면 업에 묶여 있는 자에 대해서는 업 이외의 나머지 작용은 활동할 기회를 얻지 못하기 때문입니다. 대왕이여! 그렇기 때문에 존자 마하목갈라나가 자기의 업에 묶여 도적에게 몽둥이로 맞았을 때 신통에 사념을 집중할 수가 없었던 것입니다."

"잘 알았습니다. 존자 나가세나여! 당신이 논하신 내용은 참으로 그와 같다고 나는 인정합니다."

2. 교단규율의 은닉

"존자 나가세나여! 또 세존은 다음과 같이 말씀하셨습니다.

'비구들이여! 여래가 설한 교법과 규율이란 그것들을 나타내 보였을 때 빛나고, 숨겼을 때 빛나지 않는다.'

그런데 또 한편에서는 파티목카(계본)의 독송과 전체 비나야피타카(율장)를 비구 이외의 일반인에게는 숨기고 감추셨습니다.

존자 나가세나여! 만일 사람들이 승자(붓다)의 가르침에 있어서 가르침을 받고 가르침을 파악하고 혹은 가르침의 참뜻을 터득한다면 규율의 제정을 모든 사람들에게 나타내 보임으로써 빛날 것입니다. 어떤 이유에 의해서일까요? 그 경우 모든 배워야 할 규율, 즉 자제와 제어와 계행과 덕행의 제정은 실리[1]를 본질로 하고, 진리를 본질로 하고, 번뇌로부터의 해탈을 본질로 하고 있기 때문입니다.

존자 나가세나여! 만약 세존께서 '비구들이여! 여래가 설한 교법과 규율이란 그것들을 나타내 보였을 때 빛나고, 숨겼을 때 빛나지 않는다'라고 말씀하신 것이라면, 그렇다면 '파티목카의 독송과 전체 비나야피타카를 비구 이외의 일반인에게는 숨기고 감추셨다'라고 하는 그 말씀은 거짓입니다. 만일 파티목카의 독송과 전체 비나야피타카를 비구 이외의 일반인에게 숨기고 감추신 것이라면, 그렇다면 '비구들이여! 여래가 설한 교법과 규율이란 그것들을 나타내 보였을 때 빛나고, 숨겼을 때 빛나지 않는다'라고 하는 그 말씀도 또한 거짓입니다.

이것도 또 양도논법의 물음으로 당신에게 제출되었습니다. 이것은 당신이 해명해야 하는 것입니다."

"대왕이여! 참으로 세존은 다음과 같이 말씀하셨습니다.

'비구들이여! 여래가 설한 교법과 규율이란 그것들을 나타내

보였을 때 빛나고, 숨겼을 때 빛나지 않는다.'

그런데 또 한편에서는 파티목카의 독송과 전체 비나야피타카를 비구 이외의 일반인에게는 감추고 숨기셨습니다. 그런데 이 '감추고 숨겼다'고 하는 것은 모든 사람들에 대한 것이 아니고 일정한 제한지역(結界, 스님들의 수도를 돕기 위한 일종의 성역화)을 정하여 감추고 숨기신 것입니다.

대왕이여! 세존께서는 파티목카의 독송에 있어 세 가지 이유로 결계를 정하고 감추고 숨기셨습니다.

첫째, 옛 여래들의 관습에 의해 감추고 숨기셨습니다.

둘째, 진리의 존중을 위해 감추고 숨기셨습니다.

셋째, 비구 지위의 존중을 위해 감추고 숨기셨습니다.

첫째의 파티목카의 독송을 옛 여래들의 관습에 의해 결계를 정하여 감추고 숨겼다는 것은, 대왕이여! 파티목카의 독송을 비구 가운데에서만 행하고 나머지 다른 사람들에 대하여 감추고 숨겼다고 하는 것은 예로부터 모든 여래들의 관습입니다.

대왕이여! 예를 들면 크샤트리야 계급 사람들의 신비로운 주문은 크샤트리야 사람들 사이에서만 전해지며 그리고 이러한 일은 크샤트리야 사람들 세계의 관습이어서 나머지 다른 사람들에게는 감추고 숨기는 것처럼, 대왕이여! 그와 마찬가지로 파티목카의 독송을 비구 가운데에서만 행하고 나머지 다른 사람들에 대하여 감추고 숨겼다고 하는 것은 예로부터 모든 여래들의 관습입니다.

대왕이여! 또 예를 들면 이 세상에는 다음과 같은 무리가 알려져 있습니다. 즉 역사(힘을 쓰는 사람), 곡예사, 요술쟁이, 공중제비 곡예사, 무희, 배우, 무언극 배우, 매니밧다(곡예사), 푸나밧다(곡예사) 및 달, 태양, 시리데밧타(행운의 여신), 카리데밧타(악운의 여신), 시바신, 바스대바(재물의 신), 가니카(구름의 신), 아시파사, 밧디풋타 등의 신들에 관한 비밀의식을 행하는 사람들입니다. 그들 각각의 비밀스러운 뜻은 동일집단에게만 전승 유지되고 다른 나머지 집단에 대해서는 비밀로 하고 있는 것처럼, 대왕이여! 그와 마찬가지로 파티목카의 독송을 비구 가운데에서만 행하고 나머지 다른 사람들에 대하여 감추고 숨겼다고 하는 것은 예로부터 모든 여래들의 관습입니다. 이것이 옛 여래들의 관습에 의해 파티목카의 독송이 결계를 정하여 감추고 숨겨진 이유입니다.

둘째의 진리의 존중을 위해 파티목카의 독송을 결계를 정하여 감추고 숨겼다는 것은 무엇인가 하면,

대왕이여! 진리는 존엄하고 중대한 것입니다. 그 진리를 올바로 실천하는 자는 다른 사람들에게 다음과 같이 말합니다. '전승에 의해 그 진리를 바르게 실천했다면 그 진리를 완전하게 파악할 수 있지만, 전승에 의해 바르게 실천하지 않았다면 그 진리를 완전하게 파악할 수는 없습니다. 이 같은 진실한 진리, 가장 뛰어난 진리가 바르게 실천하지 않는 사람들 수중에 들어가 경시되고 업신여겨지고 경멸당하거나 비난받는 일이 없을지어다. 또 이 같은 진실한 진리, 가장 뛰어난 진리가 악한 사람들 속에서 경시되고 천시받거나 업신여겨지고 경멸당하고 비난받는 일이 없을지어다.' 이처럼 진리의 존중을 위해 파티목카의 독송이 결계를 정하여 감추고 숨겨진 것입니다.

대왕이여! 예를 들면 참되고 반듯하고 최고가이고 최상품이고 우량품이고 양질인 붉은 전단목이 사바라푸라(천민의 마을)에 들어가면 경시되고 천시받고 업신여겨지고 경멸당하고 비난받는 것처럼, 대왕이여! 그와 마찬가지로 '이 같은 진실한 진리, 가장 뛰어난 진리가 전승에 의해 바르게 실천하지 않는 사람들 수중에 들어가 경시되고 천시받고 업신여겨지고 경멸당하고 비난받는 일이 없을지어다. 또 이 같은 진실한 진리, 가장 뛰어난 진리가 악한 사람들 속에서 경시되고 천시받고 업신여겨지고 경멸당하고 비난받는 일이 없을지어다'라고, 이와 같이 진리의 존중을 위해 파티목카의 독송이 결계를 정하여 감추고 숨겨진 것입니다.

셋째의 비구 지위의 존중을 위해 파티목카의 독송이 결계를 정하여 감추고 숨겨졌다는 것이란, 대왕이여! 비구의 신분은 견줄 수 없고, 헤아릴 수 없으며, 가치를 매길 수 없는 것입니다. 어떤 자도 평가하거나 비교하고 계량할 수가 없습니다. 그리고 '이러한 이 비구의 신분으로 우뚝 서서 살아가는 사람은 세간 사람들과 동일하게 되지 않도록'이라고 하여, 비구들만의 사이에서 파티목카의 독송이 행해지는 것입니다.

대왕이여! 예를 들면 세간에서 가장 값비싸고 최상의 품질 즉 의복이나 혹은 융단(카펫) 혹은 코끼리, 준마, 수레, 황금, 은, 마니보주, 진주, 여보(女寶) 등이나 혹은 누구에게도 진 적이 없는 힘을 지닌 용사 등 이 모든 것이 왕에게 소속되어 있는 것과 같이, 대왕이여! 그와 마찬가지로 무릇 세간에서 닦아야 할 규율·잘 가신 분(붓다)의 전승성전·교설·올바른 행을 불러오는 자제·계행·악을 방지하는 덕행은 모두 비구 상가(불교교단)에 소속된 것입니다. 이것이 바로 비구 지위의 존중을 위해 파티목카의 독송을 결계를 정하여 숨기고 감추는 이유입니다."

"잘 알았습니다. 존자 나가세나여! 당신이 논하신 내용은 참으로 그와 같다고 나는 인정합니다."

3. 무거운 죄와 가벼운 죄

"존자 나가세나여! 또 세존은 다음과 같이 말씀하셨습니다.

'일부러 거짓말을 하면 교단추방죄(무거운 죄)가 된다.'

그런데 또 이렇게 말씀하셨습니다.

'고의로 거짓말을 하면 가벼운 죄를 범한 것이 된다. 따라서 그는 한 사람의 비구 앞에서 범한 죄를 고백하지 않으면 안 된다.'

존자 나가세나여! 하나의 거짓말을 한 것으로 인해 교단에서 추방되는 것과, 또 하나의 거짓말을 하고도 용서받는 일의 이 둘은 어떤 구별이 있겠습니까? 어떤 이유로 구별이 있는 것입니까?

존자 나가세나여! 만일 세존이 '고의로 거짓말을 하면 교단추방죄(무거운 죄)가 된다'라고 말씀하셨다면, '고의로 거짓말을 하면 가벼운 죄를 범한 것이 된다. 따라서 그는 한 사람의 비구 앞에서 범한 죄를 고백하지 않으면 안 된다'라는 그 말씀은 허구입니다. 만일 여래가 '고의로 거짓말을 하면 가벼운 죄를 범한 것이 된다. 따라서 그는 한 사람의 비구 앞에서 범한 죄를 고백하지 않으면 안 된다'라고 말씀하셨다면, '고의로 거짓말을 하면 교단추방죄(무거운 죄)가 된다'라고 하는 그 말씀도 또한 허구입니다.

이것도 또 양도논법의 물음으로 당신에게 제출되었습니다. 이것은 당신이 해명해야 하는 것입니다."

"대왕이여! 참으로 세존께서는 다음과 같이 말씀하셨습니다.

'고의로 거짓말을 하면 교단추방죄(무거운 죄)가 된다.'

그런데 또 이렇게 말씀하셨습니다.

'고의로 거짓말을 하면 가벼운 죄를 범한 것이 된다. 따라서 그는 한 사람의 비구 앞에서 범한 죄를 고백하지 않으면 안 된다.'

그러나 그것은 사정에 의해 무거운 죄도 되고, 가벼운 죄도 되는 것입니다. 대왕이여! 당신은 다음의 일을 어떻게 생각하십니까? 여기 한 남자가 있는데 손으로 다른 사람을 때렸다고 합시다. 당신은 이 남자에게 어떤 형벌을 부과하시겠습니까?"

"존자여! 만일 저(피해자)가 '나는 용서하지 않는다'라고 말한다면 나는 그 가해자로 하여금 그를 용서하지 않는 피해자를 위해 1카하파나의 벌금을 물리겠습니다."

"대왕이여! 그러나 지금 그 남자가 손으로 당신을 때렸다면 어떤 형벌이 그에게 부과되겠습니까?"

"존자여! 손이 잘리고 발도 잘릴 것입니다. 대나무의 어린 싹을 벗기듯 머리까지 가죽이 벗겨질 것입니다. 또 그의 집 전 재산을 몰수하고 부계와 모계의 제7대에 이르기까지 멸절시킬 것입니다."

"대왕이여! 그렇다면 어떤 사람을 때렸을 때 1카하파나의 가벼운 벌금으로 그치고, 당신을 때렸을 때 손이 잘리고 발도 잘

리며, 대나무의 어린 싹을 벗기듯 머리까지 가죽이 벗겨지며,
또 그의 집 전 재산을 몰수하고 부계와 모계의 제7대에 이르기
까지 멸절시킨다면 이 양자의 구별은 무엇입니까? 어떤 이유로
구별이 있는 것입니까?"

"존자여! 상대에 의한 것입니다."

"대왕이여! 그와 마찬가지로 고의로 거짓말을 했을 때 사정
의 다름에 의해 무거운 죄도, 가벼운 죄도 되는 것입니다."

"잘 알았습니다. 존자 나가세나여! 당신의 논하신 내용은 참
으로 그와 같다고 나는 인정합니다."

4. 보살의 관찰

"존자 나가세나여! 또 세존은 다음과 같은 말씀을 '습성에 관
한 가르침의 문'에서 설하셨습니다.

'보살들의 부모는 보살이 태어나기 전생에 결정되어 있고 보
리수는 결정되어 있고 상석(上席)의 제자들은 결정되어 있고 아
들은 결정되어 있고 시자는 결정되어 있다.'

그런데 또 당신네는 다음과 같이 말합니다.

'투시타(도솔)천에서 신이 되어 머물고 있을 때 보살(붓다의
전신)은 여덟 가지 대관찰을 하셨다.

첫째, 언제쯤 태어날 것인지 시기를 관찰하고 둘째, 어디에
태어날 것인지 대륙을 관찰하고 셋째, 어디쯤이 좋을지 지방을
관찰하고 넷째, 어느 가문이 좋을지를 관찰하고 다섯째, 어떤

사람이 어머니 될 여인인지를 관찰하고 여섯째, 얼마 동안 태내에 있을 것인가 회태기간을 관찰하고 일곱째, 태어날 달은 언제가 좋을지 관찰하고 여덟째, 성을 버리고 출가할 것까지 미리 관찰하셨다.'

존자 나가세나여! 지식이 성숙하지 않았을 때에는 각증(깨닫고 증득함)작용은 존재하지 않습니다. 지식이 성숙했을 때에는 한순간도 관찰하는 것을 기다릴 수가 없습니다. 왜냐하면 성숙한 마음의 작용은 다른 그 어떤 것에 의해서도 정복되지 않기 때문입니다. 그런데 왜 보살은 '언제 나는 태어날 것인가' 하고 때를 관찰합니까? 지식이 성숙하지 않았을 때에는 각증작용은 존재하지 않습니다. 지식이 성숙했을 때에는 한순간도 관찰하는 것을 기다릴 수가 없습니다. 왜 보살은 '어떤 가문에 나는 태어날 것인가' 하고 가문을 관찰합니까?

존자 나가세나여! 만일 보살의 부모가 전생에 이미 결정되어 있었다고 한다면, 그렇다면 가문을 관찰한다고 하는 말은 잘못된 말입니다. 만약 가문을 관찰한다면 보살의 부모가 전생에 이미 결정되어 있다는 그 말씀도 또한 잘못된 말입니다.

이것도 또 양도논법의 물음으로 당신에게 제출되었습니다. 이것은 당신이 해명해야 하는 것입니다."

"대왕이여! 보살의 부모는 전생에 이미 결정되어 있었습니다. 그런데 또 보살은 가문을 관찰한 것입니다. 그러면 어떻게 가문을 관찰했던 것일까요? '나의 부모는 크샤트리야일까, 아니면 바라문일까?' 하고 이와 같이 가문을 관찰했습니다.

대왕이여! 다음의 여덟 가지 방식으로 미래의 일을 미리 관찰하지 않으면 안 됩니다. 여덟 가지란 어떤 것일까요? 첫째, 상인은 팔아야 할 상품을 미리 관찰해야 합니다. 둘째, 코끼리는 코로써 앞으로 밟아갈 길을 미리 관찰해야 합니다. 셋째, 마부는 아직 건너지 않은 나루터를 미리 관찰해야 합니다. 넷째, 사공은 아직 닿지 않은 언덕을 미리 관찰하고 나서 배를 대야 합니다. 다섯째, 의사는 환자의 수명을 미리 관찰하고 나서 치료를 하기 위해 환자를 가까이 해야 합니다. 여섯째, 다리를 건너는 자는 그 다리가 견고한지 낡은지 상태를 미리 알고 나서 건너야 합니다. 일곱째, 비구는 정오까지의 때를 미리 고찰하여 식사를 해야 합니다. 여덟째, 보살들은 '크샤트리야 가문인가, 아니면 바라문 가문인가' 하고 미리 가문을 관찰해야 합니다.

대왕이여! 실로 이들 여덟 가지 방식으로 미래의 일을 사전에 미리 관찰하지 않으면 안 됩니다."

"잘 알았습니다. 존자 나가세나여! 당신의 논하신 내용은 참으로 그와 같다고 나는 인정합니다."

5. 자살을 금하는 이유

"존자 나가세나여! 또 세존은 다음과 같이 말씀하셨습니다.
'비구들이여! 자살해서는 안 된다. 자살하는 자는 법규에 따라 처리될 것이다.'

그런데 또 당신네는 이렇게 말합니다.

'세존께서 제자들에게 교법을 설하실 때 어떠한 경우에도 갖가지 방법에 의해 생로병사의 괴로움을 끊을 수 있는 교법을 설하셨습니다. 그리고 누구든 생로병사의 괴로움을 초극하는 자를 붓다는 더할 나위 없는 찬사로 칭찬하셨습니다.'

존자 나가세나여! 만일 세존께서 '비구들이여! 자살해서는 안 된다. 자살하는 자는 법규에 따라 처리될 것이다'라고 말씀하신 것이라면, 그렇다면 '세존께서 제자들에게 교법을 설하실 때 어떠한 경우에도 갖가지 방법에 의해 생로병사의 괴로움을 끊을 수 있는 교법을 설하셨습니다. 그리고 누구든 생로병사의 괴로움을 초극하는 자를 붓다는 더할 나위 없는 찬사로 칭찬하셨습니다'라고 하는 그 말은 잘못된 말입니다. 만일 세존께서 제자들에게 교법을 설하실 때 어떠한 경우에도 갖가지 방법에 의해 생로병사의 괴로움을 끊을 수 있는 교법을 설하시고 누구든 생로병사의 괴로움을 초극하는 자를 붓다는 더할 나위 없는 찬사로 칭찬하셨다면, '비구들이여! 자살해서는 안 된다. 자살하는 자는 법규에 따라 처리될 것이다'라는 그 말씀 또한 잘못된 말입니다.

이것도 또 양도논법의 물음으로 당신에게 제출되었습니다. 이것은 당신이 해명해야 하는 것입니다."

"대왕이여! 진실로 세존은 다음과 같이 말씀하셨습니다.

'비구들이여! 자살해서는 안 된다. 자살하는 자는 법규에 따라 처리될 것이다.'

그런데 또 세존께서 제자들에게 교법을 설하실 때 어떠한 경우에도 갖가지 방법에 의해 생로병사의 괴로움을 끊는 데 이르는 교법을 설하시고 누구든 생로병사의 괴로움을 초극하는 자를 붓다는 더할 나위 없는 찬사로 칭찬하셨습니다. 그러나 여기에는 하나의 이유가 있는 것입니다. 세존께서는 전자에서는 사멸을 물리치기 위하여 그렇게 말씀하셨고, 또 후자에서는 단멸을 권하기 위해 그렇게 말씀하셨다는 이유가 있는 것입니다."

"존자 나가세나여! 그러면 여기서 세존이 물리치시고 또 권하신 이유란 무엇입니까?"

"대왕이여! 계행을 지키는 자·계행을 구비한 자는 아가다약(해독제)처럼 중생들의 번뇌의 독을 소멸하고, 약초처럼 중생들의 번뇌의 병을 치료하고, 물처럼 중생들의 번뇌의 때를 제거하고, 마니보주처럼 중생들이 원하는 모든 것을 이루게 해 주고, 배처럼 중생들을 네 가지 폭류[2]의 피안에 건네 주고, 대상을 통솔하는 주인처럼 중생들로 하여금 윤회하는 생존의 황야를 뛰어 건너게 하고, 바람처럼 중생들의 세 가지 열화[3]를 불어 끄고, 사랑의 비를 내리는 큰 구름처럼 중생들의 마음을 만족시키고, 스승처럼 중생들에게 선을 가르치고, 뛰어난 안내자처럼 중생들에게 평안의 길을 제시합니다.

대왕이여! 이와 같이 계행을 지키는 자는 많은 공덕·많은 종류의 공덕·무량한 공덕을 지니고, 공덕을 겹쳐 쌓은 자·공덕을 쌓아 모으는 자로서 중생들의 이익을 도모합니다.

대왕이여! 세존은 중생들을 불쌍히 여기신 나머지 '비구들이여! 몸을 망쳐서는 안 된다' 하시고, 배워야 할 규율 즉 '비구들이여! 자살해서는 안 된다. 자살하는 자는 법규에 따라 처리될 것이다'라고 하는 것을 제정하셨습니다. 대왕이여! 이것이 세존께서 투신자살을 물리치셨던 이유인 것입니다.

대왕이여! 또 변설에 뛰어난 장로 쿠마라캇사파가 파야시왕에게 '다른 세계'를 설할 때에 이렇게 말했습니다.

'왕이여! 계행을 지키고 덕을 갖춘 편력자·바라문들(비구를 가리킴)은 오랜 기간 이 세상에서 계속 생존하여감에 따라 더욱 더 많은 사람들의 이익을 위해, 많은 사람들의 안락을 위해, 세간을 불쌍히 여기기 때문에 그리고 신들과 인간의 참다운 이익과 안락을 위해 실천합니다'라고.

다음으로 세존은 어떤 이유에 의해 후자의 단멸을 권하신 것일까요?

대왕이여! 태어나는 것은 괴로움입니다. 늙어 가는 것도 괴로움입니다. 질병도 괴로움입니다. 죽음도 괴로움입니다. 근심도 괴로움입니다. 슬픔도 괴로움입니다. 고통도 괴로움입니다. 번뇌도 괴로움입니다. 번민도 괴로움입니다. 사랑하지 않는 자와 만나는 것도 괴로움입니다. 사랑하는 자와 이별하는 것도 괴로움입니다.

어머니의 죽음은 괴로움입니다. 아버지의 죽음도 괴로움입니다. 형제의 죽음도 괴로움입니다. 자매의 죽음도 괴로움입니다. 자녀의 죽음도 괴로움입니다. 아내의 죽음도 괴로움입니다. 친척되는 자의 죽음도 괴로움입니다. 친척되는 자를 잃는 것도 괴로움입니다. 건강을 잃는 것도 괴로움입니다. 재산을 잃는 것도 괴로움입니다. 계행을 잃는 것도 괴로움입니다. 지혜의 견해를 잃는 것도 괴로움입니다.

왕으로 인해 생겨난 공포도 괴로움입니다. 도적의 공포도 괴로움입니다. 적의 공포도 괴로움입니다. 기근의 공포도 괴로움입니다. 불의 공포도 괴로움입니다. 물의 공포도 괴로움입니다.

파도의 공포도 괴로움입니다. 소용돌이의 공포도 괴로움입니다. 악어의 공포도 괴로움입니다. 스스카(악어의 일종)의 공포도 괴로움입니다. 자기에게 가해질지도 모르는 비난의 공포도 괴로움입니다. 다른 사람에게 가할지도 모르는 비난의 공포도 괴로움입니다.

처벌의 공포도 괴로움입니다. 악의 생존으로 나아가는 공포도 괴로움입니다. 모임의 사람들과 친숙해지는 것을 두려워하는 공포도 괴로움입니다. 생계의 공포도 괴로움입니다. 죽음의 공포도 괴로움입니다. 채찍으로 맞는 것도 괴로움입니다. 등나무로 맞는 것도 괴로움입니다. 납작한 몽둥이로 맞는 것도 괴로움입니다. 손이 잘리는 것도 괴로움입니다. 발이 잘리는 것도 괴로움입니다. 손과 발이 잘리는 것도 괴로움입니다. 귀가 잘리는 것도 괴로움입니다. 코가 잘리는 것도 괴로움입니다. 귀와 코가 잘리는 것도 괴로움입니다.

죽사발의 형벌(두개골을 쪼개고 펄펄 끓는 죽을 흘려 넣는 형벌)도 괴로움입니다. 조개껍질 형벌(조개껍질을 갈 듯 사금파리로 두피를 벗기는 형벌)도 괴로움입니다. 라후라입의 형벌(입을 철침으로 벌리고 그 속에 기름을 붓고 불을 붙이는 형벌)도 괴로움입니다. 고리빛[光環]형벌(전신을 기름 먹인 천으로 감고 불을 붙이는 형벌)도 괴로움입니다. 광명손의 형벌(손을 기름 먹인 천으로 감고 불을 붙이는 형벌)도 괴로움입니다. 뱀가죽 벗기는 형벌(머리에서 무릎까지 피부를 가늘고 길게 벗겨 발 주위에 떨어뜨리는 형벌)도 괴로움입니다. 벗긴 가죽옷 형벌(가는 헝겊처럼 벗겨진 피부를 각기 머리카락으로 묶고 베일을 씌운 것처럼 하는 형벌)도 괴로움입니다.

영양형(무릎과 팔꿈치를 함께 묶고 철판 위에 웅크리게 하고 밑에서 불을 붙이는 형벌)도 괴로움입니다. 살낚시형(살낚시로 낚아올리는 형벌)도 괴로움입니다. 카하파나화형(카하파나 동전 크기로 몸을 도려내는 형벌)도 괴로움입니다. 잿물을 붓는 형벌(날이 선 칼이나 대패 같은 것으로 몸에 상처를 내고 잿물을 붓는 형벌)도 괴로움입니다. 봉회전형(두 귓구멍을 쇠꼬챙이로 찔러 관통하게 하여 대지 위에 굴리는 형벌)도 괴로움입니다. 쑥이불형(뼈를 뺄 정도로 두들겨 패고 몸을 쑥이부자리처럼 하는 형벌)도 괴로움입니다. 뜨거운 기름벼락을 맞는 것도 괴로움입니다. 개들에게 물리는 것도 괴로움입니다. 산 채로 꼬치에 꿰이는 것도 괴로움입니다. 칼로 목이 잘리는 것도 괴로움입니다.

대왕이여! 윤회의 흐름에 들어간 자는 이러한 여러 가지 다양한 괴로움을 받는 것입니다.

예를 들면 히말라야 산에 내린 비가 돌, 자갈, 사금파리, 모래, 소용돌이, 여울, 물결, 굽이치는 흐름, 급한 흐름, 나무뿌리, 나뭇가지와 같이 장애가 되거나 흐름을 방해하는 사이를 두루 흘러 갠지스 강에 들어가는 것처럼, 대왕이여! 그와 마찬가지로 윤회의 흐름에 들어간 자는 이러한 여러 가지 다양한 괴로움을 받는 것입니다. 대왕이여! 쉬지 않고 온갖 생존을 반복하며 나고 죽는 윤회는 괴로움이고, 생사윤회하지 않는 일(열반, 깨달음)은 즐거움입니다. 대왕이여! 세존은 생사윤회하지 않는 일의 공덕과 생사윤회를 반복할 때 생겨나는 공포를 밝히시고 생사윤회를 반복하지 않는 일을 권하기 위해, 또 생로병사를 초극하기 위해 단멸해야 할 것인 후자의 가르침을 권하신 것입니다. 대왕이여! 이것이 세존께서 권하셨던 이유인 것입니다."

"잘 알았습니다. 존자 나가세나여! 물음은 잘 해명되고 이유
는 잘 설해졌습니다. 이(당신의 논한 바)는 참으로 그와 같다고
나는 인정합니다."

6. 자애심의 힘

"존자 나가세나여! 또 세존께서는 다음과 같은 말씀을 하셨
습니다.

'비구들이여! 중생들에 대하여 자애심을 일으키고 마음의 속
박을 떠난 선정을 진실하게 잘 닦으며, 익숙해지고, 반복하여
닦고, 숙달되고, 탐구하고, 추구하며, 훤히 통달하여 이러한 선
정의 경지가 잘 나타나고 일어났을 때 열한 가지 이익을 얻을
수 있다. 무엇이 열한 가지인가?

(1) 편안하고 즐겁게 잠잔다.
(2) 편안하고 즐겁게 눈을 뜬다.
(3) 악몽을 꾸지 않는다.
(4) 사람들에게 사랑을 받는다.
(5) 비인(사람 이외의 다른 생명)들에게 사랑을 받는다.
(6) 천신이 그를 수호한다.
(7) 불이나 독, 칼도 그에게 해를 끼치지 않는다.
(8) 마음은 쉽게 통일된다.

(9) 얼굴빛은 기쁨으로 빛난다.

(10) 임종할 때 혼미하지 않는다.

(11) 만일 최상(아라한의 경지)에 통달하지 않으면 범천계에 이른다.'

그런데 또 당신네들은 '자애심을 닦고 수행하여 익히기에 힘쓰고 있던 동자 사마가 사슴떼에게 둘러싸여 산허리를 여기저기 돌아다니고 있을 때 피리얏카왕의 독화살에 그 자리에서 정신을 잃고 쓰러졌습니다'라고 말합니다.

존자 나가세나여! 만일 세존께서 '비구들이여! 중생들에 대하여 자애심을 일으키고 나아가 범천계에 이른다'라고 말씀하신 것이라면, 그렇다면 '자애심을 닦고 익히기에 힘쓰고 있던 동자 사마가 사슴떼에 둘러싸여 산허리를 여기저기 돌아다니고 있을 때 피리얏카왕의 독화살에 맞아 그 자리에서 정신을 잃고 쓰러졌다'라고 하는 그 말은 잘못된 말입니다.

만일 자애심을 닦고 익히기에 힘쓰고 있던 동자 사마가 사슴떼에 둘러싸여 산허리를 여기저기 돌아다니고 있을 때 피리얏카왕의 독화살에 맞아 그 자리에서 정신을 잃고 쓰러졌다면, 그렇다면 '비구들이여! 중생들에 대하여 자애심을 일으키고 나아가 불이나 독, 칼도, 그에게 해를 끼치지 않는다'라는 그 말씀도 또한 잘못된 말입니다.

이것도 또 미묘하고 미세하고 매우 심오한 양도논법의 물음으로, 대론에 뛰어난 사람들이라도 전신에 땀을 흘릴 질문입니다. 이것이 당신에게 제출되었습니다. 이 큰 결박을 풀고 미래

승자의 아들(붓다의 제자)들에게 미혹에서 벗어나기 위한 지혜의 눈을 주십시오."

"대왕이여! 참으로 세존께서는 다음과 같이 말씀하셨습니다.

'비구들이여! 중생들에 대하여 자애심을 일으키고 나아가 불이나 독, 칼도 그에게 해를 끼치지 않는다'라고

그런데 또 자애심을 열심히 닦고 익히던 동자 사마는 사슴떼에게 둘러싸여 산허리를 여기저기 돌아다니고 있을 때 피리얏카 왕의 독화살을 맞아 그 자리에서 정신을 잃고 쓰러졌습니다. 대왕이여! 그러나 거기에는 이유가 있습니다. 그 이유는 무엇일까요?

대왕이여! 붓다가 설하신 이들 열한 가지 이익은 자애심을 선천적으로 갖고 있는 사람에게 속한 것이 아니고, 자애심을 닦고 익히는 사람에 속한 것입니다.

대왕이여! 사마동자가 물병을 들어올렸을 때 그 순간 그는 자애심을 닦고 익히던 힘을 잃었습니다. 대왕이여! 사람이 자애심을 획득한 그 순간에는 그 사람에 대하여 불이나 독, 칼도 해를 미치지 않습니다. 그에게 누군가가 불이익을 주고자 하여 다가가더라도 그를 발견할 수 없고 그에게서 해칠 기회를 얻을 수 없습니다.

대왕이여! 이들 열한 가지 이익은 선천적으로 그 사람에게 속한 것이 아니고, 후천적으로 자애심을 닦고 익히는 사람에게 속한 것입니다.

대왕이여! 여기 어떤 전사가 화살이 관통하지 못하는 철갑옷을 입고 전장에 나갔다고 합시다. 날아온 화살은 그의 곁에 이르자마자 떨어지고 흩어지고, 그를 쏘아 관통시킬 기회를 얻지

못할 것입니다. 대왕이여! 날아온 화살은 그의 곁에 이르자 마자 떨어지고 흩어진다고 하는 이 이익은 본래부터 그 전사에게 속한 것이 아니고, 날아온 화살이 관통할 수 없는 철갑옷을 그가 입고 있는 데 있는 것입니다.

대왕이여! 그와 마찬가지로 이들 열한 가지 이익은 선천적으로 그 사람에게 속한 것이 아니고, 후천적으로 자비심을 닦고 익힌 것에 속한 것입니다. 대왕이여! 사람이 자애심을 획득한 그 순간에는 그 사람에 대하여 불이나 독, 칼도 해를 미치지 않습니다. 그에게 누군가가 불이익을 주고자 하여 다가가더라도 그를 발견할 수 없고, 그를 해칠 기회를 얻을 수 없습니다. 대왕이여! 이들 열한 가지 이익은 선천적으로 그 사람에게 속한 것이 아니고, 후천적으로 자애심을 닦고 익히는 것에 속한 것입니다.

대왕이여! 또 여기에 어떤 남자가 초인적 둔갑술의 비밀스러운 이치를 기록한 문서를 수중에 넣었다고 합시다. 그 문서가 그의 수중에 있는 한 그 어떤 보통 사람들은 그 남자를 볼 수가 없습니다. 대왕이여! 그가 보통 사람들의 시야에 들어오지 않는다고 하는 이 이익은 그 남자에게 속한 것이 아니고, 이 이익은 그가 습득한 둔갑술의 비밀스러운 이치에 속한 것입니다.

대왕이여! 그와 마찬가지로 이들 열한 가지 이익은 선천적으로 그 사람에게 속한 것이 아니고, 이들 이익은 후천적으로 자비심을 닦고 익힌 것에 속한 것입니다. 대왕이여! 사람이 자애심을 획득한 그 순간에는 불이나 독, 칼도 그 사람에게 해를 미치지 않습니다. 그에게 누군가가 불이익을 주고자 하여 다가가더라도 그를 발견할 수 없고 그를 해칠 기회를 얻을 수 없습니다. 대왕이여! 이들 열한 가지 이익은 선천적으로 그 사람에게 속한 것이 아니고, 이들 열한 가지 이익은 후천적으로 자애심을 닦고 익힌 것에 속한 것입니다.

대왕이여! 또 예를 들면 어떤 사람이 잘 꾸며진 큰 동굴에 들어갔다고 합시다. 큰비가 내리더라도 그 비는 그를 적실 수는 없습니다. 대왕이여! 큰비가 내리더라도 그가 젖지 않는다는 이 이익은 동굴에 들어간 사람에 속한 것이 아니고, 이 이익은 큰 동굴에 속하는 것입니다.

대왕이여! 그와 마찬가지로 이들 열한 가지 이익은 선천적으로 그 사람에게 속한 것이 아니고, 이들 이익은 후천적으로 자비심을 닦고 익힌 것에 속한 것입니다. 대왕이여! 사람이 자애심을 획득한 그 순간에는 불이나 독, 칼도 그 사람에게 해를 미치지 않습니다. 그에게 누군가가 불이익을 주고자 다가가더라도 그를 발견할 수 없고 그를 해칠 기회를 얻을 수 없습니다. 대왕이여! 이들 열한 가지 이익은 선천적으로 그 사람에게 속한 것이 아니고, 이들 이익은 후천적으로 자애심을 닦고 익힌 것에 속한 것입니다."

"훌륭하십니다. 존자 나가세나여! 일찍이 없었던 일입니다. 존자 나가세나여! 자애심을 닦고 익히는 일은 온갖 악한 마음을 방비하는 힘을 갖고 있는 것입니다."

"대왕이여! 자애심을 닦고 익히면 착한 사람들에게도 악한 사람들에게도 선의 공덕을 가져옵니다. 큰 공덕이 있는 자애심을 닦고 익히는 일은 식별작용에 생활의 전부를 걸고 있는 중생들이 모두 다 함께 닦고 터득해야만 하는 것입니다."

7. 데바닷타와 붓다의 우열 : 업보의 같고 다름에 대하여

"존자 나가세나여! 선을 행하는 자와 불선(악)을 행하는 자의 행위의 과보가 완전히 같습니까? 아니면 구별이 있습니까?"

"대왕이여! 선과 불선 사이에는 서로 다름이 있습니다. 대왕이여! 선행에는 즐거움의 과보가 있어 선행을 한 자를 천계에 가게 하고, 불선행에는 괴로움의 과보가 있어 불선행을 한 자를 지옥에 가게 합니다."

"존자 나가세나여! 당신네는 '데바닷타는 완전히 사악하며 사악한 성질을 모두 갖추고 있다. 이에 반하여 보살은 완전히 청정하며 청정한 성질을 모두 갖추고 있다'라고 말합니다. 그런데 또 데바닷타는 과거의 모든 생존을 통하여 명성에 있어서나 그를 따르던 사람의 수에 있어서도 보살과 완전히 같았고 오히려 어떤 경우에는 나았습니다.

데바닷타가 바라나시(베나레스)의 도시에서 브라흐마닷타왕의 사제로서 생을 받았을 때 보살[4]은 비천한 찬다라(하천한 계급)의 주문을 사용했습니다. 그는 주문을 외워 열매가 열릴 시기도 아닌 때에 망고 열매를 맺게 했습니다. 이 경우에도 실로 보살은 데바닷타에 비하여 출생신분도 뒤쳐졌고 명성도 모자랐습니다.

다시 또, 데바닷타가 왕이 되어 지상의 군주로서 온갖 욕망을 누리고 있을 때 보살은 그 왕이 타고 다니던 이른바 여러 가지 장식으로 꾸며진 코끼리였습니다. 왕은 그(코끼리)의 우아하고 아름다운 거동에 매혹되어 차마 견디지 못하고 코끼리를 죽이려 마음먹고 조련사에게 이렇게 말했습니다. '코끼리 조련

사여! 그대의 코끼리는 아직 충분히 조련되거나 길들여지지 않았다. 하늘을 날아다니는 재주를 그에게 시켜보라'라고. 그 경우에도 실로 보살은 데바닷타에 비하여 출생신분이 뒤쳐졌고 비천한 동물이었습니다.

다시 또, 데바닷타가 사람이 되어 숲 속에서 곡물을 골라내며 살아가고 있었을 때 보살은 '대지'라 이름하는 원숭이였습니다. 이 경우에도 실로 사람과 동물 사이의 구별이 있고 이 때도 역시 보살은 데바닷타에 비하여 출생신분이 뒤쳐졌습니다.

나아가 또한, 데바닷타가 사람이 되어 소눗타라라는 이름의 강력하고 큰 힘이 있으며 코끼리와 같은 힘을 가진 네사다(하천한 사냥꾼 계급)의 남자였을 때 보살은 '여섯 개의 어금니'라 이름하는 코끼리였습니다. 그 때 그 사냥꾼은 그 코끼리를 죽였습니다. 그 경우에도 실로 데바닷타는 보살보다도 더 뛰어났습니다.

다시 또, 데바닷타가 사람이 되어 집에 머물지 않고 숲 속에서 사는 편력자였을 때 보살은 신비스러운 주문을 외는 자고새였습니다. 그 때도 그 숲 속의 편력자는 그 새를 죽였습니다. 그 경우에도 실로 데바닷타의 출생신분은 보살의 출생신분보다 뛰어났습니다. 다시 또 데바닷타가 카라브라는 이름의 카시국 왕이었을 때 보살은 관용을 설하는 고행자였습니다. 그 때 그 왕은 그 고행자에게 화를 내며 죽순을 자르듯 고행자의 손발을 자르게 했습니다. 그 경우에도 실로 데바닷타는 출생신분도 명성도 보살보다 나았습니다.

다시 또, 데바닷타가 사람이 되어 나무꾼이었을 때 보살은 난디야라는 이름의 원숭이왕이었습니다. 그 때도 그 나무꾼은 그 원숭이왕을 원숭이왕의 어미와 동생들과 함께 죽였습니다. 그 경우에도 실로 데바닷타는 보살보다 출생신분이 뛰어났습니다.

다시 또, 데바닷타가 사람이 되어 카람비야라는 이름의 벌거숭이 고행자였을 때 보살은 판다라카라는 이름의 코끼리왕이었습니다. 그 경우에도 실로 데바닷타는 출생신분이 보살보다 뛰어났습니다.

다시 또, 데바닷타가 사람이 되어 산등성이에 살고 있는 머리 묶은 고행자였을 때 보살은 탓챠카라는 이름의 큰 돼지였습니다. 그 경우에도 실로 데바닷타는 출생신분이 보살보다 뛰어났습니다. 다시 또, 데바닷타가 체티국의 수라파리챠라라는 이름의 왕이었을 때 그는 사람 머리 높이의 공중을 걸어다니는 자였습니다. 그 때 보살은 카필라라는 이름의 바라문이었습니다. 그 경우에도 실로 데바닷타는 출생신분도 명성도 보살보다 뛰어났습니다.

다시 또, 데바닷타가 사마라는 이름의 사람이었을 때 보살은 루루라는 이름의 사슴왕이었습니다. 그 경우에도 실로 데바닷타는 출생신분이 보살보다 뛰어났습니다. 다시 또, 데바닷타가 사람이 되어 삼림을 돌아다니는 사냥꾼이었을 때 보살은 코끼리였습니다. 그 사냥꾼은 그의 상아를 일곱 번 잘라 가지고 갔습니다. 그 경우에도 실로 데바닷타는 출생신분이 보살보다 뛰어났습니다.

다시 또, 데바닷타가 왕족의 성질을 지닌 쟈칼이 되어 그가 인도 전 지방의 모든 왕들을 모조리 정복했을 때 보살은 비두라라 이름하는 현자였습니다. 그 경우에도 실로 데바닷타의 명성이 보살보다 뛰어났습니다.

나아가 또한, 데바닷타가 코끼리가 되어 메추라기 새끼를 죽였을 때 보살도 또한 코끼리였으며 코끼리떼의 우두머리였습니다. 그 경우는 실로 둘 다 모두 출생신분이나 명성이 완전히 같았습니다. 다시 또, 데바닷타가 아담마라는 이름의 야챠였을 때 보살도 또한 담마라 이름하는 야챠였습니다. 그 경우도 실로 둘 다 완전히 같았습니다. 다시 또 데바닷타가 선장이 되어 오백여 가구의 우두머리였을 때 보살도 또한 선장이었으며 오백여 가구의 우두머리였습니다. 그 경우도 실로 둘 다 완전히 같았습니다.

다시 또, 데바닷타가 대상의 통솔자가 되어 오백 대 수레의 우두머리였을 때 보살도 또한 대상의 통솔자가 되어 오백 대 수레의 우두머리였습니다. 그 경우도 실로 둘 다 완전히 같았습니다. 다시 또 데바닷타가 사카라는 이름의 사슴왕이었을 때 보살도 또한 니그로다라는 이름의 사슴왕이었습니다. 그 경우도 실로 둘 다 완전히 같았습니다. 다시 또 데바닷타가 사카라는 이름의 장군이었을 때 보살은 니그로다라는 이름의 왕이었습니다. 그 경우도 실로 둘 다 완전히 같았습니다.

나아가 또한, 데바닷타가 칸다하라라는 이름의 바라문이었을 때 보살은 찬다라는 이름의 왕자였습니다. 그 때에는 이 칸다하라가 뛰어났습니다. 다시 또, 데바닷타가 브라흐마닷타라는 이름의 왕이었을 때 보살은 그의 아들인 마하파두마라는 이름의 왕자였습니다. 그 때 그 왕은 자기의 아들을 도적을 처넣는 벼랑에 던져 버렸습니다. 아버지가 아들보다 월등히 뛰어나는 한은, 이 경우도 데바닷타가 나았습니다. 다시 또, 데바닷타가 마하파타파라는 이름의 왕이었을 때 보살은 그의 아들인 담마파라라는 이름의 왕자였습니다. 그 때 그 왕은 자기 아들의 손발과 목을 자르게 했습니다. 그 경우도 실로 데바닷타가 더 뛰어났습니다.

지금 현재 둘 다 샤카족(석가족)에 태어났습니다. 보살은 붓다가 되어 전지자로서 세간의 지도자입니다. 데바닷타는 그(붓다)의 비길 데 없는 최상의 가르침에서 출가한 뒤 신통을 나타내어 각자(붓다)가 되려는 야심을 일으켰습니다. 존자 나가세나여! 내가 말한 것은 모두 사실입니까? 아니면 틀립니까?"

"대왕이여! 당신이 여러 가지 사례를 보인 그 모두는 사실이고 그 이외의 어떤 것도 아닙니다."

"존자 나가세나여! 만일 흑(악인)이나 백(선인)이 환생하여 나아가는 생존이 완전히 같다면, 그렇다면 선과 불선의 과보는 같습니다."

"대왕이여! 선과 불선의 과보는 완전히 같지는 않습니다. 대왕이여! 데바닷타는 모든 사람들과 적대시한 것은 아닙니다. 보살만 적대시한 것입니다. 보살은 모든 사람들과 결코 적대시하지 않았습니다. 그(데바닷타)가 보살에 대해 가진 적대감은 각기 생존에 있어서 열매가 성숙되고 그리하여 결과를 낳은 것입니다.

대왕이여! 데바닷타도 또한 주권자였을 때에는 모든 지방에 보호를 돈독하게 하고, 다리, 집회당, 복덕당(무료로 쉴 수 있는 곳)을 만들게 하여 출가자, 바라문, 곤궁한 자, 걸식하는 자, 구호자, 피구호자들이 바라는 대로 보시를 했습니다. 그는 그 보시행위의 과보에 의해 세세생생에 걸쳐 영예로운 자리를 누린 것입니다. 대왕이여! '보시, 자기 조절, 자제, 포살을 행함이 없이 영예로운 자리에 오른다'라고 누가 말할 수 있겠습니까?

또 대왕이여! 당신은 '데바닷타와 보살은 함께 이 생존에서 저 생존으로 유전하였다'라고 이와 같이 말씀하십니다만 두 사람의 만남은 백 생을 지날 때도 아니고 천 생을 지날 때도 아니고 백천 생을 지날 때도 아닌, 며칠을 지나는 어느 때 어느 기회에 만난 것입니다.

대왕이여! 일찍이 이 두 사람의 만남은 마치 사람의 몸을 받는 일이 얼마나 어렵고 또 드문가에 대해서는 세존이 말씀하신 '눈 먼 거북과 표류하는 나무의 비유'와 같은 줄을 알아야 합니다.

대왕이여! 보살은 데바닷타만 만난 것은 아닙니다. 대왕이여! 장로 사리풋타도 몇 백천 생 동안에 걸쳐 보살의 아버지가 되고 할아버지가 되고 큰아버지가 되고 형제가 되고 아들이 되고 조카가 되고 벗이 되었습니다. 대왕이여! 보살도 몇 백천 생 동안에 걸쳐 장로 사리풋타의 아버지가 되고 할아버지가 되고 큰아버지가 되고 형제가 되고 아들이 되고 조카가 되고 벗이 되었습니다. 대왕이여! 삶을 살아가는 것들의 무리(중생)에 속하여 윤회의 흐름을 따르고 윤회의 흐름에 밀려 흘러가는 모든 것들은 사랑하지 않는 자와도 만나고 사랑하는 자와도 만납니다.

대왕이여! 예를 들면 흐름에 밀려 흘러가는 물이 청정한 것, 부정한 것, 아름다운 것, 더러운 것과 만나는 것처럼, 그와 마찬가지로 삶을 살아가는 것들의 무리(중생)에 속하여 윤회의 흐름을 따르고 윤회의 흐름에 밀려 흘러가는 모든 것들은 사랑하지 않는 자와도 만나고 사랑하는 자와도 만납니다.

대왕이여! 데바닷타가 야차였을 때 그 자신이 진실하지 못한 자로서 다른 자에게 진실하지 못한 생활을 권하였고 그리하여 5억7천6백만 년(1겁) 동안 대지옥에 있으면서 모진 고통을 받았습니다. 대왕이여! 보살이 야차였을 때 그 자신이 진실한 자로서 다른 자에게 진실한 생활을 권하였고 그리하여 5억7천6백만 년 동안 하늘에 살면서 모든 욕망을 누리고 즐겼습니다. 대왕이여! 데바닷타는 이번 생존(금생)에 있으면서 위해를 가해서는 안 되는 붓다에게 위해를 가하고 또 화합하는 상가(불교교단)를 파괴하여 대지옥에 들어갔습니다. 여래는 온갖 진리를 깨닫고 미래 윤회의 생존을 형성하는 업인 근본 원인을 완전히 멸한 경지에서 완전한 열반에 드셨습니다."

"잘 알았습니다. 존자 나가세나여! 이(당신의 논한 바)는 진실로 그대로라고 나는 인정합니다."

8. 여자의 마음

"존자 나가세나여! 또 세존은 다음의 시구를 설하셨습니다.

만일 기회가 있고 혹은 비밀로 간직할 수만 있다면
혹은 또 적당히 손짓하여 부를 사람만 있다면
모든 여성은 못된 짓(정사)을 할 것이다.
어울릴 다른 사람(남성)을 얻을 수 없다면
앉은뱅이하고라도 그 짓을 할 것이다.

그리고 또 세간에서는 이렇게 말하고 있습니다.

'마호사다의 아내 아마라라고 이름하는 부인은 남편이 여행을 떠나자 홀로 마을에 남아 쓸쓸히 고독을 지키면서 지아비를 주군처럼 생각하여 천금의 유혹을 받았으나 못된 짓을 저지르지 않았다'라고.

존자 나가세나여! 만일 세존이 '만일 기회가 있고, 혹은 비밀로 간직할 수만 있다면, 혹은 또 적당히 손짓하여 부를 자만 있다면, 모든 여성은 못된 짓을 할 것이다. 어울릴 다른 사람을 얻을 수 없다면 앉은뱅이하고라도'라고 말씀하셨다면, 그렇다면 '마호사다의 아내 아마라는 남편이 여행을 떠나자 홀로 마을에 남아 쓸쓸히 고독을 지키면서 지아비를 주군처럼 생각하여 천금의 유혹을 받았으나 못된 짓을 저지르지 않았다'라고 하는 말은 잘못된 말입니다. 만일 마호사다의 아내 아마라가 남편이 여행을 떠나자 홀로 마을에 남아 쓸쓸히 고독을 지키면서 지아비를 주군처럼 생각하여 천금의 유혹을 받아도 못된 짓을 저지르지 않았다고 한다면, 그렇다면 '만일 기회가 있고 혹은 비밀로 간직할 수만 있다면 혹은 또 적당히 손짓하여 부를 자만 있다면 모든 여성은 못된 짓을 할 것이다. 어울릴 다른 사람을 얻을 수 없다면 앉은뱅이하고라도'라고 한 말씀도 또한 잘못된 말입니다.

이것도 또한 양도논법의 물음으로 당신에게 제출되었습니다. 이것은 당신이 해명해야 하는 것입니다."

"대왕이여! 진실로 세존은 다음의 시구를 설하셨습니다.

만일 기회가 있고 혹은 비밀로 간직할 수만 있다면

혹은 또 적당히 손짓하여 부를 사람만 있다면
모든 여성은 못된 짓을 할 것이다.
어울릴 다른 사람을 얻을 수 없다면 앉은뱅이하고라도

그런데 또 '마호사다의 아내 아마라는 남편이 여행을 떠나자 홀로 마을에 남아 쓸쓸히 고독을 지키면서 지아비를 주군처럼 생각하여 천금의 유혹을 받았으나 못된 짓을 저지르지 않았다' 라고 세간에서 말하고 있습니다. 대왕이여! 만일 그 부인(아마라)이 기회가 있고 혹은 비밀로 간직할 수가 있고 혹은 또 적당히 손짓하여 부를 자만 있다면 그녀는 천금을 얻고 적당한 자와 함께 정사를 벌일 것입니다.

대왕이여! 그런데 일의 옳고 그름을 깊이 생각한 아마라는 정사의 기회도, 비밀로 할 수도, 혹은 부를 만한 자도 발견할 수 없었던 것입니다.

즉 이 세상의 비난을 두려워하기 때문에 정사의 기회를 발견하지 못하고, 다음 세상에서 받게 될 지옥의 고통을 두려워하기 때문에 정사의 기회를 발견하지 못하고, 못된 짓은 고통스런 결과를 가져오는 것이기 때문에 정사의 기회를 발견하지 못하고, 사랑하는 사람을 잃고 싶지 않기 때문에 정사의 기회를 발견하지 못하고, 지아비를 존경하기 때문에 정사의 기회를 발견하지 못하고, 진리를 두려워하고 공경하기 때문에 정사의 기회를 발견하지 못하고, 성스럽지 못한 것을 비난하기 때문에 정사의 기회를 발견하지 못하고, 정조를 깨고 싶지 않기 때문에 정사의 기회를 발견하지 못했던 것입니다. 이러한 많은 이유에 의해 그녀는 기회를 발견할 수 없었던 것입니다.

또 그녀는 깊이 생각하여 세간에서 비밀로 할 수가 없음을 알고 못된 짓을 저지르지 않았던 것입니다. 만일 그녀가 사람들에게는 정사를 비밀로 할 수 있더라도 비인(악마나 정령 따위)들에게는 비밀로 할 수 없었을 것입니다. 만일 비인들에게는 비밀로 할 수가 있더라도 남의 마음을 아는 능력을 지닌 출가자들에게는 비밀로 할 수가 없었을 것입니다. 만일 남의 마음을 아는 능력을 지닌 출가자들에게는 비밀로 할 수가 있더라도 남의 마음을 아는 능력을 지닌 신들에게는 비밀로 할 수가 없었을 것입니다. 만일 남의 마음을 아는 능력을 지닌 신들에게는 비밀로 할 수가 있더라도 악인인 자기 자신에 대해서는 비밀로 할 수가 없었을 것입니다. 만일 악인인 자기 자신에 대해서는 비밀로 할 수가 있더라도 악의 원인은 괴로움의 결과를 낳는다고 하는 악업의 법칙에 대해서는 비밀로 할 수 없었을 것입니다. 이러한 많은 이유에 의해 정사를 비밀로 할 수가 없었기 때문에 그녀는 못된 짓을 저지르지 않았던 것입니다.

또 그녀는 깊이 생각하여 적당히 부를 만한 자를 발견할 수 없었기 때문에 못된 짓을 저지르지 않았던 것입니다. 대왕이여! 그녀의 남편인 마호사다 현자는 스물여덟 가지(실제로는 스물일곱 가지만 열거되고 있다) 특성을 완전히 갖추고 있습니다. 스물여덟 가지 특성이란 무엇일까요?

(1) 용기 있고
(2) 겸손하고

(3) 악을 두려워하여 악을 짓지 않고

(4) 많은 지지자가 있고

(5) 많은 친구를 가지고

(6) 인내심이 강하고

(7) 계행을 보호·유지하고

(8) 진실을 말하고

(9) 행동과 언어와 생각 모두에 걸쳐 청정함을 갖추고

(10) 성내지 않고

(11) 교만하지 않고

(12) 질투하지 않고

(13) 정진력 있고

(14) 재복을 구하여 노력하고

(15) 온화한 성품으로 사람과 사귀고

(16) 남과 함께 나누어 가지고

(17) 친절하게 말하고

(18) 겸손히 사양할 줄 알고

(19) 교활하지 않고

(20) 속이지 않고

(21) 지성을 갖추고

(22) 남들에게 칭찬 받고

(23) 많은 지식을 몸에 익히고

(24) 그에게 시중드는 자들의 이익을 구하고

(25) 모든 사람들에게 칭송을 받고

(26) 재산이 있고

(27) 명성이 있다.

대왕이여! 마호사다 현자는 이들 스물여덟 가지 특성을 완전히 갖추고 있습니다. 그리고 그녀가 못된 짓을 저지르지 않았던 것은 자신의 남편인 마호사다와 같은 자랑할 만한 남자를 달리 발견할 수 없었기 때문입니다."

"잘 알았습니다. 존자 나가세나여! 이(당신의 논한바)는 진실로 그대로라고 나는 인정합니다."

9. 아라한에게 공포는 없다

"존자 나가세나여! 또 세존은 다음과 같이 말씀하셨습니다. '아라한은 두려움과 전율을 여의었다.'

그런데 또 왕사성에서 살인 코끼리인 다나파라카가 세존의 머리를 덮쳐 누르려는 것을 보고 더러움을 완전히 멸한 오백 명의 제자(아라한)들은 최승자(붓다)를 버리고 저 장로 아난다 한 사람만 남겨 둔 채 뿔뿔이 달아나 버렸습니다.

존자 나가세나여! 저 아라한들은 두려움 때문에 달아나 버린 것입니까? 또는 '붓다 자신의 숙업에 따라 이제 붓다가 코끼리에게 밟혀 죽게 된다고 하는 이른바 과보받는 일을 널리 알리리라'라고 그들이 생각하여 열 가지 힘을 가진 자(붓다)를 쓰러뜨리고자 하여 도망친 것입니까? 그렇지 않으면 또 여래(붓다)의 비길 데 없고 넓고 크고 같을 이 없는 신통변화를 보고 싶어서

도망친 것입니까?

존자 나가세나여! 만일 세존이 '아라한은 두려움과 전율을 여의었다'라고 말씀하셨다면, 그렇다면 '왕사성에서 살인 코끼리인 다나파라카가 세존의 머리를 덮쳐 누르려는 것을 보고 더러움을 완전히 멸한 오백 명의 제자들은 최승자를 버리고 장로 아난다 한 사람만 남겨 둔 채 뿔뿔이 달아나 버렸습니다'라고 하는 말은 잘못된 말입니다. 만일 왕사성에서 살인 코끼리인 다나파라카가 세존의 머리를 덮쳐 누르려는 것을 보고 더러움을 완전히 멸한 오백 명의 제자들은 최승자를 버리고 장로 아난다 한 사람만을 남겨 둔 채 뿔뿔이 달아나 버렸다면, 그렇다면 '아라한은 두려움과 전율을 여의었다'라고 하는 말씀도 또한 잘못된 말입니다.

이것도 또한 양도논법의 물음으로 당신에게 제출되었습니다. 이것은 당신이 해명해야 하는 것입니다."

"대왕이여! 진실로 세존은 다음과 같이 말씀하셨습니다.

'아라한은 두려움과 전율을 여의었다.'

그런데 또 왕사성에서 살인 코끼리인 다나파라카가 세존의 머리를 덮쳐 누르려는 것을 보고 더러움을 완전히 멸한 오백 명의 제자(아라한)들은 최승자(붓다)를 버리고 장로 아난다 한 사람만을 남겨 둔 채 뿔뿔이 달아나 버렸습니다. 그러나 그들이 달아났다는 그 말은 두려워서도 아니고 또 세존을 쓰러뜨리려고 해서도 아닙니다.

대왕이여! 왜냐하면 아라한에게는 이미 두렵다든가 또는 전율한다든가 하는 원인이 근절되어 있기 때문입니다. 따라서 아라한은 두려움과 전율을 떠나 있습니다.

제4장
49

대왕이여! 대지는 사람들이 자신을 파거나 파괴하는 것을 보고 혹은 스스로 바다, 산, 산마루를 지탱하고 있을 때에 두려움을 품습니까?"

"존자여! 그렇지는 않습니다."

"대왕이여! 어떤 이유에서입니까?"

"존자여! 대지는 두려워하거나 혹은 전율할 이유가 존재하지 않기 때문입니다."

"대왕이여! 그와 마찬가지로 아라한에게는 두려워하고 또는 전율하는 이유가 존재하지 않습니다. 대왕이여! 산마루는 사람들이 그를 자를 때, 파괴할 때, 쓰러뜨릴 때, 혹은 불로 태울 때 두려움을 품습니까?"

"존자여! 그렇지는 않습니다."

"대왕이여! 어떤 이유에서입니까?"

"존자여! 산마루는 두려워하거나 혹은 전율하는 이유가 존재하지 않습니다."

"대왕이여! 그와 마찬가지로 아라한에게는 두려워하고 또는 전율하는 이유가 존재하지 않습니다. 대왕이여! 가령 백천 세계(십만 세계)에 살아가는 온갖 생명체인 모든 중생들이 창을 들고 한 사람의 아라한에게 다가와 두렵게 하려고 해도 아라한의 마음에는 아무런 변화도 생기지 않을 것입니다. 그 이유는 무엇일까요? 공포가 주어지더라도 아라한이 그것을 두려워할 원인이나 기회가 없기 때문입니다.

대왕이여! 그러나 저들 더러움을 완전히 멸한 자(아라한)들에게 이와 같은 마음의 성찰이 생겼습니다. '오늘 가장 뛰어나고 존귀한 사람, 가장 뛰어난 승자이신 우왕(牛王, 붓다)이 이 유명한 도시에 들어오셨을 때 다나파라카 코끼리가 큰길에서 돌진할 것이다. 그 때 시자(장로 아난다)는 무슨 일이 있어도 신들 가운데 최상인 신(붓다)을 버리지 않을 것이다. 만일 우리 모두가 세존을 버리고 일어나 가지 않는다면 아난다의 미덕은 나타나지 않을 것이다. 또 실로 코끼리도 여래에게 접근하지 않을 것이다. 자, 우리는 일어나 가자. 그리하여 이 세상의 하나의 큰 집단인 인간은 번뇌의 매듭을 풀어헤칠(해탈할) 수 있을 것이다. 또 아난다의 미덕도 드러날 것이다'라고, 이와 같이 저 아라한들은 그들이 일어나 감으로써 생기게 될 공덕을 알고 사방으로 흩어져 달아난 것입니다."

"존자 나가세나여! 저의 물음에 아주 잘 대답해 주셨습니다. 아라한들에게는 두려움도 없고 또는 전율하는 일도 없습니다. 그들 아라한들은 공덕이 있음을 알고 사방으로 흩어져 달아난 것입니다."

10. 전지자의 노여움

"존자 나가세나여! 당신네는 '여래는 전지자다'라고 말했습니다. 그런데 또 여래께서 '사리풋타와 목갈라나를 위시한 비구 상가 사람들을 물리치셨을 때 챠투마(석가족 마을)의 석가족과 브라흐마사한파티(사바세계의 주인인 범천)는 종자의 비유와 송아지의 비유를 들어 세존을 달래며 스승의 용서를 빌고 만족하시게 했다'라고 당신들은 말했습니다.

존자 나가세나여! 여래로 하여금 그들(퇴장되었던 제자들)을 위해 노여움을 참고 용서하고 흡족하게 만든 그 비유를 여래는 이미 알고 계시지 않았습니까? 존자 나가세나여! 만일 비유를 여래가 알고 계시지 않았다면, 그렇다면 붓다는 전지자가 아닙니다. 만일 알고 계셨다면, 그렇다면 붓다는 그들을 시험해보고자 생각하시고 거칠게 나무라고 그들을 퇴장시켰던 것이겠지요. 그렇다면 그(붓다)에게서 무자비함이 드러난 것입니다.

이것도 또한 양도논법의 물음으로 당신에게 제출되었습니다. 이것은 당신이 해명해야 하는 것입니다."

"대왕이여! 여래는 전지자입니다. 그런데 또 세존은 저 비유들에 의해 마음을 진정시키고 노여움을 참고 용서하고 만족하셨습니다.

대왕이여! 여래는 진리의 주인입니다. 그들(석가족 사람들과 범천)은 여래가 설하여 가르치신 비유에 의해 여래를 기쁘게 하고 만족케 하고 달랬습니다. 그리고 여래는 그들의 말을 가상히 여겨 '그래, 그래!'라며 기분좋게 말씀하셨습니다.

대왕이여! 예를 들면 부인이 남편의 소유 재산을 칭찬함으로써 남편을 기쁘게 하고 만족케 하고 남편의 마음을 얻습니다. 그리고 남편이 그녀에게 '그래요, 그래!' 하고 기분좋은 얘기를 해 주는 것처럼, 대왕이여! 그와 마찬가지로 챠투마의 석가족과 브라흐마사한파티는 여래께서 가르치신 비유에 의해 여래를 기쁘게 하고 만족케 하고 달랬습니다. 그리고 여래는 그들의 말을 가상히 여겨 '그래 그래!'라며 기분좋게 말씀하셨습니다.

대왕이여! 예를 들면 이발사가 왕의 소유인 뱀의 모습을 본 떠 만든 황금빗으로 왕의 머리를 손질하여 왕을 기쁘게 하고 만족케 하고 왕의 마음을 얻습니다. 그리고 왕이 그를 가상히 여겨 '그래 그래!' 하고 기분좋은 얘기를 하고 나서 그가 원하는 대로 하사품을 주는 것처럼, 대왕이여! 그와 마찬가지로 챠투마의 석가족과 브라흐마사한파티는 여래께서 가르치신 비유에 의해 여래를 기쁘게 하고 만족케 하고 달랬습니다. 그리고 여래는 그들의 말을 가상히 여겨 '그래 그래!'라며 기분좋게 말씀하셨습니다.

대왕이여! 또 예를 들면 제자는 스승이 탁발로 얻은 음식물을 받아 들고, 다시 스승에게 시중을 들어 스승을 기쁘게 하고 만족케 하고 스승의 마음을 얻습니다. 그리고 스승이 그를 가상히 여겨 '그래 그래!' 하고 기분좋은 얘기를 해 주는 것처럼, 대왕이여! 그와 마찬가지로 챠투마의 석가족과 브라흐마사한파티는 여래께서 가르치신 비유에 의해 여래를 기쁘게 하고 만족케 하고 달랬습니다. 그리고 여래는 그들의 말을 가상히 여겨 '그래 그래!'라며 기분좋게 말씀하시고 나서 모든 고통으로부터의 해탈에 이르는 가르침을 설하셨습니다."

"잘 알았습니다. 존자 나가세나여! 이(당신이 논한 바)는 진실로 그대로라고 나는 인정합니다."

제5장

1. 정사생활의 의의

"존자 나가세나여! 또 세존은 이러한 시구를 설하셨습니다.

친함으로부터 두려움이 생기고
가정생활로부터 오염된 번뇌가 생긴다.
친함도 없고 가정생활도 없으면
이것이 실로 성자의 깨달음이다.

그리고 또 '쾌적한 정사를 세우게 하여 많이 들은 자들을 그곳에서 살게 하라'라고 말씀하셨습니다.

존자 나가세나여! 만일 여래가 '친함으로부터 두려움이 생기고 가정생활로부터 오염된 번뇌가 생긴다. 친함도 없고 가정생활도 없으면 이것이 실로 성자의 깨달음이다'라고 말씀하셨다면, 그렇다면 '쾌적한 정사를 세우게 하여 많이 들은 자들을 그 곳에서 살게 하라'라고 한 말씀은 잘못된 말입니다. 만일 여래가 '쾌적한 정사를 세우게 하여 많이 들은 자들을 그곳에서 살게 하라'라고 말씀하셨다면, 그렇다면 '친함으로부터 두려움이 생기고 가정생활로부터 오염된 번뇌가 생긴다. 친함도 없고 가정생활도 없으면 이것이 실로 성자의 깨달음이다'라고 하신 그 말씀도 또한 잘못된 말입니다.

이것도 또한 양도논법의 물음으로 당신에게 제출되었습니다. 이것은 당신이 해명해야 하는 것입니다."

"대왕이여! 진실로 세존은 다음과 같이 말씀하셨습니다.

'친함으로부터 두려움이 생기고 가정생활로부터 오염된 번뇌가 생긴다. 친함도 없고 가정생활도 없으면 이것이 실로 성자의 깨달음이다.'

그리고 또 '쾌적한 정사를 세우게 하여 많이 들은 자들을 그곳에서 살게 하라'라고 말씀하셨습니다.

대왕이여! 세존이 '친함으로부터 두려움이 생기고 가정생활로부터 오염된 번뇌가 생긴다. 친함도 없고 가정생활도 없으면 이것이 실로 성자의 깨달음이다'라고 말씀하신 것은 세상의 진실한 이치를 보이신 말씀이고, 보충할 여지가 없는 말씀이고, 완전무결한 말씀이고, 결정적인 말씀이고, 그것은 출가자에게 순응하고, 출가자에게 상응하고, 출가자에게 상당하고, 출가자에게 적용되고, 출가자가 지켜야 할 영역이고, 출가자가 밟아가야 할 길이고, 출가자의 실천법입니다.

대왕이여! 예를 들면 삼림에 살고 있는 사슴이 우거진 숲 속을 배회하면서 집 없고 주거가 없이 내키는 대로 어느 곳에서나 눕는 것처럼, 대왕이여! 그와 마찬가지로 비구는 '친함으로부터 두려움이 생기고 가정생활로부터 오염된 번뇌가 생긴다. 친함도 없고 가정생활도 없으면 이것이 실로 성자의 깨달음이다'라고 생각해야 합니다.

대왕이여! 그런데 세존이 '쾌적한 정사를 세우게 하여 많이 들은 자들을 그곳에서 살게 하라'라고 말씀하신 것은 두 가지 이유 때문입니다. 두 가지란 무엇일까요?

첫째, 정사를 건립하여 상가에 기증하는 보시입니다. 그것은 일체 부처님들께서 칭찬하시고 찬탄하시고 칭송하시고 감탄하셨고 기리셨습니다. 이 정사의 보시를 한 사람들은 베푼 뒤, 나고 늙고 병들고 죽는 고통의 속박으로부터 해탈할 것입니다. 이것이 정사를 베푼 첫번째 공덕입니다.

둘째, 또 정사가 존재할 때 비구니들은 식견 있는 비구들과 친하게 사귈 수 있을 것이고 만나 보려고 하는 사람들은 쉽게 만날 수 있을 것입니다. 만일 비구들의 주거가 없다면 그들과 만나 보는 일은 곤란할 것입니다. 이것이 정사를 베푼 두번째의 공덕입니다.

이 두 가지 이유를 세존은 아셨기에 '쾌적한 정사를 세우게 하여 많이 들은 자들을 그곳에 살게 하라'라고 말씀하신 것입니다. 이때 붓다의 아들(불제자)들은 주거 생활에 집착해서는 안 됩니다."

"그렇습니다. 존자 나가세나여! 이는 진실로 그대로라고 나는 인정합니다."

2. 음식을 자제하라[5]

"존자 나가세나여! 또 세존은 이런 시구를 설하셨습니다.

걸식하는 일에 방일해서는 안 된다.
음식을 자제하는 사람이 되어야 한다.

그런데 또 세존은 '우다인이여! 나는 여러 번 이 발우의 언저리까지 가득 찬 음식물을 먹었고, 또 그(언저리) 이상의 음식물도 먹었다'라고 말씀하셨습니다.

존자 나가세나여! 만일 세존이 '걸식하는 일에 방일해서는 안 된다. 음식을 자제하는 사람이 되어야 한다'라고 말씀하셨다면, 그렇다면 '우다인이여! 나는 여러 번 이 발우의 언저리까지 가득 찬 음식물을 먹었고, 또 그 이상의 음식물도 먹었다'라고 하신 말씀은 잘못된 말입니다. 만일 여래가 '우다인이여! 나는 여러 번 이 발우의 언저리까지 가득 찬 음식물을 먹었고, 또 그 이상의 음식물도 먹었다'라고 말씀하셨다면, 그렇다면 '걸식하는 일에 방일해서는 안 된다. 음식을 자제하는 사람이 되어야 한다'라고 하신 말씀도 또한 잘못된 말입니다.

이것도 또한 양도논법의 물음으로 당신에게 제출되었습니다. 이것은 당신이 해명해야 하는 것입니다."

"대왕이여! 진실로 세존은 다음과 같이 말씀하셨습니다.

'걸식하는 일에 방일해서는 안 된다. 음식을 자제하는 사람이 되어야 한다.'

그런데 또 '우다인이여! 나는 여러 번 이 발우의 언저리까지 가득 찬 음식물을 먹었고, 또 그 이상의 음식물도 먹었다'라고 말씀하셨습니다.

대왕이여! 세존이 '걸식하는 일에 방일해서는 안 된다. 음식을 자제하는 사람이 되어야 한다'라고 하신 말씀은 참된 모습을 보이신 말씀이고, 보충할 여지가 없는 말씀이고, 완전무결한 말씀이고, 결정적인 말씀이고, 진실한 말씀이고, 참되고 올바른 말씀이고, 실다운 말씀이고, 뒤바뀜이 없는 말씀이고, 선인의 말씀이고, 성자의 말씀이고, 세존의 말씀이고, 아라한의 말씀이고, 홀로 깨달은 사람의 말씀이고, 승자의 말씀이고, 전지자의 말씀이고, 여래의 말씀이고, 아라한이며 올바로 깨달은 사람(붓다)의 말씀입니다.

대왕이여! 음식을 자제하지 않는 자는 살아 있는 것을 죽이고, 주지 않는 것을 취하고, 남의 아내와 정을 통하고, 거짓말을 하고, 술을 마시고, 어머니를 죽이고, 아버지를 죽이고, 아라한을 죽이고, 상가(불교교단)를 파괴하고, 악심을 품고, 여래의 몸에 상처를 입혀 피를 냅니다.

대왕이여! 데바닷타는 음식을 자제하지 않고 상가를 파괴하고 한 겁 동안 괴로움을 받을 업을 쌓지 않았습니까? 대왕이여! 이러한 다른 여러 가지 사례를 보고 세존은 '걸식하는 일에 방일해서는 안 된다. 음식을 자제하는 사람이 되어야 한다'라고 말씀하신 것입니다.

대왕이여! 음식을 자제하는 자는 네 가지 진리를 바르게 관찰하고 도 닦는 사람(사문)의 네 가지 경지를 실제로 증득하고 네 가지 무애자재한 이해력, 여덟 가지 선정의 경지, 여섯 가지 신통력을 자유롭게 획득할 수 있으며 그리고 도 닦는 사람이 도달할 모든 덕목을 취합니다.

대왕이여! 아름다운 비둘기가 음식을 자제하고 삼십삼천계까지도 흔들리게 하여 천제 인드라신을 자기를 모시는 신하로 만들어서 자신을 받들어 섬기게 하지 않았습니까? 대왕이여! 이러한 다른 여러 가지 사례를 보고 세존은 '걸식하는 일에 방일해서는 안 된다. 음식을 자제하는 사람이 되어야 한다'라고 말씀하신 것입니다.

대왕이여! 그런데 세존이 '우다인이여! 나는 여러 번 이 발우의 언저리까지 가득 찬 음식물을 먹었고, 또 그 이상의 음식물도 먹었다'라고 하신 그 말씀은 해야 할 것을 다하고 임무를 완료하고 목적을 성취하고 출가자로서 궁극에 달하고 장애를 떠난 전지자로서 홀로 높으신 분인 여래께서 그 자신에 대하여 말씀하신 것입니다.

대왕이여! 예를 들면 구토하고 설사하고 장을 씻어 낸 병자에게는 강장제를 주는 것이 바람직한 것처럼, 그와 마찬가지로 번뇌를 갖고 있고 네 가지 진리를 보지 못한 자는 음식을 자제해야만 합니다.

대왕이여! 예를 들면 눈부시게 빛나고 광택이 있고 질이 좋고 맑고 순수하고 깨끗한 마니주(여의주)는 갈고 닦고 정화할 필요가 없습니다. 그와 마찬가지로 깨달은 자의 경계인 최상 궁극에 도달한 여래에게는 그가 하는 어떠한 행위에도 장애는 없습니다."

제5장
59

"그렇습니다. 존자 나가세나여! 이는 진실로 그대로라고 나는 인정합니다."

3. 최상의 의사, 붓다

"존자 나가세나여! 또 세존은 다음과 같이 말씀하셨습니다.
'비구들이여! 나는 바라문이고, 보시의 요구에 응하고, 언제나 손을 깨끗이 하고, 최후의 몸을 지닌 자이고, 최상의 의사(내과의)이고, 전의(箭醫, 외과의)이다.'

그런데 또 세존은 '비구들이여! 나의 제자 비구들로서 병이 없는 자 가운데 으뜸 가는 사람은 바로 박쿠라다'라고 말씀하셨습니다.

그런데 세존의 몸에 종종 병이 생겼던 일은 잘 알려져 있습니다. 존자 나가세나여! 만일 여래가 가장 높으신 분이라면, 그렇다면 '비구들이여! 나의 제자 비구들로서 병이 없는 자 가운데 으뜸 가는 사람은 바로 박쿠라다'라고 하신 말씀은 잘못된 말입니다. 만일 박쿠라 장로가 병이 없는 자 가운데 으뜸갔다면, 그렇다면 '비구들이여! 나는 바라문이고, 보시의 요구에 응하고, 언제나 손을 깨끗이 하고, 최후의 몸을 지닌 자이고, 최상의 의사이고, 전의다'라고 하신 말씀은 잘못된 말입니다.

이것도 또한 양도논법의 물음으로 당신에게 제출되었습니다. 이것은 당신이 해명해야 하는 것입니다."

"대왕이여! 진실로 세존은 다음과 같이 말씀하셨습니다.

'비구들이여! 나는 바라문이고, 보시의 요구에 응하고, 언제나 손을 깨끗이 하고, 최후의 몸을 지닌 자이고, 최상의 의사(내과의)이고, 전의(箭醫, 외과의)이다.'

그런데 또 '비구들이여! 나의 제자 비구들로서 병이 없는 자 가운데 으뜸인 사람은 바로 박쿠라다'라고 말씀하셨습니다.

그러나 그것은 불교 밖에서 전승하는 가르침을 터득하고 그에 정통한 자들 가운데 그 사람 자신에게 내재하는 어떤 특성에 관하여 말씀하신 것입니다. 대왕이여! 실로 세존의 제자들 중에는 '한 자리에 멈추어 서서 수행하는 자, 여기저기 돌아다니며 수행하는 자'가 있습니다만 그들 특수한 수행자는 멈추어 서고 여기저기 돌아다니는 일로 밤낮을 보내고 있습니다.

대왕이여! 그런데 세존은 멈추어 서고, 걸어다니고, 앉고, 눕는 일로 밤낮을 보내셨습니다.

대왕이여! '한 자리에 멈추어 서서 수행하는 비구, 여기저기 돌아다니며 수행하는 비구'들은 모두 그들 특성에 있어서 뛰어난 자들입니다. 세존의 제자들 중에는 '한 자리에서만 식사하는 자'들이 있습니다만 그들은 생명에 관계되는 일 때문에 자리에서 일어나 다른 자리로 옮겨 두 번 식사하지 않았습니다. 그런데 세존은 두 번 내지 세 번까지도 식사를 하셨습니다.

대왕이여! '한 자리에서만 식사하는 비구'들은 모두 그 특성에 있어서 매우 뛰어난 자들입니다. 대왕이여! 낱낱 사람들에 대하여 낱낱의 특성이 말해진 여러 가지 사례가 있습니다.

그런데 세존은 계율, 마음의 통일, 지혜, 해탈, 해탈에 의해 얻은 지견, 열 가지 지혜의 힘, 네 가지 두려움 없는 자신감, 열여덟 가지 뛰어난 붓다의 특성, 여섯 가지 공통되지 않는 지혜 그리고 깨달음의 전체 경계에 관하여 최상의 어른이십니다. 그런 까닭에 세존께서는 '비구들이여! 나는 바라문이고, 보시의 요구에 응하고, 언제나 손을 깨끗이 하고, 최후의 몸을 지닌 자이고, 최상의 의사이고, 전의다'라고 말씀하신 것입니다.

대왕이여! 예를 들면 세간 사람들 중에 어떤 자는 좋은 집안에 태어나고, 어떤 자는 재물을 소유하고, 어떤 자는 지혜가 있고, 어떤 자는 학예를 몸에 익히고, 어떤 자는 용기가 있고, 어떤 자는 침착하다고 합시다. 그러나 왕은 저 모든 사람들보다 훨씬 뛰어나며 저들 가운데 가장 높은 사람인 것입니다. 대왕이여! 그와 마찬가지로 세존은 모든 살아 있는 것 가운데 제일이고 가장 뛰어나고 최상의 어른입니다.

무릇 존자 박쿠라가 병이 없는 사람이었던 이유는 전생에 결심한 것에 의한 것입니다. 왜냐하면 대왕이여! 과거 세존이신 아노마닷싱에게 위병이 생겼을 때, 또 과거 세존이신 비팟싱과 육백팔십만 비구들에게 초화병(이 병에 걸리면 붉은 피가 풀빛으로 변한다고 하여 붙여진 병명)이 생겼을 때 그 자신이 고행자였으나 그는 갖가지 약으로 그 병을 퇴치하고 그 공덕에 의해 금생에 병이 없는 몸이 되었습니다. 그러므로 '비구들이여! 나의 제자 비구들로서 병이 없는 자 가운데 으뜸인 사람은 바로 박쿠라다'라고 말씀하셨습니다.

대왕이여! 세존에게 병이 생겼을 때나 또는 병이 나지 않았을 때도 혹은 두타의 지분을 지킬 때나 또는 지키지 않을 때도 세존과 비견하거나 동등한 자는 아무도 존재하지 않았습니다.

대왕이여! 신 중의 신이신 세존께서는 《상윳타니카야》라는 미묘한 경전 속에서 다음과 같이 설하셨습니다.

'비구들이여! 혹은 발이 없고, 혹은 두 개의 발, 혹은 네 개의 발, 혹은 많은 발, 혹은 색과 형태(육체)를 가진 자, 혹은 색과 형태가 없는 자, 혹은 생각(표상작용)이 있는 자, 혹은 생각이 없는 자, 혹은 생각이 있는 것도 아니고 없는 것도 아닌 자 — 이러한 모든 살아 있는 것들 가운데 여래는 그들의 최상자이고 아라한이고 올바로 깨달은 분이라고 일컬어진다.'"

"그렇습니다. 존자 나가세나여! 이는 진실로 그대로라고 나는 인정합니다."

4. 옛 현자의 길과 붓다의 깨달음

"존자 나가세나여! 또 세존은 다음과 같이 말씀하셨습니다.

'비구들이여! 완전한 인격자(여래) · 공양 받을 가치가 있는 사람(아라한) · 올바로 깨달은 사람(등정각자)인 나는 일찍이 알려져 있지 않았던 길을 발견하였다.'

그런데 또 세존은 '비구들이여! 나는 과거 올바로 깨달은 사람들이 걸으신 옛길, 옛줄기를 깨쳤다'라고 말씀하셨습니다.

존자 나가세나여! 만일 여래가 일찍이 알려져 있지 않았던 길을 발견하셨다고 한다면, 그렇다면 '비구들이여! 나는 과거 올바로 깨달은 사람들이 걸으신 옛길, 옛줄기를 깨쳤다'라고 하신 말씀은 잘못된 말입니다. 만일 여래가 '비구들이여! 나는 과거 올바

로 깨달은 사람들이 걸으신 옛길, 옛줄기를 깨쳤다'라고 말씀하
셨다면, 그렇다면 '비구들이여! 완전한 인격자, 공양 받을 가치가
있는 사람, 올바로 깨달은 사람인 나는 일찍이 알려져 있지 않았
던 길을 발견하였다'라고 하신 말씀도 또한 잘못된 말입니다.

이것도 또한 양도논법의 물음으로 당신에게 제출되었습니다.
이것은 당신이 해명해야 하는 것입니다."

"대왕이여! 진실로 세존은 이렇게 말씀하셨습니다.

'비구들이여! 완전한 인격자·공양 받을 가치가 있는 사람·
올바로 깨달은 사람인 나는 일찍이 알려져 있지 않았던 길을
발견하였다.'

그런데 또 '비구들이여! 나는 과거 올바로 깨달은 사람들이
걸으신 옛길, 옛줄기를 깨쳤다'라고 말씀하셨습니다. 그 두 가
지 말씀은 모두 진실을 말씀하신 것입니다.

대왕이여! 과거 모든 여래가 입멸하시고 그 때문에 가르치고
인도하는 자가 없어졌을 때 길은 숨어버리고 사라져버렸습니다.
그 전지자이신 여래는 과거 올바로 깨달은 사람들이 걸었던 길
이 파괴되고, 막히고, 뒤덮이고, 불통되어 있던 것을 지혜의 눈
으로 발견하셨습니다. 그렇기 때문에 '비구들이여! 나는 과거 올
바로 깨달은 사람들이 걸으신 옛길, 옛줄기를 깨쳤다'라고 말씀
하신 것입니다.

대왕이여! 과거 모든 여래가 입멸하시고 그 때문에 가르치고
인도하는 자가 없었기 때문에 그 파괴되고, 막히고, 뒤덮였던
길을 이제 여래는 개통시키신 것입니다. 그러므로 '비구들이여!
완전한 인격자·공양 받을 가치가 있는 사람·올바로 깨달은

사람인 나는 일찍이 알려져 있지 않았던 길을 발견하였다'라고 말씀하신 것입니다.

대왕이여! 예를 들면 어느 한 전륜성왕이 모습을 감추어(죽어)버렸기 때문에 마니보주가 산마루 속에 매장되고 그리고 다른 전륜성왕이 세상에 나와 바른 통치를 할 때 그 마니보주가 이 왕을 위해 출현함과 같은 것입니다. 대왕이여! 그 마니보주는 전륜성왕에 의해 만들어진 것일까요?"

"존자여! 그렇지는 않습니다. 그 마니보주는 원래부터 있던 것입니다. 그러나 그에 의해 재현한 것입니다."

"대왕이여! 그와 마찬가지로 과거 모든 여래가 실천하셨던 본래의 길하고 상서로운 여덟 갈래의 길이 가르치고 인도하는 자가 없을 때 파괴되고, 막히고, 뒤덮이고, 불통되어 있던 것을 전지자인 세존은 지혜의 눈으로 나타나게 하여 만인이 걸어갈 수 있는 길로 만드셨습니다. 그렇기 때문에 '비구들이여! 완전한 인격자·공양 받을 가치가 있는 사람·올바로 깨달은 사람인 나는 일찍이 알려져 있지 않았던 길을 발견하였다'라고 말씀하신 것입니다.

대왕이여! 또 예를 들면 어머니는 달이 차면 태아를 낳아서 '산모'라 불리는 것처럼, 그와 마찬가지로 전지자이신 여래는 이미 존재하던 길이 파괴되고, 막히고, 뒤덮이고, 불통되어 있던 것을 지혜의 눈으로 나타나게 하여 만인이 걸어갈 수 있는 길로 만드셨습니다. 그렇기 때문에 '비구들이여! 완전한 인격자·공양 받을 가치가 있는 사람·올바로 깨달은 사람인 나는 일찍이 알려져 있지 않았던 길을 발견하였다'라고 말씀하신 것입니다.

대왕이여! 또 예를 들면 누군가가 혹 분실물을 발견했을 때

'그 물건이 나타났다'라고 세간 사람들이 말하는 것처럼, 그와 마찬가지로 전지자이신 여래는 이미 존재하던 길이 파괴되고, 막히고, 뒤덮이고, 불통되어 있던 것을 지혜의 눈으로 나타나게 하여 만인이 걸어갈 수 있는 길로 만드셨습니다. 그러므로 '비구들이여! 완전한 인격자·공양 받을 가치가 있는 사람·올바로 깨달은 사람인 나는 일찍이 알려져 있지 않았던 길을 발견하였다'라고 말씀하신 것입니다.

대왕이여! 또 예를 들면 어떤 사람이 숲을 베고 토지를 개척하면 '그것은 그의 토지다'라고 세간 사람들이 말합니다. 그러나 그 토지는 그가 만들어 낸 것이 아닙니다. 그 토지를 사용하기 때문에 '토지소유자'라고 이름 붙여지는 것입니다.

대왕이여! 그와 마찬가지로 전지자이신 여래는 이미 존재하던 길이 파괴되고, 막히고, 뒤덮이고, 불통되어 있던 것을 지혜의 눈으로 나타나게 하여 만인이 걸어갈 수 있는 길로 만드셨습니다. 그렇기 때문에 '비구들이여! 완전한 인격자·공양 받을 가치가 있는 사람·올바로 깨달은 사람인 나는 일찍이 알려져 있지 않았던 길을 발견하였다'라고 말씀하신 것입니다."

"그렇습니다. 존자 나가세나여! 이는 진실로 그대로라고 나는 인정합니다."

5. 미친 사람의 범죄는 처벌받지 않는다

"존자 나가세나여! 또 세존은 이렇게 말씀하셨습니다.

'내가 전생에 인간이었을 때 나는 살아 있는 온갖 것을 죽이거나 해치는 자는 아니었다.'

그런데 또 세존은 '로마사캇사파라 이름하는 선인이었을 때 몇 백의 살아 있는 생명들을 살육하고 〈승리의 술〉이라 이름하는 소마 대공희제(살아 있는 큰 동물의 목을 찔러 피를 내어 뿌리고 마시면서 심지어는 때묻지 않은 숫처녀를 희생물로 신에게 바치는 의식)를 올렸다'라고 말씀하셨습니다.

존자 나가세나여! 만일 세존이 '내가 전생에 인간이었을 때 나는 살아 있는 온갖 것을 죽이거나 해치는 자는 아니었다'라고 말씀하신 것이라면, 그렇다면 '로마사캇사파라 이름하는 선인이었을 때 몇 백의 살아 있는 생명들을 살육하고 〈승리의 술〉이라 이름하는 소마 대공희제를 올렸다'라고 하신 말씀은 잘못된 말입니다. 만일 로마사캇사파라 이름하는 선인이었을 때 몇 백의 살아 있는 생명들을 살육하고 〈승리의 술〉이라 이름하는 소마 대공희제를 올렸다면, 그렇다면 '내가 전생에 인간이었을 때 나는 살아 있는 온갖 것을 죽이거나 해치는 자는 아니었다'라고 하는 말도 또한 잘못된 말입니다.

이것은 또한 양도논법의 물음으로 당신에게 제출되었습니다. 이것은 당신이 해명해야 하는 것입니다."

"대왕이여! 진실로 세존은 이렇게 말씀하셨습니다.

'내가 전생에 인간이었을 때 나는 살아 있는 온갖 것을 죽이거나 해치는 자는 아니었다.'

그런데 또 세존은 '로마사캇사파 선인은 몇 백의 살아 있는 생명들을 살육하고 〈승리의 술〉이라 이름하는 소마 대공희제를 올렸다'라고 하셨습니다. 그러나 그것은 탐욕에 휘감겨 마음이 어지러워지고 자기의 행위에 대한 자각이 없었기 때문에 일으킨 것입니다."

"존자 나가세나여! 이들 여덟 종류의 사람들은 생류를 죽입니다. 여덟 종류의 사람들이란 어떠한 자들일까요?

(1) 애착하는 자는 탐욕 때문에 생류를 죽입니다.
(2) 분노하는 자는 분노 때문에 생류를 죽입니다.
(3) 우매한 자는 미망 때문에 생류를 죽입니다.
(4) 거만한 자는 교만 때문에 생류를 죽입니다.
(5) 욕심이 강한 자는 탐욕 때문에 생류를 죽입니다.
(6) 무일푼인 자는 생계 때문에 생류를 죽입니다.
(7) 어리석은 자는 장난으로 생류를 죽입니다.
(8) 왕은 금하는 명령 때문에 생류를 죽입니다.

존자 나가세나여! 이들 여덟 부류의 사람이 생류를 죽입니다. 존자 나가세나여! 보살은 본심에서 생류를 죽이는 일을 했음에 틀림없습니다."

"대왕이여! 보살은 본심에서 한 것은 아닙니다. 만일 보살이 본심에서 대공희제를 베풀려고 마음을 기울였다고 한다면 '대해에 둘러싸여 대양을 띠로 두른 대지를 나는 세상의 비난을 받으면서까지 얻으려고 하지 않는다. 사이하여! 그대는 이렇게 알아야 하리!'이라고 하는 시구를 보살은 설하지 않았을 것입니다.

대왕이여! 그러나 이렇게 말한 보살은 왕녀 찬다바티를 보자

마자 마음이 어지럽고 산란하고 애착으로 물들었습니다. 마음이 어지럽고 착란하고 초조한 그는 그 미혹하고 산란하며, 평소의 마음과 행동에서 벗어나고, 흔들리고 어지러운 마음을 갖고 큰 짐승의 목을 찔러 생피를 모아 〈승리의 술〉이라 하는 소마 대공희제를 지낸 것입니다.

대왕이여! 이를테면 미친 사람이 마음이 뒤바뀌어 타오르는 불 속에 뛰어들고, 또는 격노한 독사를 붙잡고, 또는 미친 코끼리에게 접근하고, 또는 해안이 보이지 않는 대해에 뛰어들고, 또는 오염된 연못이나 소에 발을 집어넣고, 또는 가시나 풀이 우거진 수풀로 돌진하고, 또는 언덕 아래로 뛰어내리고, 또는 부정한 것을 먹고, 또는 나체로 거리를 활보하고, 또 다른 여러 가지 비행을 저지르듯이, 그와 마찬가지로 보살은 왕녀 찬다바티를 보자마자 마음이 어지럽고 산란하고 애착으로 물들었습니다. 마음이 어지럽고 착란하고 초조한 그는 그 미혹하고 산란하며, 평소의 마음과 행동에서 벗어나고, 흔들리고 어지러운 마음을 갖고 큰 짐승의 목을 찔러 생피를 모아 〈승리의 술〉이라 하는 소마 대공희제를 지낸 것입니다.

대왕이여! 산란한 마음에 의해 저지른 악은 현재에도 큰 죄가 되지 않고 또 미래에 태어날 과보에 관해서도 그런 큰 죄가 되는 일은 없습니다. 대왕이여! 여기에 어떤 미친 사람이 있고 죄를 범했다고 합시다. 당신은 그에게 어떤 형벌을 부과하시겠습니까?"

"존자여! 미친 사람에게 어떤 형벌이 어울리겠습니까? 나는 그를 두들겨 내쫓고 석방하도록 하겠습니다. 이것이 그에 대한 형벌의 전부입니다."

"대왕이여! 그와 같이 미친 사람의 범죄에 대하여 어떤 특정의 형벌은 없습니다. 그렇기 때문에 미친 사람의 행위에 대해서도 허물은 없습니다. 그것은 용서되어야 하는 것입니다. 그와 마찬가지로 로마사캇사파는 왕녀 찬다바티를 보자마자 마음이 어지럽고 산란하고 애착으로 물들었습니다. 마음이 어지럽고 착란하고 초조한 그는 그 미혹하고 산란하며, 평소의 마음과 행동에서 벗어나고, 흔들리고 어지러운 마음을 갖고 큰 짐승의 목을 찔러 생피를 모아 〈승리의 술〉이라 하는 소마 대공희제를 지냈습니다.

그런데 그가 본심으로 되돌아와 바른 생각을 회복했을 때 그는 다시 출가하여 다섯 가지 신통력을 나타내고 범천계에 태어났습니다."

"그렇습니다. 존자 나가세나여! 이는 진실로 그대로라고 나는 인정합니다."

6. 존경과 비난

"존자 나가세나여! 또 세존은 이런 시구를 설하셨습니다.

독화살에 맞은 코끼리왕 육색아(여섯 빛깔의 상아)가
그(사냥꾼)를 죽이려고 찾고 있을 때
사냥꾼이 입고 있는 성스러운 선인들의 표시인
누런 가사를 보았다.

그 때 고통에 시달리고 있던 코끼리왕에게 이 생각이 들었다. '착한 사람은 아라한의 표시를 두른 자를 죽여서는 안 된다.'

그런데 또 '붓다가 전생에 바라문 청년 죠티파라였을 때 공양 받을 가치가 있는 사람·올바로 깨달은 사람인 세존 캇사파를 까까중이라 부르고 사이비수행자라 부르고 비열하고 조잡하고 거친 말로써 비난하고 매도했'라고 세간에서 말하고 있습니다.

존자 나가세나여! 만일 보살(전생에 있어서의 붓다)이 축생(코끼리)으로 태어났을 때 '독화살에 맞은 코끼리왕 육색아가 그를 죽이려고 찾고 있을 때 사냥꾼이 입고 있는 성스러운 선인들의 표시인 누런 가사를 보았다. 그 때 고통에 시달리고 있던 코끼리왕에게 이 생각이 들었다. 〈착한 사람은 아라한의 표시를 두른 자를 죽여서는 안 된다〉라고' 하여 누런 가사를 공경하였다면, 그렇다면 '보살이 전생에 바라문 청년 죠티파라였을 때 공양 받을 가치가 있는 사람·올바로 깨달은 사람인 세존 캇사파를 까까중이라 부르고 사이비수행자라 부르고 비열하고 조잡하고 거친 말로써 비난하고 매도했'라고 하는 말은 잘못된 말입니다.

만일 보살이 전생에 바라문 청년 죠티파라였을 때 공양 받을 가치가 있는 사람·올바로 깨달은 사람인 세존 캇사파를 까까중이라 부르고 사이비수행자라 부르고 비열하고 조잡하고 거친 말로써 비난하고 매도한다면, 그렇다면 '독화살에 맞은 코끼리왕 육색아가 그를 죽이려고 찾고 있을 때 사냥꾼이 입고 있는 성스러운 선인들의 표시인 누런 가사를 보았다. 그 때 고통에 시달리고 있던 코끼리왕에게 이 생각이 들었다. 〈착한 사람은 아라한의 표시를 두른 자를 죽여서는 안 된다〉라고' 하여 누런 가사를 존경하였다고 한 말도 또한 잘못된 말입니다.

만약 축생으로 태어났던 보살이 극심하고 맹렬한 고통을 감수하면서도 사냥꾼이 입고 있던 누런 가사를 보고 존경한 것이라면, 그가 인간으로 태어나 지식을 익혀 숙달하고 원숙한 예지에 달했을 때 세존 캇사파 ― 공양 받을 가치가 있는 사람·올바로 깨달은 사람·열 가지 뛰어난 힘을 갖춘 사람·세간의 지도자·가장 높은 지위에 오른 자·1심(1피이트)에 달하는 몸의 광채를 놓는 사람·가장 뛰어나고 가장 높은 사람·가장 우아한 광채를 지닌 베나레스 목면의 누런 색의 옷을 입은 사람 ― 를 보고 존경하지 않았던 것은 어떤 이유에서입니까?

이것도 또한 양도논법의 물음으로 당신에게 제출되었습니다. 이것은 당신이 해명해야 하는 것입니다."

"대왕이여! 참으로 세존은 이런 시구를 설하셨습니다.

독화살에 맞은 코끼리왕 육색아(여섯 빛깔의 상아)가
그(사냥꾼)를 죽이려고 찾고 있을 때
사냥꾼이 입고 있는 성스러운 선인들의 표시인
누런 가사를 보았다.
그 때 고통에 시달리고 있던 코끼리왕에게 이 생각이 들었다.
'착한 사람은 아라한의 표시를 두른 자를 죽여서는 안 된다.'

그런데 또 바라문 청년 죠티파라는 공양 받을 가치가 있는 사람·올바로 깨달은 사람인 세존 캇사파를 까까중이라 부르고 사이비수행자라 부르고 비열하고 조잡하고 거친 말로써 비난하고 매도했습니다. 그러나 그것은 그의 출신성분 때문이고 가문 때문이었습니다. 왜냐하면 그의 어머니와 아버지, 자매, 형제, 하녀, 하인, 노복, 권속 사람들은 범천을 신으로 모시고 숭배하고 공경하던 자들이었습니다. 그들은 '바라문이야말로 세상 사람들 가운데서 가장 높고 가장 뛰어난 자들이다'라고 말하여 다른 출가한 사람들을 비난하고 혐오했습니다. 그들의 그 말을 듣고 바라문 청년 죠티파라는 도공 가티카라가 스승(붓다)을 찾아 뵙도록 재촉하고 권유하자 그는 이렇게 말했습니다. '아니 이보게, 어느 까까중 사이비수행자를 만나 뭐라고 말하라는 거야'라고.

대왕이여! 예를 들면 감로도 독이 닿으면 쓴맛이 되는 것처럼, 또 이를테면 냉수도 불을 접하면 뜨거워지는 것처럼, 그와 마찬가지로 바라문 청년 죠티파라는 신앙도 없고 깨끗한 믿음도 없는 집에 환생하여 가문을 자랑하는 일로 인해 여래를 비난하고 매도했습니다.

대왕이여! 또 예를 들면 활활 타오르는 불꽃은 빛을 갖고 있지만 물과 접하면 빛과 열을 잃고 차가워지며 익은 닉군디 과실처럼 새카맣게 탄 숯이 됩니다. 그와 마찬가지로 바라문 청년 죠티파라는 지혜를 갖추고 신앙이 있고 대광명에 견줄 만한 지식을 갖고 있었습니다만 신앙도 없고 깨끗한 믿음 없는 집에 환생하여 그는 가문을 자랑하는 일로 인해 여래를 비난하고 매도한 것입니다. 그러나 붓다를 친근히 하고 붓다의 덕을 알게 되자 그는 마치 노복처럼 되었고 승자(붓다)의 가르침에서 출가하고 신통력과 선정력을 나타내어 범천계에 태어났습니다."

제5장
73

"그렇습니다. 존자 나가세나여! 이는 진실로 그대로라고 나는 인정합니다."

7. 대중을 이끌기 위한 신통변화의 시현

"존자 나가세나여! 또 세존은 이렇게 말씀하셨습니다.
'도공 가티카라의 집은 우기의 전체 석 달 동안 하늘을 지붕으로 삼고 있었으나 비는 내리지 않았다.'

그런데 또 '완전한 인격자(여래) 캇사파의 초가집에는 비가 내렸(새었)다'라고 말해지고 있습니다. 존자 나가세나여! 왜 이러한 선근을 쌓은 완전한 인격자의 초가집에는 비가 내린 것입니까? 사람은 완전한 인격자의 위신력만이 그것을 막을 수 있다고 하길 바랄 것입니다.

존자 나가세나여! 만일 도공 가티카라의 집은 우기의 전체 석 달 동안 하늘을 지붕으로 하고 있었으나 비는 내리지 않았다고 한다면, 그렇다면 '완전한 인격자 캇사파의 초가집에는 비가 내렸다'라고 하는 말은 잘못된 말입니다. 만일 완전한 인격자 캇사파의 초가집에는 비가 내렸다고 한다면, 그렇다면 '도공 가티카라의 집은 우기의 전체 석 달 동안 하늘을 지붕으로 삼고 있었으나 비는 내리지 않았다'라고 하는 말씀도 또한 잘못된 말입니다.

이것도 또한 양도논법의 물음으로 당신에게 제출되었습니다. 이것은 당신이 해명해야 하는 것입니다."

"대왕이여! 참으로 세존은 이렇게 말씀하셨습니다.

'도공 가티카라의 집은 우기의 전체 석 달 동안 하늘을 지붕으로 삼고 있었으나 비는 내리지 않았다.'

그런데 또 '완전한 인격자 캇사파의 초가집에는 비가 내렸다'라고 말해졌습니다.

대왕이여! 도공 가티카라는 계를 지키고, 착한 사람이고, 선근을 쌓고, 눈먼 노부모를 부양하고 있었습니다. 그가 부재중일 때 사람들은 그의 허락을 구하지 않고 그의 집 지붕을 이은 이엉을 걷어다 완전한 인격자의 초가를 이었습니다. 그 이엉을 걷어가자 그 일로 인해 그는 움직이지 않고, 흔들리지 않고, 확고하고, 넓고, 크고, 남과 비길 데 없는 기쁨을 얻게 되었습니다. 그리고 더욱더 그에게 견줄 수 없는 기쁨이 생겨나 '아아! 실로 세간의 어른(세존)이시고 세간의 최상자는 나를 두터이 신임하셨구나!'라고 기뻐했습니다. 그것에 의해 그에게 이 세상에 있어서 과보가 생긴 것입니다.

대왕이여! 완전한 인격자는 비가 내리는 정도의 변화에 의해 동요하지 않습니다. 예를 들면 수미산 왕이 몇 백천의 바람으로 후려치더라도 흔들리는 일이 없고, 또 가장 뛰어나고, 광대한 바다나 대양이 몇 천만 조의 대하에 의해 차고 넘치는 일이 없고, 변화하는 일이 없는 것처럼, 그와 마찬가지로 완전한 인격자는 비가 내리는 정도의 변화에 의해 동요하지 않습니다.

대왕이여! 또 완전한 인격자의 초가에 비가 내린 것은 그가 대중인 사람들을 사랑한 이유 이외에 다른 것이 없습니다. 완전한 인격자들은 다음과 같은 두 가지 이유로 인해 스스로 신통변화에 의해 만들어 낸 필수용품을 사용하지 않습니다.

첫째, '스승은 바로 최고의 보시를 받아야 할 어른이다'라고 하는 이유에 의해 신들이나 인간들이 세존에게 필수용품을 베풀면 그들은 온갖 악의 생존으로부터 완전하게 벗어날 것이다.

둘째, '신통변화를 나타내어서 그것에 의해 생계를 희구하고 있다'라고 말하며 다른 사람들이 우리들을 타박하는 일이 없도록…

이 같은 두 가지 이유 때문에 스스로 신통변화에 의해 만들어 낸 필수용품을 사용하지 않는 것입니다.

대왕이여! 만일 인드라가 그의 초가에 비가 내리지 않도록 하고 혹은 범천 자신이 그와 같이 한다면 관련된 행위 그 자체는 죄가 되고 과실을 수반하고 비난을 받습니다. 사람은 말합니다. '이들 완전한 인격자들은 교묘한 활동을 보여 세간을 현혹시키고 위압한다'라고. 그렇기 때문에 이와 관련된 행위는 피해야 합니다. 대왕이여! 완전한 인격자들은 어떠한 사물도 요구하지 않습니다. 그리고 그들은 어떠한 것도 요구하지 않는다고 하는 그것에 의해 비난을 받을 일이 없는 것입니다."

"그렇습니다. 존자 나가세나여! 이는 진실로 그대로라고 나는 인정합니다."

8. '바라문'과 '왕'이라는 명칭

"존자 나가세나여! 세존은 또 다음과 같이 말씀하셨습니다.

'비구들이여! 나는 바라문이며 보시의 수요에 응하는 자다.'

그런데 또 세존은 '세라여! 나는 왕이다'라고 말씀하셨습니다.

존자 나가세나여! 만일 세존이 '비구들이여! 나는 바라문이며 보시의 수요에 응하는 자다'라고 말씀하신 것이라면, 그렇다면 '세라여! 나는 왕이다'라고 하신 말씀은 잘못된 말입니다. 만일 여래(세존)가 '세라여! 나는 왕이다'라고 말씀하신 것이라면, 그렇다면 '비구들이여! 나는 바라문이며 보시의 수요에 응하는 자다'라고 하신 말씀도 또한 잘못된 말입니다. 그는 크샤트리야(왕족)든가 아니면 바라문(사제자 종족) 중 어느 한 쪽이어야 합니다. 한 번의 출생으로 두 종성(카스트)에 소속되는 일은 있을 수 없기 때문입니다.

이것도 또한 양도논법의 물음으로 당신에게 제출되었습니다. 이것은 당신이 해명해야 하는 것입니다."

"대왕이여! 참으로 세존은 이렇게 말씀하셨습니다.

'비구들이여! 나는 바라문이며 보시의 수요에 응하는 자다.'

그런데 또 세존은 '세라여! 나는 왕이다'라고 말씀하셨습니다.

여기에 대해 왜 여래가 바라문인 동시에 왕인가에 대한 이유가 존재합니다."

"존자 나가세나여! 어떤 이유로 여래는 바라문인 동시에 또한 왕이라 합니까?"

"대왕이여! 여래에게는 모든 악이나 불선의 성질이 제거되고 버려졌고 없어졌으며, 떠나갔고 끊어졌고 다하였고, 멸했고, 끝에 이르렀고, 사라졌고 멈춰졌고 쉬어졌습니다. 그렇기 때문에 '여래는 바라문이다'라고 말씀하신 것입니다.

제5장
77

바라문이란 망설임·의심·의혹의 길을 초월한 사람입니다. 세존도 또한 망설임·의심·의혹의 길을 초월하셨습니다. 이 이유에서 '여래는 바라문이다'라고 말합니다.

바라문이란 온갖 생존과 거듭 다시 태어나는 세계, 생을 받는 태(胎)를 떠났으며 더러움이나 티끌을 완전히 벗어나 의존할 벗을 갖지 않은 사람입니다. 대왕이여! 세존도 또한 온갖 생존과 거듭 다시 태어나는 세계, 생을 받는 태를 떠나 더러움이나 티끌을 완전히 벗어나 의존할 벗을 갖지 않습니다. 이런 이유에서 '여래는 바라문이다'라고 말합니다.

바라문이란 최고·최상·최승·극승의 신의 생활을 다분히 누리는 사람입니다. 대왕이여! 세존도 또한 최고·최상·최승·극승의 신의 생활을 다분히 누립니다. 이런 이유에서도 '여래는 바라문이다'라고 말합니다.

바라문이란 성전을 독송하고 가르침을 주며 보시를 받고, 마음이나 행위의 조어와 자제와 제어, 고대의 가르침과 전승과 전통을 지키는 사람입니다. 대왕이여! 세존도 또한 성전을 독송하고 가르침을 주며 보시를 받고, 마음이나 행위의 조어와 자제와 제어, 고대의 승자들이 실천한 가르침과 전승과 전통을 지키고 있습니다. 이런 이유에서도 '여래는 바라문이다'라고 말합니다.

바라문이란 큰 즐거움을 누리는 선정을 닦는 사람입니다. 대왕이여! 세존도 또한 큰 즐거움을 누리는 선정을 닦습니다. 이런 이유에서도 '여래는 바라문이다'라고 말합니다.

바라문이란 존재하는 모든 생존이나 경계에서 인격적 개체가 윤회전생하는 상황을 아는 사람입니다. 대왕이여! 세존도 또 존재하는 모든 생존이나 경계에서 인격적 개체가 윤회전생하는 상황을 알고 있습니다. 이런 이유에서도 '여래는 바라문이다'라고 말합니다.

대왕이여! '바라문'이라는 세존의 이 이름은 그의 어머니에 의해 주어진 것이 아니고, 아버지에 의해 주어진 것이 아니고, 형제에 의해 주어진 것이 아니고, 자매에 의해 주어진 것이 아니고, 벗과 자기에 의해 주어진 것이 아니고, 친족 혈족에 의해 주어진 것이 아니고, 도인 바라문에 의해 주어진 것이 아니고, 혹은 신들에 의해 주어진 것이 아닙니다.

이것은 모든 붓다와 존경하는 어른(세존)들이 해탈을 얻었을 때 얻게 되는 이름입니다. 즉 그들은 보리수 아래에서 마군을 쳐부수고 과거, 미래, 현재에 관한 악과 불선의 성질을 제거하고 전지자의 지혜를 획득하였습니다. 그들이 이런 지혜를 얻고 이런 지혜가 나타나고 생겼을 때 이 '바라문'이란 참된 명칭이 그들에게 적용된 것입니다. 이런 이유에서 '여래는 바라문이다'라고 말해지는 것입니다."

"존자 나가세나여! 그러면 무엇 때문에 '여래는 왕이다'라고 말씀하신 걸까요?"

"대왕이여! 왕이란 정치를 행하고 세간의 사람들을 가르치는 사람입니다. 세존도 일만세계를 정법에 의해 다스리고, 모든 신들, 마구니, 범천을 포함한 세계와 도인 및 바라문을 포함한 세계를 가르칩니다. 이런 이유에서도 '여래는 왕이다'라고 말해집니다.

대왕이여! 왕이란 모든 사람을 이기고 많은 친족을 기쁘게 하고 적의 대중을 동정하면서 위대한 명성과 영광을 짊어지는 바, 강하고 견고한 인품이 있고 백 개의 뼈로 아름답게 꾸민 백색의 청순한 흰 일산을 높이 쳐드는 사람입니다.

대왕이여! 세존도 그릇된 행을 행하는 마군을 동정하고 올바른 행을 하는 신들과 사람들을 기쁘게 하면서 일만의 세계에 있어서 위대한 명성과 영광을 짊어지는 바, 강하고 견고한 인내의 인품이 있고 백 개의 뛰어난 지혜의 뼈로 꾸민 백색의 청순하면서도 가장 높고 가장 뛰어난 해탈의 흰 일산을 높이 쳐듭니다. 이런 이유에서도 '여래는 왕이다'라고 말해집니다.

왕이란 가까이 온 모든 사람들의 경례를 받는 사람입니다. 대왕이여! 세존 또한 가까이 온 모든 사람들에게 경례를 받는 사람입니다. 이런 이유에서도 '여래는 왕이다'라고 말해집니다.

왕이란 자기의 신하 중에서 누군가 진지한 자가 있으면 그의 공을 가상히 여겨 받아들이고 그가 바라는 것을 주고 욕구를 만족시키는 사람입니다.

대왕이여! 세존도 누군가 제자 중에서 몸과 입과 마음의 행위를 삼가는 일에 진지한 자가 있으면 그의 노력을 가상히 여겨 받아들이고 그가 바라는 바 모든 고통으로부터 벗어난 위없는 해탈을 주고, 어떠한 나머지도 없는 뛰어난 깨달음에로의 욕구를 만족시킵니다. 이런 이유에서도 '여래는 왕이다'라고 말해집니다.

왕이란 명령을 어긴 자를 견책하고 벌금을 부과하고 사형에 처하는 사람입니다. 대왕이여! 세존의 뛰어난 가르침에 있어서도 교단의 명령을 어기고 부끄러움을 모르는 자는 그릇된 행위 때문에 얕보고 멸시당하고 비난받으며 승자(붓다)의 가장 뛰어난 가르침에서 제거됩니다. 이런 이유에서도 '여래는 왕이다'라고 말해집니다.

왕이란 고대의 정의로운 여러 왕에 의해 계승되어 온 가르침에 따라 올바름과 옳지 않은 것을 분명하게 하고, 정의에 따라 정치를 행하면서 사람들에게 신망을 받고, 사랑 받고, 열망되고, 정의로운 덕에 따라 왕통을 오래 확립시키는 사람입니다.

대왕이여! 세존도 또 고대 독존자(붓다)들에 의해 계승되어 온 가르침에 따라 진리와 진리 아닌 것을 분명하게 하고, 진리에 따라 세간을 가르치면서 신들과 사람들에게 신망을 받고, 사랑 받고, 열망되고, 진리의 덕에 따라 가르침을 오래 홍통시키는 사람입니다. 이런 이유에서도 '여래는 왕이다'라고 말해집니다.

대왕이여! 여래가 바라문인 동시에 또한 왕이라고 하는 이유는 이렇게 여러 가지입니다. 매우 현명한 비구가 한 겁 동안 쉬지 않고 그 이유를 나열해도 미처 다 밝히지 못하겠거늘 내가 더 이상 무엇을 얘기할 필요가 있겠습니까? 내가 간략히 말한 것을 양해하여 주십시오."

"됐습니다. 존자 나가세나여! 이는 진실로 그대로라고 나는 인정합니다."

9. 보시를 받는 마음가짐

"존자 나가세나여! 또 세존은 이런 시구를 설하셨습니다.

시를 외워서 얻은 음식물을 나는 먹어서는 안 된다.
바라문이여! 이것은
바르게 보는 사람들(눈 뜬 사람들)이 행하는 규칙이 아니다.
시를 외워서 얻은 음식물을 눈 뜬 사람들은 물리친다.
바라문이여! 규칙이 존재하는 것이므로
이것이 눈 뜬 사람들의 생활법인 것이다.

그런데 또 세존이 사람들에게 진리를 설하고 보여 주실 때 차제설법, 즉 우선 처음에는 보시에 관한 논을 설하고 이어서 계에 관한 논을 설하는 것이 상례입니다.

신들과 사람들은 이 일체 세간의 주인이신 세존이 설하신 가르침을 듣고 준비하여 붓다에게 보시를 하며, 그의 제자들은 그 올려진 보시를 받습니다.

존자 나가세나여! 만일 세존이 '시를 외워서 얻은 음식물을 나는 먹어서는 안 된다'라고 말씀하셨다면, 그렇다면 '세존이 처음에는 보시에 관한 논을 설하신다'라고 하는 말씀은 잘못된 말입니다.

만일 붓다가 보시에 관한 논을 최초로 설한다고 한다면, 그렇다면 '시를 외워서 얻은 음식물을 나는 먹어서는 안 된다'라고 하신 말씀도 또한 잘못된 말입니다. 그것은 왜일까요?

존자여! 공양 받을 자격 있는 모든 이들이 재가자들에게 탁발하는 자들에게 음식물을 보시하여 얻는 과보를 설한다면 그들은 그 사람의 법담을 듣고 깨끗한 믿음을 갖게 되고 끊임없이 보시를 합니다. 그 보시를 받는 자는 모두 시를 외워서 얻은 음식을 받기 때문입니다.

　이것도 또한 양도 논법의 물음으로 당신에게 제출되었습니다. 이것은 당신이 해명해야 하는 것입니다."

　"대왕이여! 참으로 세존은 이런 시구를 설하셨습니다.

시를 외워서 얻은 음식물을 나는 먹어서는 안 된다.
바라문이여! 이것은
바르게 보는 사람들(눈 뜬 사람들)이 행하는 규칙이 아니다.
시를 외워서 얻은 음식물을 눈 뜬 사람들은 물리친다.
바라문이여! 규칙이 존재하는 것이므로
이것이 눈 뜬 사람들의 생활법인 것이다.

　그런데 세존은 보시에 관한 논을 제일 먼저 설하는 것이 상례입니다. 제일 먼저 보시에 관한 논을 설하여 듣는 자의 마음을 기쁘게 하고, 그 뒤에 계를 지키도록 권하는 것은 모든 여래의 습관입니다.

　대왕이여! 예를 들면 사람들이 어린아이들에게 우선 맨 처음 호미놀이, 물구나무서기, 풍차놀이, 횃대놀이, 수레놀이, 활놀이의 장난감을 주고 그 뒤에 아이들이 각자 하지 않으면 안 되는 것을 시키는 것처럼, 그와 마찬가지로 제일 먼저 보시에 관한 논을 설하여 듣는 자의 마음을 기쁘게 하고, 그 뒤로 계를 지키도록 권합니다.

　대왕이여! 또 예를 들면 의사가 환자들에 대하여 우선 맨 처음 체력을 기르고 몸을 부드럽게 하기 위해 대엿새 동안 기름을 먹인 뒤 그 후에 설사약을 쓰는 것처럼, 그와 마찬가지로 제일 먼저 보시에 관한 논을 설하여 듣는 자의 마음을 기쁘게 하고, 그 뒤로 계를 지키도록 권합니다.

대왕이여! 예를 들면 보시자의 마음이나 시주의 마음이 부드럽고 평화롭고 따뜻해지면, 그로부터 그들은 그 보시의 통로라든가 다리를 건너서 또는 보시의 배를 타고서 윤회 바다의 피안으로 건너는 것입니다. 그러므로 붓다는 맨 처음 그들에게 업의 근거를 가르치시는 것입니다. 그러나 그것에 의해 몸과 말에 따른 표시의 죄를 범하는 것은 아닙니다."

"존자 나가세나여! 당신은 표시라고 말씀하셨는데, 그 표시란 무엇입니까?"

"대왕이여! 표시는 다음의 두 가지입니다. 즉 몸의 표시와 말의 표시입니다. 그 가운데 몸의 표시에 죄가 되는 것과 죄가 되지 않는 것이 있고, 말의 표시에도 죄가 되는 것과 죄가 되지 않는 것이 있습니다.

(1) 무엇이 죄가 되는 몸의 표시일까요?

예를 들면 어떤 비구가 탁발을 위해 재가자들의 집에 다가가 부적당한 장소에 서서 그 장소를 떠나지 않는다고 합시다. 이것이 죄가 되는 몸의 표시입니다. 성자들은 그러한 몸의 표시에 의해 표시되어진 것(탁발음식)을 받지 않습니다. 그런데 그 사람은 성자들의 모임에서는 타박받고, 얕보이고, 멸시당하고, 비난받고, 무시되고, 존경받지 못하며 상가를 파괴한 자로 간주됩니다.

대왕이여! 다시 또 예를 들면 어떤 비구가 탁발을 위해 재가자들의 집에 다가가 부적당한 장소에 서서 그 장소를 떠나지 않고 턱짓이나 혹은 눈짓으로 엄지손가락에 의해 보시를 구하는 표시를 한다고 합시다. 이것 또한 죄가 되는 몸의 표시입니다. 성자들은 그러한 몸의 표시에 의해 표시되어진 것(탁발음식)을 받지 않습니다. 그런데 그 사람은 성자들의 모임에서 타박받고, 얕보이고, 멸시당하고, 비난받고, 무시되고, 존경받지 못하며 상가를 파괴한 자로 간주됩니다.

(2) 무엇이 죄가 되지 않는 몸의 표시일까요?

예를 들면 어떤 비구가 탁발을 위해 재가자들의 집에 다가갔지만 깊이 생각하고 마음을 통일하고 자기의 행위를 바르게 알고 있고 그리고 붓다의 가르침에 따라 어떤 곳에 가더라도 적당한 장소에 섭니다. 즉 보시를 하려고 하는 사람들이 있는 곳에 서고 보시를 하려고 하지 않는 사람들이 있는 곳을 떠난다고 합시다. 이것이 죄가 되지 않는 몸의 표시입니다. 성자들은 그러한 몸의 표시에 의해 표시되어진 것(탁발음식)을 받습니다. 게다가 그 사람은 성자들의 모임에서 칭찬받고 찬양받고 찬탄받고 그리고 번뇌의 근절에 힘쓴 수행자, 청정한 생활을 하는 자로 간주됩니다. 대왕이여! 왜냐하면 신 중의 신이신 세존은 또 이 시구를 설하셨습니다.

> 지혜 있는 자는 보시를 구걸하지 않고
> 성자들은 구걸하는 것을 질책한다.
> 성자들은 보시를 향하여 선다.
> 이것이 성자들의 걸식이다.

(3) 무엇이 죄가 되는 말의 표시일까요?

대왕이여! 예를 들면 어떤 비구가 말에 의해 갖가지의 것 ― 의복, 탁발음식, 침구 또는 좌구, 병자에게 필요한 의약의 네 가지 필수품 ― 을 표시한다고 합시다. 이것이 죄가 되는 말의 표시입니다. 성자들은 그러한 몸의 표시에 의해 표시되어진 것을 받지 않습니다. 그런데 그 사람은 성자들의 모임에서 타박받고, 얕보이고, 멸시당하고, 비난받고, 무시되고, 존경받지 못하며 상가를 파괴한 자로 간주됩니다.

대왕이여! 다시 또 예를 들면 어떤 비구가 '나는 이것을 갖고 싶다'는 말을 다른 사람들에게 들려 주며, 그리고 그 말이 다른 사람들에게 들려서 그가 그 물건을 얻게 되었다고 합시다. 이것도 죄가 되는 말의 표시입니다. 성자들은 그러한 말의 표시에 의해 표시되는 것을 받지 않습니다. 그런데 그 사람은 성자들의 모임에서 타박받고, 얕보이고, 멸시당하고, 비난받고, 무시되고, 존경받지 못하며 상가를 파괴한 자로 간주됩니다.

대왕이여! 다시 또 예를 들면 어떤 비구가 호언장담하면서 많은 사람들에게 '이러한 것과 이러한 것을 비구들에게 주어야 한다'는 말을 들려 줍니다. 그리고 그들은 그 말을 듣고 나서 얘기한 대로 그 물건을 가지고 온다고 합시다. 이것도 또 죄가 되는 말의 표시입니다. 성자들은 그러한 말의 표시에 의해 표시되어진 것을 받지 않습니다. 그런데 그 사람은 성자들의 모임에서 타박받고, 얕보이고, 멸시당하고, 비난받고, 무시되고, 존경받지 못하며 상가를 파괴한 자로 간주됩니다.

대왕이여! 또 사실 장로 사리풋타(사리불)가 태양이 저문 밤에, 병에 걸렸을 때 장로 마하목갈라나(대목건련)가 효험 있는 약을 묻자 입을 열게 되었습니다. 그가 입을 열었기 때문에 그는 약을 얻었던 것입니다. 그 때 장로 사리풋타는 '입을 놀렸기 때문에 나는 이 약을 얻었다. 나는 상가의 생활을 깨뜨릴 수 없다'라고 생각하고 상가의 생활을 파괴하는 것을 두려워하여 그 약을 복용하지 않고 버렸습니다. 이것 또한 죄가 되는 말의 표시입니다. 성자들은 그러한 말의 표시에 의해 표시되어진 것을 받지 않습니다. 그런데 약을 복용하는 자가 있다고 한다면 그 사람은 성자들의 모임에서 타박받고, 얕보이고, 멸시당하고, 비난받고, 무시되고, 존경받지 못하며 그리고 상가를 파괴한 자로 간주됩니다.

(4) 무엇이 죄가 되지 않는 말의 표시일까요?

대왕이여! 예를 들면 비구가 약이 필요할 때 그의 친족이나 그를 초대한 사람들의 집에서 말의 표시를 한다고 합시다. 이것이 죄가 되지 않는 말의 표시입니다. 성자들은 그러한 말의 표시에 의해 표시되어진 것을 받습니다. 게다가 그 사람은 성자들의 모임에서 칭찬받고 찬양받고 찬탄받고, 번뇌의 근절에 힘쓴 수행자·청정한 생활을 하는 자로 간주되고, 또 완전한 인격자들·공양 받을 가치가 있는 사람들·올바로 깨달은 사람들에 의해 인정됩니다.

대왕이여! 일찍이 밭을 가는 바라문 바라드바쟈가 올리는 음식물을 여래는 물리치셨습니다만 그 음식은 여래가 그의 물음을 해명하고 해설하고 그를 여래의 생각 속에 이끌어들여 그의 잘못을 알고 시정케 함으로써 올려진 것입니다. 그렇기 때문에 여래는 그가 베푼 음식을 거부하고 받지 않으셨습니다."

"존자 나가세나여! 여래가 식사를 하실 때는 언제나 신들은 하늘의 영양소를 발우 전체에 흩뿌렸습니까? 아니면 보시받은 버섯요리와 우유죽(유미죽)의 두 가지 음식 속에만 흩뿌렸습니까?"

"대왕이여! 여래가 식사를 하실 때면 언제나 신들이 하늘의 영양소를 취하여 붓다에게 드리고 붓다가 음식물을 손끝으로 집어 올릴 때 한 입 한 입마다 하늘의 영양소를 흩뿌렸습니다. 대왕이여! 예를 들면 왕의 요리사가 왕이 식사할 때 즙을 내어서 왕에게 드리고 음식물의 한 입 한 입마다 즙을 치는 것처럼, 그와 마찬가지로 여래가 식사를 하실 때는 언제나 신들은 하늘의 영양소를 취하여 붓다에게 드리고 붓다가 음식물을 손끝으로 집어 올릴 적마다 한 입 한 입 하늘의 영양소를 흩뿌렸습니다.

대왕이여! 여래가 베란쟈에서 마른 보릿가루 과자를 잡수실 때 신들은 하늘의 영양소로 그 과자를 적셔 이바지했습니다. 그것에 의해 여래는 그 고귀하신 몸을 보전한 것입니다."

"존자 나가세나여! 언제나 항상 여래의 몸을 열심히 수호하고 있는 이들 신들은 얼마나 행복할까요? 잘 알았습니다. 존자 나가세나여! 이는 진실로 그대로라고 나는 인정합니다."

10. 법천의 권청과 설법을 향한 붓다의 결심

"존자 나가세나여! 세존은 또 당신네에게 '여래는 4아승지겁과 십만 겁 동안 큰 무리의 사람들을 구원하기 위해 그 동안에 전지자의 지혜를 성취하였다'라고 말씀하셨습니다.

그런데 '전지자에 달했을 때 휴식에 마음이 기울고, 설법에 마음이 기울지 않았다'라고 말했습니다.

존자 나가세나여! 예를 들면 활의 사수 혹은 사수의 제자가 오랫동안 전쟁을 위해 궁술을 배우고 그 뒤 큰전쟁이 벌어졌을 때 공포 때문에 망설이는 것처럼, 여래는 4아승지겁과 십만 겁 동안 큰 무리의 사람들을 구원하기 위해 전지자의 지혜를 성취하고 나서, 전지자에 달한 그 여래가 설법을 망설였습니다.

존자 나가세나여! 또 예를 들면 역사(천하장사) 혹은 역사 제자가 오랫동안 씨름을 배우고 그 뒤 씨름경기에 임했을 때 주저하는 것처럼, 여래는 4아승지겁과 십만 겁 동안 큰 무리의 사람들을 구원하기 위해 그 동안에 전지자의 지혜를 성취하고 나서, 전지자에 달한 그 여래가 설법을 망설였습니다.

존자 나가세나여! 여래는 공포 때문에 설법을 망설이신 것입니까? 아니면 설법할 능력이 없었기 때문입니까? 혹은 또 체력이 쇠약해져 있었기 때문입니까? 그것도 아니라면 전지자에 도달하지 못했기 때문입니까? 무엇이 그 이유입니까? 자, 당신은 나에게 이유를 말하여 의심을 제거해 주십시오.

존자 나가세나여! 만일 여래가 4아승지겁과 십만 겁 동안 큰 무리의 사람들을 구원하기 위해 전지자의 지혜를 성취하신 것이라 한다면, 그렇다면 '전지자에 달했을 때 휴식에 마음이 기울고, 설법에 마음이 기울지 않았다'라고 하는 말씀은 잘못된 말입니다. 만일 전지자에 달했을 때 휴식에 마음이 기울고, 설법에 마음이 기울지 않은 것이라고 한다면 '여래는 4아승지겁과 십만 겁 동안 큰 무리의 사람들을 구원하기 위해 전지자의 지혜를 성취하였다'라고 하는 말씀도 또한 잘못된 말입니다.

이것 또한 매우 심오하여 해명하기 어려운 양도논법의 물음으로 당신에게 제출되었습니다. 이것은 당신이 해명해야 하는 것입니다."

"대왕이여! 여래는 4아승지겁과 십만 겁 동안 큰 무리의 사람들을 구원하기 위해 전지자의 지혜를 성취하셨습니다. 그런데 또 전지자에 달했을 때 휴식에 마음이 기울고, 설법에 마음이 기울지 않으셨습니다. 그러나 그것은 붓다가 체득한 진리가 매우 심오하고 정묘하고 지극하기 때문에 보거나 깨닫기가 얼마나 어려운지, 수승하기 때문에 통달하기가 얼마나 어려운지를 아심과 동시에 또한 얼마나 온갖 중생들이 집착에 빠져 '나다. 나의 것이다'라는 견해를 고집하고 있는가를 아시고 '무엇을 설할까? 어떻게 설할까?' 하고 생각하느라 마음이 휴식에 기울고 설법에 기울지 않았던 까닭입니다. 즉 붓다는 마음 속으로 온갖 중생들이 가진 마음의 통달력을 생각하고 계셨던 것임에 틀림없습니다.

대왕이여! 예를 들면 외과의가 여러 가지 질병에 걸린 남자를 진찰한 뒤 '어떠한 처방을 하고 혹은 어떤 약을 주면 이 남자의 지병은 나을 것인가'라고 생각하는 것처럼, 그와 마찬가지로 여래는 사람이 얼마나 많은 번뇌의 질병에 걸려 있는가를 아심과 동시에 또 진리가 매우 심오하고 정묘하고 지극하기 때문에 보거나 깨닫기가 얼마나 어려운지, 수승하기 때문에 통달하기가 얼마나 어려운지를 아시고 '무엇을 설할까? 어떻게 설할까?' 하고 생각하느라 마음이 휴식에 기울고 설법에 기울지 않았던 까닭입니다. 즉 붓다는 마음 속으로 온갖 중생들이 가진 마음의 통달력을 생각하고 계셨던 것임에 틀림없습니다.

대왕이여! 예를 들면 크샤트리야 출신의 왕이 관정(즉위)할 때 왕에 의존하여 생활하는 사람들 — 문지기, 근위병, 의원, 시민, 병사, 관리, 신하를 보고 '도대체 어떻게 이들을 장악할 것인가?' 하고 마음 속으로 생각하는 것처럼, 그와 마찬가지로 여래는 진리가 매우 심오하고 정교하고 지극하기 때문에 보거나 깨닫기가 얼마나 어려운지, 수승하기 때문에 통달하기가 얼마나 어려운지를 아심과 동시에 얼마나 중생들이 집착에 빠져 '나다. 나의 것이다'라는 견해를 고집하고 있는가를 아시고 '무엇을 설할까? 어떻게 설할까?' 하고 생각하느라 마음이 휴식에 기울고 설법에 기울지 않았던 까닭입니다. 즉 붓다는 마음 속으로 온갖 중생들이 가진 마음의 통달력을 생각하고 계셨던 것임에 틀림없습니다.

대왕이여! 그러나 범천의 권유에 의해 진리의 가르침을 설하는 모든 완전한 인격자(여래)들의 본성입니다. 그리고 그 이유는 무엇일까요? 그 당시 고행자, 유행자, 도인(사문), 바라문을 포함한 모든 사람들은 범천을 신으로 모시는 범천의 숭배자이며 범천을 궁극의 의지처로 삼고 있었습니다. 그러므로 여래들은 '이 유력하고 고명하고 지명도가 높고 두루 알려진 최상자, 최고자가 진리의 가르침에 귀의한다면 그 때 신들과 인간들도 진리의 가르침에 귀의하고, 믿고, 따르고 신앙할 것이다'라고 생각했습니다.

이런 이유에 의해 범천의 권유를 받은 완전한 인격자들은 진리의 가르침을 설하고 보여 주신 것입니다.

대왕이여! 예를 들면 왕이나 대신이 어떤 사람에게 귀의하고 존경한다고 합시다. 그 한층 유력한 사람에게 귀의하는 것에 의해 왕이나 대신 이외의 다른 사람들도 그 사람에게 귀의하고 존경을 표하는 것처럼, 그와 마찬가지로 범천이 완전한 인격자들에게 귀의할 때 신들과 인간들도 귀의할 것입니다.

대왕이여! 세간은 존경받는 자를 존경하기 때문입니다. 그러므로 그 범천은 모든 완전한 인격자들에게 설법을 권청하였습니다. 이런 이유에 의해 범천의 권유를 받은 완전한 인격자들은 진리의 가르침을 설하고 보여 주신 것입니다."

"잘 알았습니다. 존자 나가세나여! 물음은 잘 풀렸습니다. 해답은 참으로 훌륭합니다. 이는 진실로 그대로라고 나는 인정합니다."

제6장

1. 스승 없이 홀로 깨닫다

"존자 나가세나여! 세존은 이런 시구를 설하셨습니다.

나에게는 스승도 없고
나와 동등한 자도 세상에 없다.
신들과 인간들이 머무는 세계에서
나에 필적할 자는 존재하지 않는다.

그런데 '비구들이여! 한편 이와 같이 알라라칼라마는 나의 스승으로서 자신의 제자인 나를 자기와 동등한 지위에 두고 그리고 커다란 존경심을 갖고 나를 존경하였다'라고 말씀하셨습니다.

존자 나가세나여! 만일 여래가 '나에게는 스승도 없고 나와 동등한 자도 세상에 없다'라고 말씀하신 것이라면, 그렇다면 '비구들이여! 한편 이와 같이 알라라칼라마는 나의 스승으로서 자신의 제자인 나를 자기와 동등한 지위에 두었다'라고 하신 말씀은 잘못된 말입니다. 만일 여래가 '비구들이여! 한편 이와 같이 알라라칼라마는 나의 스승으로서 자신의 제자인 나를 자기와 동등한 지위에 두었다'라고 말씀하신 것이라면, 그렇다면 '나에게는 스승도 없고 나와 동등한 자도 세상에 없다'라고 하신 말씀도 또한 잘못된 말입니다.

이것도 또한 양도논법의 물음으로 당신에게 제출되었습니다. 이것은 당신이 해명해야 하는 것입니다."

"대왕이여! 참으로 세존은 이런 시구를 설하셨습니다.

나에게는 스승도 없고
나와 동등한 자도 세상에 없다.
신들과 인간들이 머무는 세계에서
나에 필적할 자는 존재하지 않는다.

그런데 '비구들이여! 한편 이와 같이 알라라칼라마는 나의 스승으로서 자신의 제자인 나를 자기와 동등한 지위에 두고 그리고 커다란 존경심을 갖고 나를 존경하였다'라고 말씀하셨습니다. 그러나 이 말씀은 붓다가 깨달음을 열기 이전 아직 완전한 깨달음에 달하지 않은 보살이었을 때 알라라칼라마가 보살의 스승이었던 시절의 일에 관하여 말씀하신 것입니다.

대왕이여! 붓다가 깨달음을 열기 이전, 아직 완전한 깨달음에 도달하지 않은 보살이었을 때 다섯 명의 스승이 있었습니다. 보살은 그들에게 가르침을 받고 각기의 장소에서 때를 보내셨습니다. 다섯 명이란 누구일까요?

대왕이여! 보살이 탄생한 직후 여덟 명의 바라문, 즉 라마·다쟈·랏카나·망티·얀냐·수야마·수보쟈·수닷타가 그의 모든 특상을 살피고 그들은 그의 행복을 예언하고 그리고 그를 수호했습니다. 그들이 맨 처음의 스승입니다.

대왕이여! 다음으로 보살의 아버지 숫도다나왕은 그 당시 서북지방의 고귀한 가문에 태어나 귀족이고, 베다의 어휘를 잘 암송하고, 문법에 통달하고, 베다의 여섯 가지 보조학과[6]에 정통한 삿바밋타라 이름하는 바라문을 초청하였습니다. 그리고 왕은 황금의 물병에서 물을 뿌리고 나서 '이 소년에게 학문을 가르쳐 주십시오'라고 말하고 삿바밋타에게 소년을 맡겼습니다. 이것이 두번째 스승입니다.

대왕이여! 다음에 또 보살을 격려한 신이 있습니다. 그 신의 말을 듣고 보살은 감동하여 분발하고 그 순간에 세속을 버리고 출가했습니다. 이것이 세번째 스승입니다.

대왕이여 다음으로 또 알라라칼라마가 있습니다. 이것이 네번째 스승입니다.

대왕이여! 다음으로 또 라마의 아들 웃다카가 있습니다. 이것이 다섯번째 스승입니다.

대왕이여! 이들은 붓다가 깨달음을 열기 이전 아직 완전한 깨달음에 도달하지 않은 보살이었을 때 다섯 명의 스승입니다. 그러나 그들은 세속의 덕목을 가르친 스승입니다. 대왕이여! 그러나 이 붓다가 말씀하신 출세간의 가르침에서는 전지자의 지혜에 통달한 점에 관하여 여래를 뛰어넘어 그를 가르칠 자는 존재하지 않습니다. 대왕이여! 여래는 스승 없이 홀로 깨달은 어른입니다. 그러므로 여래는 '나에게는 스승도 없고 나와 동등한 자도 세상에 없다. 신들과 인간들이 머무는 세계에서 나에 필적할 자는 존재하지 않는다'라고 말씀하신 것입니다."

"잘 알았습니다. 존자 나가세나여! 이는 진실로 그대로라고 나는 인정합니다."

2. 한 때, 한 붓다, 한 세계

"존자 나가세나여! 또 세존은 이렇게 말씀하셨습니다.

'비구들이여! 이것은 이유가 없는 것이고, 있을 수 없는 일이다. 즉 한 세계에 공양을 받을 가치가 있는 두 분, 올바로 깨달은 두 사람(두 붓다)이 동시에 세상에 출현한다고 하는 그 이유는 존재하지 않는다.'

존자 나가세나여! 그러나 이런 모든 완전한 인격자(여래)들이 진리를 사람들에게 보이실 때 깨달음에 도움이 되는 서른일곱 가지 구성요소에 관한 가르침(삼십칠보리분법)으로써 보이시고, 설법할 때에는 성스러운 네 가지 진리(사성제)로써 설하시고, 사람들을 배우고 익히게 할 때는 계율과 선정과 지혜의 세 가지 배움(삼학)으로써 배우게 하고, 가르침에 있어서는 불방일의 실천(부지런함)으로써 가르치셨습니다.

존자 나가세나여! 만일 모든 완전한 인격자(여래)들이 보이신 바가 동일하고, 설하신 바가 동일하고, 배우게 한 바가 동일하고, 가르치신 바가 동일하다면 어떤 이유에서 한 찰나에 두 사람의 완전한 인격자(여래)가 세상에 출현하지 않는 것입니까? 당장 한 분의 붓다가 나오신 것만으로도 이 세상에 광명이 생깁니다. 만일 제2의 붓다가 동시에 존재한다면 두 분 붓다의 광명에 의해 이 세상에는 더 큰 광명이 생길 것입니다. 또 가르치고 타이를 때에도 두 분의 완전한 인격자(여래)가 있다면 쉽게 가르치고 타이를 것이고 가르침을 베풀 때에도 쉽게 가르칠 수가 있을 것입니다. 나의 의심이 풀리도록 그 이유를 나에게 말씀해 주십시오."

"대왕이여! 이 일만세계는 한 분의 붓다를 보호·유지하고 다만 한 분의 붓다의 공덕을 보호·유지하는 것입니다. 만일 제2의 여래가 나오신다면 이 일만세계는 그를 보호·유지할 수 없을 것입니다. 세계는 진동하고, 동요하고, 기울어지고, 아래로 기울고, 옆으로 기울고, 산란하고, 무너지고, 풀어지고, 괴멸하고, 파멸에 이를 것입니다.

대왕이여! 예를 들면 일인승의 작은 배가 있다고 합시다. 한 사람이 탔을 경우에는 배는 수면에 뜰 것입니다. 그런데 수명이나 용모, 연령과 체격, 말랐는지 비대한지, 크고 작은지의 정도와 그 밖의 모든 팔다리의 크기가 앞의 사람과 동등한 제2의 남자가 와서 그 배에 탔다고 합시다. 대왕이여! 그 배는 두 사람을 함께 실을 수 있을까요?"

"존자여 그렇지는 않습니다. 그 배는 진동하고, 동요하고, 기울어지고, 아래로 기울고, 옆으로 기울고, 산란하고, 무너지고, 풀어지고, 괴멸하고, 파멸에 이를 것입니다. 배는 물 속에 가라앉을 것입니다."

　"대왕이여! 그와 마찬가지로 이 일만의 세계는 한 분의 붓다를 보호·유지하고, 다만 한 분의 붓다의 공덕을 보호·유지하는 것입니다. 만일 제2의 붓다가 나오신다면 이 일만세계는 그를 보호·유지할 수 없을 것입니다. 세계는 진동하고, 동요하고, 기울어지고, 아래로 기울고, 옆으로 기울고, 산란하고, 무너지고, 풀어지고, 괴멸하고, 파멸에 이를 것입니다.

　대왕이여! 예를 들면 어떤 남자가 있는데 음식물을 원하는 대로 먹고 목까지 가득 차 올랐다고 합시다. 그는 포식하고, 배가 부르고, 만족하고, 느긋하여 이 이상 위에 들어갈 여지가 없고, 식곤증을 느끼고, 경직된 나무토막처럼 됩니다. 그가 다시 그만큼의 음식을 먹는다면, 그 남자는 안전할까요?"

　"존자여 그렇지는 않습니다. 그가 다시 먹는다면 죽어버릴 것입니다."

　"대왕이여! 그와 마찬가지로 이 일만의 세계는 한 분의 붓다를 보호·유지하고 다만 한 분의 붓다의 공덕을 보호·유지하는 것입니다. 만일 제2의 여래가 나오신다면 이 일만 세계는 그를 보호·유지할 수 없을 것입니다. 세계는 진동하고, 동요하고, 기울어지고, 아래로 기울고, 옆으로 기울고, 산란하고, 무너지고, 풀어지고, 괴멸하고, 파멸에 이를 것입니다."

　"존자 나가세나여! 과중하게 법을 짊어지는 일로 대지는 진동합니까?"

　"대왕이여! 예를 들면 언저리까지 보석을 가득 실은 두 대의 수레가 있다고 합시다. 한 대의 수레에서 보석을 가져다가 다른 수레에 모두 쌓아 싣는다면, 그 수레는 두 대분의 보석을 운반할 수 있을까요?"

"존자여! 그렇지는 않습니다. 그 수레의 바퀴통은 부서지고, 바퀴살도 구겨지고, 바퀴도 찌부러지고, 굴대도 부러질 것입니다."

"대왕이여! 과중하게 보석을 짊어지는 일로 수레는 부서집니까?"

"존자여! 그렇습니다."

"대왕이여! 그와 마찬가지로 과중한 법을 짊어짐으로써 대지는 진동합니다. 그러나 이것은 붓다의 힘을 설명하기 위해 인용한 것입니다. 왜 두 분의 올바로 깨달은 어른이 동시에 세상에 출현하지 않는가 하는 다른 적당한 이유를 들으십시오.

대왕이여! 만일 두 분의 올바로 깨달은 어른이 동시에 세상에 출현한다면 서로의 회중에게 논쟁이 생겨 '당신네 붓다, 우리 붓다'라고 서로 주장하여 두 파가 생길 것입니다. 예를 들면 두 사람의 유력한 대신이 이끄는 무리 논쟁이 생겨 '당신네 대신, 우리네 대신' 하면서 서로 주장하여 두 파가 생기는 것처럼, 만일 두 분의 올바로 깨달은 어른이 동시에 세상에 출현한다면 서로의 회중에게 논쟁이 생겨 '당신네 붓다, 우리 붓다'라고 서로 주장하여 두 파가 생길 것입니다. 대왕이여! 이것이 우선 두 분의 올바로 깨달은 어른이 동시에 세상에 출현할 수 없는 이유입니다.

대왕이여! 왜 두 분의 올바로 깨달은 어른이 동시에 세상에 출현하지 않는가 하는 그 이상의 다른 이유를 들으십시오. 대왕이여! 만일 두 분의 올바로 깨달은 어른이 동시에 세상에 출현한다면, '붓다는 가장 높은 자다'라고 하는 성전의 말씀은 잘못된 말일 것입니다. '붓다는 가장 존귀한 자다'라고 하는 말씀은 잘못된 말일 것입니다. '붓다는 가장 탁월한 자다'라고 하는 말씀은 잘못된 말일 것입니다. 다시 '붓다는 가장 위인 자다', '붓다는 뛰어남마저 초월한 자다', '붓다는 비길 수 없는 자다', '붓다는 비길 수 없는 것조차 비길 수 없는 자다', '붓다는 같은 류가 없는 자다', '붓다는 상대가 끊어져 없는 자다', '붓다는 둘도 없는 자다'라고 하는 말은 잘못된 말일 것입니다. 대왕이여! 왜 두 분의 올바로 깨달은 어른이 동시에 세상에 출현하지 않는가 하는 이 이유를 당신은 실제로 인정하셔야 합니다.

대왕이여! 그리고 또 한 분의 붓다만이 세상에 출현하셨다는 것은 모든 붓다, 존경하는 분의 자성이고 본성인 것입니다. 그 이유는 무엇일까요? 전지자이신 붓다들의 덕이 위대하기 때문입니다.

대왕이여! 이 세상에 붓다 외에 위대한 다른 어떤 것도 다만 하나밖에 없습니다. 대왕이여! 땅은 위대하고 그것은 오직 하나입니다. 바다는 위대하고 그것은 오직 하나입니다. 수미산왕은 위대하고 그것은 오직 하나입니다. 허공은 위대하고 그것은 오직 하나입니다. 인드라 하늘은 위대하고 그것은 오직 하나입니다. 마왕은 위대하고 그것은 오직 하나입니다. 대범천은 위대하고 그것은 오직 하나입니다. 완전한 인격자·공양을 받을 가치가 있는 분·올바로 깨달은 분은 위대하고 그것은 이 세상에 있어서 오직 한 분입니다. 이들이 출현하는 곳에는 다른 것이 들어갈 여지가 없습니다. 대왕이여! 그러므로 완전한 인격자·공양 받을 가치가 있는 분·올바로 깨달은 분인 붓다는 한 분만이 이 세상에 출현한 것입니다."

"존자 나가세나여! 물음은 비유와 이유에 의해 잘 해답되었습니다. 무지한 자들도 이 얘길 들으면 만족할 것입니다. 하물며 나처럼 대지혜자에게 있어서는 말할 나위도 없습니다. 알았습니다. 존자 나가세나여! 이는 진실로 그대로라고 나는 인정합니다."

3. 고타미가 보시한 옷

"존자 나가세나여! 또 세존은 그의 이모인 마하파자파티 고타미(고타마 가문의 딸이라는 뜻)가 우기에 사용할 겉옷을 그(세존)에게 보시하려고 했을 때 다음과 같이 말씀하셨습니다.

'고타미여! 상가(불교교단)에 주십시오. 당신이 그것을 상가에 보시한다면 나도 공양 받고 상가도 또 공양 받는 것이 될 것입니다.'

존자 나가세나여! 그러나 완전한 인격자(붓다)는 자신의 이모가 손수 물들이고, 손수 다리고, 손수 두드리고, 손수 재단하고, 손수 짠 우기에 사용하는 겉옷을 붓다 자신에게 보시하려고 했습니다. 그런데 그것을 상가에 보시하도록 말씀하신 완전한 인격자는 상가(승보)보다도 중요하지 않고 또 중대하지 않고 그리고 보시를 받을 자격이 없다는 것인가요? 존자 나가세나여! 만약 완전한 인격자가 상가보다도 위이고 위대하고 혹은 뛰어나다고 한다면 그는 '나에게 보시한다면 커다란 공덕의 결과가 있을 것이다'라고 생각할 것이고, 그렇기 때문에 완전한 인격자는 자신의 이모가 손수 물들이고, 손수 다리고, 손수 두드리고, 손수 재단하고, 손수 짠 우기에 사용하는 겉옷을 상가에 보시하도록 그녀에게 말씀하지 않았을 것입니다.

존자 나가세나여! 그러나 완전한 인격자는 스스로 보시의 이익을 얻으려 하지 않고 보시에 의존하려고 하지 않았기 때문에 그는 이모에게 그 우기에 사용하는 겉옷을 보시하도록 고한 것입니다."

"대왕이여! 참으로 세존은 그의 이모인 마하파쟈파티 고타미가 우기에 사용할 겉옷을 그에게 보시하려고 했을 때 다음의 말씀을 하셨습니다.

'고타미여! 상가에 주십시오. 당신이 그것을 상가에 보시한다면 나도 공양 받고 상가도 또 공양 받은 것이 될 것입니다.'

그러나 그것은 붓다 자신에게 바친 존숭과 공경이 과보를 수반하지 않기 때문이라든가 또 그가 보시를 받을 자격이 없는 자라고 하는 이유에서가 아니고, 사람들에 대한 이익과 자애 때문이었습니다. 즉 '이렇게 하면 나의 사후 상가는 존경받는 단체가 될 것이다'라고 생각하여 상가의 특질을 칭찬하시며 '고타미여! 상가에 주십시오. 당신이 그것을 상가에 보시한다면 나도 공양 받고 상가도 또 공양 받는 것이 될 것입니다'라고 말씀하신 것입니다.

대왕이여! 예를 들면 어떤 아버지가 아들과 함께 살고 있을 때 왕의 신하, 병사, 관리, 문지기, 근위병, 의원, 시민들 한복판에서 왕의 허락을 받고 '지금 내 아들의 지위가 확립된다면 장래 내 아들은 사람들 사이에서 칭찬 받는 자가 될 것이다'라고 생각하여 그 아들이 가진 덕을 칭찬한다고 합시다. 그와 마찬가지로 완전한 인격자는 이익과 자애 때문에 '이렇게 하면 나의 사후 상가는 존경받는 단체가 될 것이다'라고 생각하여 상가의 공덕을 칭찬하시며 '고타미여! 상가에 주십시오. 당신이 그것을 상가에 보시한다면 나도 공양 받고 상가도 또 공양 받은 것이 될 것입니다'라고 말씀하신 것입니다.

대왕이여! 우기에 사용하는 겉옷을 보시한 일만으로 상가가 완전한 인격자(여래)보다도 실로 위대하고 뛰어난 것은 아닙니다.

예를 들면 어떤 부모가 자기 아이들에게 향수를 뿌리고 문질러 주며 목욕을 시키고 머리를 감긴다고 합시다. 대왕이여! 향수를 뿌리고 문질러 주고 목욕을 시키고 머리를 감기는 것만으로 아이들이 그 양친보다도 실로 위대하고 뛰어나게 되겠습니까?"

"존자여! 그렇지는 않습니다. 아이들은 좋든 싫든 관계 없이 부모의 뜻대로 되는 것입니다. 그렇기 때문에 부모는 그 아이들에게 향수를 뿌리고 문질러 주며 목욕을 시키고 머리를 감기는 것입니다."

"대왕이여! 그와 마찬가지로 우기에 사용하는 겉옷을 보시한 일만으로 상가가 완전한 인격자보다도 실로 위대하고 또 뛰어난 것은 아닙니다. 그러나 완전한 인격자는 상가가 좋든 싫든 관계 없이 이모에게 말씀하여 우기에 사용하는 겉옷을 상가에 보시하게 한 것입니다.

대왕이여! 예를 들면 어떤 사람이 왕에게 선물을 갖고 왔고 왕은 그 선물을 다른 어떤 자 — 병사, 관리, 장군, 사제자인 누군가에게 주었다고 합시다. 대왕이여! 선물을 얻은 것만으로 남자가 왕보다 실로 위대하고 뛰어난 것으로 되겠습니까?"

"존자여 그렇지는 않습니다. 그 남자는 왕으로부터 급여를 받는 자이고 왕에 의해 생활하고 있는 자입니다. 그를 그 지위에 있게 하면서 왕은 선물을 준 것입니다."

"대왕이여! 그와 마찬가지로 우기에 사용하는 겉옷을 보시한 일만으로 상가가 완전한 인격자보다도 실로 위대하고 뛰어난 것은 아닙니다. 마찬가지로 상가는 완전한 인격자로부터 급여를 받고 있는 것이고 완전한 인격자에 의해 생활하고 있는 것입니다. 상가를 그 지위에 있게 하면서 완전한 인격자는 상가에게 우기에 사용하는 겉옷을 보시하게 한 것입니다. 대왕이여! 완전한 인격자는 또 이렇게 생각하셨을 것입니다.

'상가는 본래 보시 공양을 받을 가치가 있는 단체다. 그러므로 나에게 소속한 것(재산)을 상가에 보시하게 하리라'라고 생각하고서 상가에 대하여 우기에 사용하는 겉옷을 보시하게 한 것입니다. 대왕이여! 완전한 인격자는 자신에 대하여 이루어진 보시 공양을 찬탄하지 않고 오히려 누구라도 세간에서 보시 공양을 받을 자격이 있는 사람에게 보시 공양하는 것을 찬탄하셨습니다.

대왕이여! 신 중의 신이신 세존은 인류에게 전해진 가장 뛰어난 《맛지마니카야》(《중부》 경전)의 〈진리의 상속자라 이름하는 법문〉에서 설하고 계시듯이 그는 만족하여 칭찬해 말씀하셨습니다.

'나의 으뜸 가는 저 비구야말로 더 한층 존경받고 또 칭찬받을 것이다.'

대왕이여! 모든 중생에 있어서 완전한 인격자보다도 보시를 받을 가치가 있고 더 한층 위이고 위대하며 혹은 뛰어난 자는 존재하지 않습니다. 완전한 인격자야말로 최고자이고 최대자입니다.

대왕이여! 가장 뛰어난 《상윳타니카야》(《상응부》 경전)에 있어서 설하고 계시듯 이 마나바가미카 천자는 신들과 사람들 사이에서 세존의 앞에 서서 이 시구를 노래했습니다.

왕사성의 산들 가운데 비풀라산은 가장 뛰어나고
히말라야 산 중에서는 백산이 가장 뛰어나고
그리고 하늘을 가는 것 중에서는 태양이 가장 뛰어나고
모든 물 중에서는 바다가 가장 뛰어나고
또 모든 성좌 중에는 달이 가장 뛰어나고
신들과 사람들 속에서 붓다는 최상자라고 일컬어진다.

대왕이여! 마나바가미카 천자가 노래한 시구는 잘 불려졌고 잘못됨 없이 불려졌고 잘 말해졌고 잘못됨 없이 잘 말해졌습니다. 그리고 또 세존께서 인정하셨습니다.

대왕이여! 또 법의 장군 사리풋타 장로는 이런 시구를 읊지 않았던가요?

마구니의 힘을 꺾은 붓다에 대하여
우리가 한 번 깨끗한 믿음을 일으키고 귀의하고 합장하면
미망의 흐름을 건널 수 있다.

또 신 중의 신인 세존께서는 이렇게 말씀하셨습니다.

'비구들이여! 세상에 출현한 한 사람이 있다. 그는 많은 사람들의 이익과 많은 사람들의 행복을 위해 세간의 사람들을 사랑하기 때문에 그리고 신들과 사람들의 실리와 이익과 행복을 위해 나타난다. 한 사람이란 누구인가? 완전한 인격자·공양 받을 자격이 있는 어른·올바로 깨달은 어른이다. 그는 많은 사람들의 이익과 많은 사람들의 행복을 위해 세간의 사람들을 사랑하기 때문에 그리고 신들과 사람들의 실리와 이익과 행복을 위해 나타난다'라고."

"잘 알았습니다. 존자 나가세나여! 이는 진실로 그대로라고 나는 인정합니다."

4. 재가자와 출가자의 차이점

"존자 나가세나여! 또 세존은 이렇게 말씀하셨습니다.

'비구들이여! 나는 재가자 혹은 출가자의 올바른 실천을 칭찬한다. 비구들이여! 재가자나 혹은 출가자 그 누구라도 올바르게 실천한 자는 올바른 실천에 수반되는 곤란을 극복하고 올바른 이치와 착한 법을 성취한다.'

존자 나가세나여! 만일 재가자로서 흰 옷을 입고 애욕을 누리고 처자와 함께 섞여 살고, 베나레스에서 생산되는 전단향을 늘 사용하고, 꽃장식향, 바르는 향을 지니고, 금은을 쌓고, 마니주와 황금을 박아 넣은 관을 쓰고 있으면서 올바로 실천하는 자가 올바른 이치와 착한 법을 성취하고, 또 한편 출가자로서 머리를 깎고, 누런 가사를 입고, 다른 사람이 보시한 음식물을 가까이하고, 그것에 의존하여 네 가지 계(살생, 도둑질, 사음, 거짓말의 바라이계)를 완전히 이행하고, 일백오십 가지 배워야 할 덕목(학처)을 수지하여 실행하고, 열세 가지 두타의 각 부분을 남김없이 실행하면서 올바로 실천하는 자가 올바른 이치와 착한 법을 성취한다면, 존자여! 이때 재가자와 출가자의 차이점은 무엇일까요? 그렇다면 고행의 행위는 효과가 없는 것이고 출가는 이익이 없는 것이 될 겁니다. 배워야 할 덕목을 호지하는 것은 열매를 맺지 않고 두타의 각 부분을 수지하는 것은 헛된 일입니다. 두 경우가 똑같다면 이때 이들 수행에 수반하는 고통을 쌓을 필요가 있겠습니까? 안락에 의해서만 안락을 얻을 수 있는 것이 아닐까요?"

"대왕이여! 참으로 세존은 이렇게 말씀하셨습니다.

'비구들이여! 나는 재가자 혹은 출가자의 올바른 실천을 칭찬한다. 비구들이여! 재가자나 출가자 그 누구라도 올바르게 실천한 자는 올바른 실천에 수반되는 곤란을 극복하고 올바른 이치와 착한 법을 성취한다.'

대왕이여! 이것은 그대로입니다. 올바르게 실천하는 자는 가장 뛰어난 사람입니다. 가령 출가자라 하더라도 '나는 출가하였다'라고 하면서 올바로 실천하지 않는다면, 그는 도인(사문)의 지위에서 멀어지고 혹은 또 바라문의 지위에서 멀어진 자입니다. 하물며 흰 옷을 입고 있는 재가자에 있어서는 말할 나위도 없습니다. 대왕이여! 가령 재가자라도 올바르게 실천한 자는 올바른 이치와 착한 법을 성취합니다. 가령 출가자라도 올바르게 실천한 자는 올바른 이치와 착한 법을 성취합니다.

대왕이여! 그러나 출가자야말로 도인의 지위의 주인이고 우두머리입니다. 집을 버리는 것(출가)은 많은 공덕·여러 가지 공덕·헤아릴 수 없는 공덕이 있습니다. 집을 버리는 공덕은 어느 누구도 다 헤아려 알 수 없습니다.

대왕이여! 예를 들면 그 누구라도 '대해의 파도는 이것뿐이다'라고 하여 대해의 파도를 다 헤아려 알 수 없는 것처럼, 그와 마찬가지로 집을 버리는 것은 많은 공덕·여러 가지 공덕·헤아릴 수 없는 공덕이 있습니다. 집을 버리는 공덕은 어느 누구도 다 헤아려 알 수 없습니다.

대왕이여! 출가자는 무슨 일이든 해야 할 일을 모두 속히 성취하며 오랜 시간이 걸리지 않습니다. 어떤 이유일까요? 출가자는 간소한 생활에 만족하고 환희하고 세간으로부터 멀리 떠나고 세속과 사귀지 않고, 수행에 열심히 힘쓰고, 집이 없고 주처가 없고, 계를 완전히 지키고, 번뇌의 근절에 힘쓰는 수행자이고, 두타의 실천에 뛰어나기 때문입니다. 그런 까닭에 출가자는 무슨 일이든 해야 할 일을 모두 속히 성취하며 오랜 시간이 걸리지 않습니다.

대왕이여! 예를 들면 마디가 없고, 반듯하고, 잘 다듬어져 있고, 올곧고, 때가 묻지 않은 화살은 빠르게 시위를 떠나 반듯하게 나는 것처럼, 그와 마찬가지로 출가자는 무슨 일이든 해야 할 일을 모두 속히 성취하며 오랜 시간이 걸리지 않습니다."

"잘 알았습니다. 존자 나가세나여! 이는 진실로 그대로라고 나는 인정합니다."

5. 단식고행의 포기와 실천도

"존자 나가세나여! 보살(전생에 있어서의 붓다)이 난행(어려운 행)을 행하고 있을 때 어느 하나 그와 같은 정진, 노력, 번뇌와의 싸움, 죽음의 마군의 분쇄, 음식조절, 혹은 난행의 수행은 없었습니다. 그러나 보살은 그러한 노력에 조금도 만족하지 않고 그 노력하려는 마음을 포기하고 이렇게 말씀하셨습니다.

'이 격심한 난행의 수행에 의해서조차 나는 인간의 힘을 초월한 곧고 바르고 특수하고 뛰어나고 성스러운 지견을 체득할 수가 없다. 이제 깨달음에 이르는 다른 길은 없을까?'

그 이래로 난행을 싫어하여 여의고 다른 길에 의해 전지자에 이른 그는 다시 그 난행의 실천도로 제자들을 가르쳐 인도하고 힘쓰게 했습니다.

정진하라. 노력하라.
붓다의 가르침에 전념하라.
죽음의 마군을 분쇄하라.
마치 코끼리가 갈대의 오두막을 짓밟듯이.

존자 나가세나여! 어떤 이유에서 완전한 인격자(여래)는 스스로 싫어하여 떠났고 또 좋아하지 않았던 난행의 실천도로 제자들을 가르쳐 인도하고 힘쓰게 한 것입니까?"

"대왕이여! 그 때나 지금이나 그 난행은 유일한 실천도입니다. 보살은 그 실천도를 밟고 나아가 전지자에 이르렀습니다. 대왕이여! 그러나 보살은 열심히 노력하고 음식물을 완전히 끊었습니다. 그 단식에 의해 마음이 쇠약해지고 마음이 쇠약해지자 그는 전지자에 도달할 수가 없었습니다. 그는 아주 조금씩 단단한 음식을 섭취하였고 그러한 난행의 실천도에 의해 오래지 않아 전지자에 이르렀습니다. 대왕이여! 이것이야말로 모든 완전한 인격자들이 전지자의 지혜를 획득하게 해 주는 실천도입니다.

대왕이여! 예를 들면 음식물은 모든 살아 있는 온갖 것들을 부양하는 것이고, 음식물에 의존하여 모든 살아 있는 온갖 것들이 행복을 누리는 것처럼, 그와 마찬가지로 이것이야말로 모든 완전한 인격자들이 전지자의 지혜를 획득하게 해 주는 실천도입니다. 대왕이여! 완전한 인격자가 그 당시 전지자의 지혜에 도달하지 못했다고 하는 과실은 정진에 있는 것도 아니고, 노력에 있는 것도 아니고, 번뇌와의 싸움에 있는 것도 아닙니다. 실로 과실은 단식 그 자체에 있었습니다. 이 난행의 실천도 그 자체는 언제나 실천되기 위해 있는 것입니다.

대왕이여! 예를 들면 어떤 남자가 아주 급하게 길을 간다고 합시다. 그 때문에 그는 절름발이가 되고 혹은 앉은뱅이가 되고 혹은 평지를 걸을 수 없는 자가 된다면, 그렇다면 그 남자가 절름발이가 되었다고 하는 과실은 대지에 있는 것입니까?"

"존자여! 그렇지는 않습니다. 대지는 언제나 걷기 위해 있는 것입니다. 어떻게 대지에 과실이 있겠습니까? 그 남자가 절름발이가 되었다고 하는 과실은 그 자신의 지나친 열심에 있는 것입니다."

"대왕이여! 그와 마찬가지로 완전한 인격자가 그 당시 전지자의 지혜에 달하지 못했다고 하는 과실은 정진에 있는 것도 아니고, 노력에 있는 것도 아니고, 번뇌와의 싸움에 있는 것도 아닙니다. 실로 과실은 단식 그 자체에 있었습니다. 이 난행의 실천도 그 자체는 언제나 실천되기 위해 있는 것입니다.

대왕이여! 예를 들면 또 어떤 남자가 있다고 합시다. 그가 더러워진 옷을 입고 그것을 세탁하지 않는다면 그 과실은 물에 있지 않습니다. 물은 언제나 쓰여지기 위해 있는 것입니다. 과실은 그 남자 자신에게 있는 것입니다.

대왕이여! 그와 마찬가지로 완전한 인격자가 그 당시 전지자의 지혜에 도달하지 못했다고 하는 과실은 정진에 있는 것도 아니고, 노력에 있는 것도 아니고, 번뇌와의 싸움에 있는 것도 아닙니다. 실로 과실은 단식 그 자체에 있었습니다. 이 난행의 실천도 그 자체는 언제나 실천되기 위해 있는 것입니다. 그러므로 완전한 인격자는 그 실천도로 제자들을 가르쳐 인도하고 힘쓰게 하셨습니다.

대왕이여! 이와 같이 그 실천도는 언제나 실천되기 위해 준비되어 있을 뿐 어떠한 과실도 없는 것입니다."

"잘 알았습니다. 존자 나가세나여! 이는 진실로 그대로라고 나는 인정합니다."

6. 환속에 관한 물음

"존자 나가세나여! 이 완전한 인격자(여래)의 가르침은 광대하고, 진실하고, 가장 뛰어나고, 가장 존귀하고, 견줄 수 없고, 청정하고, 때가 없고, 순백이고, 티가 없습니다. 재가자를 그대로 출가하게 하는 것은 어울리지 않습니다. 재가자들을 성자의 하나의 지위에 들게 하고 다시 그가 그 지위에서 퇴전하지 않는 자가 되었을 때, 비로소 그는 출가를 허락받도록 해야 합니다. 그것은 어떤 이유일까요? 바르지 못한 사람들이 이 청정한 가르침에 출가한다면 그들은 다시 낮은 지위(세속)로 물러납니다. 그들이 세속으로 물러나는 일에 의해 이 세상의 많은 사람들은 이렇게 생각할 것입니다.

'실제 이 도인 고타마의 가르침은 헛된 것이리라. 이 사람들이 그 가르침에서 물러났기 때문이다'라고. 이것이 그 이유입니다."

"대왕이여! 예를 들면 청정하고 티끌 없는 냉수로 가득 찬 연못이 있다고 합시다. 우연히 때나 진흙투성이로 더럽혀진 어떤 남자가 그 못에 갔지만 목욕도 하지 않고 원래 더럽혀진 채로 그대로 되돌아온다고 한다면, 그 일에 관하여 사람들은 더러운 남자와 연못 어느 쪽을 비난할까요?"

"존자여! 사람들은 더럽혀진 남자를 비난할 것입니다. '이 남자는 연못에 가서 목욕도 하지 않고 더러운 채 그대로 되돌아왔다. 목욕을 하고 싶지 않은 이 남자를 어떻게 연못 자신이 목욕시키겠습니까? 연못에 무슨 과실이 있겠습니까?'라고."

"대왕이여! 그와 마찬가지로 완전한 인격자는 뛰어난 해탈의 물이 가득한 뛰어난 정법의 연못을 만드셨습니다. '생각이 깊은 지자로서 번뇌의 때에 더럽혀진 사람은 누구나 거기에서 목욕하면 모든 번뇌를 말끔히 씻을 것이다'라고.

만일 어떤 남자가 그 뛰어난 정법의 연못에 가서 목욕도 하지 않고 번뇌를 지닌 채로 되돌아와 다시 세속으로 물러난다면 사람들은 그 남자를 비난할 것입니다. '이 남자는 승자(붓다)의 가르침에 출가하여 거기서 안주의 경지를 얻지 못하고 다시 세속으로 물러났다. 실천도를 닦지 않은 이 남자를 어떻게 승자의 가르침이 정화할 수 있을 것인가? 승자의 가르침에 무슨 과실이 있을까?'라고.

대왕이여! 또 예를 들면 중병에 걸린 한 남자가 있다고 합시다. 병자를 능숙하게 진단하고 바르고 확실하게 그리고 유효한 처방을 하는 의사를 만나도 그 남자가 치료를 받지 않고 병든 채로 되돌아온다면 이 일에 관하여 사람들은 병든 사람과 의사 어느 쪽을 비난할까요?"

"존자여! 사람들은 병든 사람을 비난할 것입니다. '병자를 능숙하게 진단하고 바르고 확실하게 유효한 처방을 하는 의사를 만나도 그 남자가 치료를 받지 않고 병든 채로 되돌아왔습니다. 치료를 받지 않으려는 이 남자를 어떻게 치료할 것인가? 의사에게 무슨 과실이 있을까?'라고."

"대왕이여! 그와 마찬가지로 완전한 인격자는 가르침이라는 약그릇 속에 온갖 번뇌의 병을 진정시키고 낫게 하는 모든 불사의 영약(열반의 깨달음)을 넣으셨습니다. '생각이 깊은 지자로서 번뇌의 병에 괴로워하는 사람은 누구나 이 불사의 영약을 마시면 모든 번뇌의 병을 진정시킬 것이다'라고.

만일 어떤 남자가 그 불사의 영약을 마시지 않고 번뇌를 지닌 채로 되돌아와 다시 세속으로 물러난다면 사람들은 그 남자를 비난할 것입니다. '이 남자는 승자의 가르침에 출가하여 거기서 안주의 경지를 얻지 못하고 다시 세속으로 물러났다. 실천도를 닦지 않은 이 남자를 어떻게 승자의 가르침이 정화할 것인가? 승자의 가르침에 무슨 과실이 있을까?'라고.

대왕이여! 또 예를 들면 주린 남자가 있다고 합시다. 그가 성대하게 자선을 베풀기 위해 복된 음식을 분배하는 장소에 가 그 복된 음식을 먹지 않고 주린 채로 되돌아온다면 이 일에 대하여 사람들은 주린 남자와 복된 음식 어느 쪽을 비난할까요?"

"존자여! 사람들은 주린 자를 비난할 것입니다. '이 남자는 허기져서 고통스러운데 복된 음식을 베풀어 주어도 먹지 않고 빈속으로 되돌아왔다. 먹지 않는 이 남자의 입에 어떻게 음식물이 스스로 들어가겠는가? 음식물에 무슨 과실이 있겠는가?'라고."

"대왕이여! 그와 마찬가지로 완전한 인격자는 가르침의 그릇 속에 가장 뛰어나고, 좋고, 아름답고, 훌륭하고, 풍부한 불사의 음식으로 가장 감미로운 신지념(身至念 ; 신체에 관해 마음으로 골똘하게 생각을 기울이는 일)의 음식을 넣으셨습니다. '생각이 깊은 지자로서 그 내부가 번뇌 때문에 피로하고, 생각이 애욕과 집착에 정복된 사람은 누구든지 이 음식을 먹는다면, 애욕의 생존·물질적 생존·물질을 초월한 생존에서 모든 애욕과 집착을 제거할 것이다'라고.

만일 어떤 남자가 있어서 그 음식을 먹지 않고 애욕과 집착에 사로잡힌 채로 되돌아와 다시 세속으로 물러난다면 사람들은 그 남자를 비난할 것입니다. '이 남자는 승자(붓다)의 가르침에 출가하여 거기서 안주의 경지를 얻지 못하고 다시 세속으로 물러났다. 실천도를 닦지 않은 이 남자를 어떻게 승자의 가르침이 정화할 것인가? 승자의 가르침에 무슨 과실이 있을까?'라고.

대왕이여! 만일 완전한 인격자가 재가자들을 가르침으로 이끌어 성자의 첫째 지위에 들어가게 한 직후에 그를 출가시킨다면 더 이상 이 출가라는 것이 번뇌를 버리고 떠나기 위함이라든가, 몸과 마음을 청정하게 하기 위해 있는 것이라고는 말할 수 없을 것입니다. 출가는 쓸모 없는 것이 될 것입니다.

대왕이여! 예를 들면 한 사람의 남자가 수백 명의 노동자로 하여금 연못을 파게 하고 거기서 대중을 향해 이렇게 고한다고 합시다. '제군들이여! 더럽혀진 자는 단 한 사람이라도 이 나의 연못에 들어가서는 안 됩니다. 먼지와 때를 털어 버리고 씻은 뒤 청정무구하고 청결해진 사람만 이 연못에 들어가시오'라고. 대왕이여! 먼지와 때를 털어 버리고 씻은 뒤 청정무구하고 청결해진 자들에게 그 연못은 필요하겠습니까?"

"존자여! 그렇지는 않습니다. 그들이 그 연못에 가서 얻어야 할 목욕의 이익은 이미 그들이 다른 곳의 연못 따위에서 얻었습니다. 무엇 때문에 그들에게 이 연못이 필요하겠습니까?"

"대왕이여! 그와 마찬가지로 만일 완전한 인격자가 재가자들을 가르침으로 이끌어 성자의 첫째 지위에 들어가게 한 직후에 그를 출가시킨다면 이미 거기에는 그들이 해야 할 일이 완료되어 있습니다. 그런데 그들이 출가할 필요가 있겠습니까?

대왕이여 예를 들면 선인의 참된 후예로서 전승되어 오는 비밀스러운 시구를 잘 기억하고 병자를 진료할 때는 깊이 생각하지 않고도 병의 원인을 진단하는 일에 숙달해 있으며, 바르고 확실하게 그리고 유효한 처방을 내리는 의사가 온갖 병을 치료할 수 있는 약을 준비해 놓고 대중들을 향하여 이렇게 고한다고 합시다. '여러분! 병이 있는 자는 어느 누구도 내 밑에 오셔서는 안 됩니다. 병이 없고 질환이 없는 자는 내 밑으로 오십시오'라고. 대왕이여! 병이 없고 질환이 없고 건강하고 쾌활한 자들은 그 의사를 필요로 하겠습니까?"

"존자여! 그렇지는 않습니다. 그들이 그 의사가 있는 곳에 가는 목적은 이미 그들이 다른 곳에서 충족시켜 놓았는데 무엇 때문에 그들에게 그 의사가 필요하겠습니까?"

"대왕이여! 그와 마찬가지로 만일 완전한 인격자가 재가자들을 가르침으로 이끌어 성자의 첫째 지위에 들어가게 한 직후에 그를 출가시킨다면 이미 거기서는 그들이 해야 할 일이 완료되어져 있습니다. 어떻게 그들에게 출가할 필요가 있겠습니까?

대왕이여! 또 예를 들면 어떤 사람이 수백 그릇의 유미죽을 준비하고 대중들을 향하여 이렇게 고한다고 합시다. '여러분! 배고픈 자는 단 한 사람도 이 복된 음식을 분배하는 곳에 오셔서는 안 됩니다. 충분히 먹고, 배가 가득 차고, 배가 부르고, 족히 배가 부르고, 만족한 자는 이 복된 음식을 분배하는 장소에 오십시오'라고. 대왕이여! 충분히 먹고, 배가 가득 차고, 배가 부르고, 족히 배가 부르고, 만족한 자들에게 그 음식이 필요하겠습니까?"

"존자여! 그렇지는 않습니다. 그들이 그 복된 음식을 분배하는 곳에 오는 목적은 이미 그들이 다른 곳에서 충족시켜 놓았는데 무엇 때문에 그들이 그 복된 음식의 분배가 필요하겠습니까?"

"대왕이여! 그와 마찬가지로 만일 완전한 인격자가 재가자들을 가르침으로 이끌어 성자의 첫째 지위에 들어가게 한 직후에 그를 출가시킨다면 이미 거기서는 그들이 해야 할 일이 완료되어 있습니다. 어떻게 그들을 출가시킬 필요가 있겠습니까?

대왕이여! 그러나 다시 세속으로 되돌아 온 자들은 승자의 가르침에 있어서 다섯 가지 비교할 수 없는 덕을 세상 사람들에게 보여 줍니다. 다섯 가지란 무엇일까요?

(1) 승자의 가르침의 지위가 위대하다는 것을 보여 주고
(2) 승자의 가르침이 청정무구함을 보여 주고
(3) 승자의 가르침에 있어서 선인은 악인과 함께 생활할 수 없음을 보여 주고
(4) 승자의 가르침이 통달하기 어려움을 보여 주고
(5) 승자의 가르침에 있어서 많은 규율이 지켜져야 함을 보여 줍니다.

(1) 어떻게 승자의 가르침의 지위가 위대하다는 것을 보여 줄까요? 대왕이여! 예를 들면 가난한 사람으로 비천한 신분에서 태어나 어느 하나 남보다 뛰어난 게 없고 지성도 없는 남자가 위대한 왕국을 소유하고 다스리더라도 오래지 않아 명성과 덕망으로부터 전락하고 실각하고 쇠퇴하여 주권을 유지할 수가 없을 것입니다. 그것은 어째서일까요? 주권이 위대하기 때문입니다.

그와 마찬가지로 뛰어난 점도 없고, 복덕도 쌓지 않고, 지성도 없는 자가 승자의 가르침에 출가하더라도 그들은 모두 그

가장 뛰어나고 가장 높은 출가의 지위를 보호·유지할 수 없으며 오래지 않아 승자의 가르침에서 전락하고 실각하고 쇠퇴하여 다시 세속으로 되돌아와 승자의 가르침을 유지할 수가 없습니다. 그것은 왜일까요? 승자의 가르침의 지위가 위대하기 때문입니다. 이와 같이 승자의 가르침의 지위가 위대하다는 것을 보여 줍니다.

(2) 어떻게 승자의 가르침이 청정무구함을 보여 줄까요? 대왕이여! 예를 들면 연잎 위의 물은 흩어지고 떨어지고 전락하고 없어지고 그리고 정착하지 않습니다. 그것은 어째서일까요? 연잎이 청정무구하기 때문입니다.

대왕이여! 그와 마찬가지로 거짓되고 사기치고 교활하고 사악하고 바르지 못한 견해를 가진 자가 승자의 가르침에 출가하더라도 오래지 않아 그들은 모두 청정무구하고, 가시가 없고 깨끗하고 결백하여 가장 뛰어나고, 가장 존귀한 가르침에서 흩어져 떠나고 떨어지고 전락하고 안주하지 않고 정착하지 않고 다시 세속으로 되돌아옵니다. 그것은 왜일까요? 승자의 가르침이 청정무구하기 때문입니다. 이와 같이 승자의 가르침이 청정무구함을 보여 줍니다.

(3) 어떻게 승자의 가르침에 있어서 선인은 악인과 함께 생활할 수 없음을 보여 줄까요? 대왕이여! 예를 들면 대해가 시체와 공존하는 일이 없이 대해 속에 있는 시체를 재빨리 해안으로 밀어 올리고 혹은 육지로 끌어올린다고 합시다. 그것은 어째서일까요? 대해는 큰 생명체들의 서식처이기 때문입니다.

대왕이여! 그와 마찬가지로 죄 있고 어리석고 노력을 포기하고 비애에 잠기고 마음이 더럽혀진 악인이 승자의 가르침에 출가하더라도 그들은 모두 오래지 않아 승자의 가르침인 큰 생명체들의 서식처 — 청정무구하여 번뇌를 남김없이 모두 멸한 아라한들의 서식처 — 로부터 물러나 아라한들과 함께 생활할 수 없어 세속으로 되돌아옵니다. 그것은 어째서일까요? 승자의 가르침에 있어서 선인은 악인과 함께 생활할 수 없기 때문입니다. 이와 같이 승자의 가르침에 있어서 선인은 악인과 함께 생활할 수 없음을 보여 줍니다.

(4) 어떻게 승자의 가르침이 통달하기 어려움을 보여 줄까요? 대왕이여! 예를 들면 쓸모 없는 그릇으로 연습과 훈련을 받은 적이 없고 기술도 없고 지혜가 없는 사수가 머리카락 끝을 맞힐 수 없고 과녁을 빗나가 벗어난다고 합시다. 그것은 어째서일까요? 머리카락 끝이 부드럽고 미세하고 맞히기 어렵기 때문입니다.

대왕이여! 그와 마찬가지로 지혜가 없고 어리석고 저능하고 우둔하고 지둔한 자가 승자의 가르침에 있어서 출가하더라도 그들은 모두 최고로서 미묘하고 미세한 네 가지 진리(사성제)에 통달할 수가 없습니다. 승자의 가르침에서 빗나가고 벗어나 오래지 않아 세속으로 되돌아옵니다. 그것은 어째서일까요? 승자의 가르침이 가장 뛰어나고 미묘하고 미세하여 통달하기 어렵기 때문입니다. 이와 같이 승자의 가르침이 통달하기 어려움을 보여 줍니다.

(5) 어떻게 승자의 가르침에 있어서 많은 규율이 지켜져야 함을 보여 줄까요? 대왕이여! 예를 들면 어떤 남자가 있어 큰 전쟁터에 나아가 사방이 모두 적군에게 포위되었을 때 그는 칼을

든 자들이 습격해 오는 것을 보고 두려워 물러서고 퇴각하고 달아난다고 합시다. 그것은 어째서일까요? 여러 가지 전선을 지키는 공포 때문입니다.

대왕이여! 그와 마찬가지로 방종하여 자제하지 못하고, 부끄러워하는 바 없고, 어리석고, 인내심이 없고, 경거망동하고, 비열하고, 어리석은 자들이 승자의 가르침에 출가하더라도 그들은 모두 여러 가지 배워야 할 것(학처)을 지킬 수 없기 때문에 물러서고 퇴각하고 달아나 오래지 않아 세속으로 되돌아옵니다. 그것은 어째서일까요? 승자의 가르침에 있어서 여러 가지 규율이 지켜져야 하기 때문입니다. 이와 같이 승자의 가르침에 있어서 여러 가지 규율이 지켜져야 함을 보여 줍니다.

대왕이여! 육지에서 나는 꽃 가운데 최상인 자스민이 우거져 있는 가운데 벌레에게 먹히는 꽃도 있고, 싹들이 가끔 마르거나 지기도 합니다. 그러나 그 싹들이 떨어진다고 해서 자스민의 무성함이 경멸받지는 않습니다. 거기에 계속해 피고 있는 꽃은 고르게 온갖 방향으로 매우 진한 향기를 풍깁니다.

대왕이여! 그와 마찬가지로 승자의 가르침에 출가했다가 다시 세속으로 돌아온 자는 모두 흡사 벌레에게 먹히고 색과 향기를 잃은 자스민 꽃처럼 승자의 가르침에 있어서 계율의 색채가 없고 수행의 증진도 불가능합니다. 그러나 그들이 다시 세속으로 돌아온다고 해서 그 일로 인해 승자의 가르침이 경멸되는 일은 없습니다. 거기(승자의 가르침)에 머물러 있는 비구들은 신들과 사람들에게 가장 뛰어난 계율의 향기를 풍깁니다.

대왕이여! 또 병이 없고 붉은색의 벼 가운데 카룸바카라고 이름하는 종류의 벼는 성장하면 때때로 마르는 수가 있습니다. 그러나 그것이 마른다고 해서 그로 인해 붉은 벼 전체가 경멸되는 일은 없습니다. 거기에 남은 벼는 왕의 식량이 됩니다.

대왕이여! 그와 마찬가지로 승자의 가르침에 출가하더라도 다시 세속으로 돌아온 자는 모두 흡사 붉은 벼 가운데 카룸바카처럼 승자의 가르침에 있어서 증대하지 않고 증진되지도 않지만 때로는 또 다시 세속으로 돌아오는 일마저 있습니다. 그러나 그들이 세속으로 돌아온다고 해서 그로 인해 승자의 가르침이 경멸되는 일은 없습니다. 그 승자의 가르침에 머물러 있는 비구들은 아라한의 지위에 도달하는 데 어울리는 자가 되는 것입니다.

대왕이여! 욕망을 이루어 주는 마니보주에도 어떤 면에서는 조악한 점이 생겨납니다. 그러나 조악한 점이 생겨났다고 해서 그로 인해 마니보주가 경멸되는 일은 없습니다. 마니보주가 지니고 있는 청정성은 사람들에게 기쁨을 줍니다.

대왕이여! 그와 마찬가지로 승자의 가르침에 출가했다가 다시 세속으로 돌아온 자는 모두 승자의 가르침에 있어서 조악한 전락자입니다. 그러나 그들이 세속으로 돌아온다고 해서 그로 인해 승자의 가르침이 경멸되는 일은 없습니다. 그 승자의 가르침에 머물러 있는 비구들은 신들과 사람들에게 기쁨을 줍니다.

대왕이여! 또 양질의 붉은 전단 가운데 어느 부분은 썩고 그리고 향기를 내지 않는 것도 있습니다. 그러나 그것에 의해 붉은 전단이 경멸되는 일은 없습니다. 썩지 않고 꽃다운 향기를 지닌 부분은 두루 향기를 풍기며 감돌게 합니다.

제6장

대왕이여! 그와 마찬가지로 승자의 가르침에 출가했다가 다시 세속으로 돌아온 자는 모두 흡사 순질의 붉은 전단의 썩은 부분처럼 승자의 가르침에서 제거되어야 하는 것입니다. 그러나 그들이 세속으로 돌아온다고 해서 그로 인해 승자의 가르침이 경멸되는 일은 없습니다. 그 승자의 가르침에 머물러 있는 비구들은 신들과 사람들을 가장 뛰어난 계율의 전단향으로서 훈습시킵니다."

"잘 알았습니다. 존자 나가세나여! 각기 적당하고 각기 적절한 사례에 의해 승자의 가르침에 결점이 없는 것이 증명되고 가장 훌륭함이 분명해졌습니다. 다시 세속으로 돌아온 자들도 그들은 승자의 가르침이 가장 훌륭한 것임을 분명히 한 것이기 때문입니다."

7. 신체관 : 몸과 마음의 관계에 대하여

"존자 나가세나여! 당신들은 이렇게 말합니다.
'아라한은 하나의 감수작용을 감수하는데 그것은 신체의 감수작용이지 마음의 감수작용은 아니다.'
존자 나가세나여! 아라한의 마음은 신체에 의존하여 작용하는데 아라한은 그 신체에 대하여 주재자가 아니고 주인이 아니고 최고권력자가 아니라는 말입니까?"

"대왕이여! 아닙니다."

"존자 나가세나여! 자기의 마음이 의존하여 작용하고 있는 신체에 대하여 주재자가 아니고 지배자가 아니고 최고 권력자가 아니라고 하는 이 말은 도리에 맞지 않습니다. 존자여! 새들도 그 둥지 속에 사는 동안 거기서는 그가 주재자이고 주인이고 최고권력자인 것입니다."

"대왕이여! 다음의 열 가지 '신체에 수반하는 본성'은 세세생생 신체를 따르고 붙어다니며 생깁니다. 무엇이 열 가지일까요?

(1) 차가움
(2) 따뜻함
(3) 배고픔
(4) 목마름
(5) 대변
(6) 소변
(7) 게으름과 수면
(8) 늙어감
(9) 질병
(10) 죽음

대왕이여! 이들 열 가지 '신체에 수반하는 본성'은 세세생생 신체를 따르고 붙어다니며 생깁니다. 그 점에 관하여 아라한은 주재자가 아니고 지배자가 아니고 최고권력자가 아닙니다."

"존자 나가세나여! 어떤 이유에서 아라한은 신체에 대하여 명령을 발하지 않고 혹은 주재자가 아닙니까? 나에게 그 이유를 말씀해 주십시오."

"대왕이여! 예를 들면 땅에 의존하고 있는 모든 중생들은 한 결같이 땅에 의존하여 걷고 생활하고 행동합니다. 그런데 그들은 땅에 대하여 명령을 발하고 혹은 주재합니까?"

"존자여! 그렇지는 않습니다."

"대왕이여! 그와 마찬가지로 아라한은 신체에 의존하여 작용하면서도 신체에 대하여 명령을 발하거나 혹은 주재하지 않습니다."

"존자 나가세나여! 어떤 이유에서 범부는 신체의 감수작용도 마음의 감수작용도 함께 감수하는 것입니까?"

"대왕이여! 자기를 수습(학습수련)하지 않기 때문에 범부는 신체의 감수작용도 마음의 감수작용도 감수하는 것입니다.

대왕이여! 예를 들면 배고픔에 두려워하고 있는 소는 연약하고 위약한 작은 풀이나 넝쿨에 묶여져 있지만 한번 그 소가 성이 났을 때는 묶고 있는 것을 끌고 돌진하는 것처럼, 그와 마찬가지로 마음을 수습하지 않은 자에게 괴로움의 감수작용이 생겨나면 그의 마음은 격동하고, 마음이 격동하면 신체를 굽히고 비꼬게 되고 땅에 쓰러집니다. 또 그 마음을 수습하지 않은 자는 전율하고 소리지르고 공포의 괴성을 지릅니다. 대왕이여! 바로 이것이 범부가 신체의 감수작용과 마음의 감수작용을 함께 감수한다고 하는 이유입니다.

그리고 또 '아라한은 하나의 감수작용을 감수하는데 그것은 신체의 감수작용이지 마음의 감수작용은 아니다'라고 하는 그 이유는 무엇일까요? 대왕이여! 아라한의 마음은 수습되고, 잘 수습되고 길들여지고, 잘 길들여져 순종하고 그리고 그의 말을 경청합니다. 그는 괴로움의 감수에 접촉될 때 '모든 형성되어진 것은 무상하다'라고 굳게 파악하고 마음의 통일이라는 기둥에 마음을 매어둡니다. 마음의 통일이라는 기둥에 묶인 그의 마음은 진동하지 않고 동요하지 않고 확립되고 산란하지 않습니다. 그러나 괴로움의 감수작용이 변화하고 확대함에 의해 그의 신체는 굽히고 꼬여지고 넘어집니다.

대왕이여! 바로 이것이 '아라한은 하나의 감수작용을 감수하는데 그것은 신체의 감수작용이지 마음의 감수작용은 아니다'라고 하는 이유입니다."

"존자 나가세나여! 신체가 움직이고 있을 때 마음이 움직이지 않는 것은 실제 세상에서도 진귀한 일입니다. 그 이유를 나에게 말씀해 주십시오."

"대왕이여! 예를 들면 줄기, 가지, 잎사귀가 무성한 큰 나무가 바람의 힘을 받았을 때 가지는 움직일 것입니다. 그러나 그 줄기까지 움직일까요?"

"존자여! 그렇지 않습니다."

"대왕이여! 그와 마찬가지로 아라한은 괴로움의 감수에 접촉될 때 '모든 형성되는 것은 무상하다'라고 굳게 파악하고 마음의 통일이라는 기둥에 마음을 매어둡니다. 마음의 통일이라는 기둥에 묶인 그의 마음은 진동하지 않고 동요하지 않고 확립되고 산란하지 않습니다. 그러나 괴로움의 감수작용이 변화하고 확대함에 의해 그의 신체는 굽히고 꼬여지고 넘어집니다. 그러나 그의 마음은 큰 나무의 줄기처럼 진동하지 않고 동요하지 않습니다."

제6장

"멋진 일입니다. 존자 나가세나여! 있을 수 없는 일입니다. 존자 나가세나여! 이와 같이 영원히 우리들의 의지처가 되는 진리의 등불을 나는 이전에 본 적이 없습니다."

8. 진리관찰의 기초 : 죄의 자각문제

"존자 나가세나여! 예를 들면 재가자로서 교단추방죄를 범한 자가 있다고 합시다. 그리고 뒷날 그가 출가했을 때 '나는 재가 자였을 때 교단추방죄를 범했다'라고 스스로 알지 못하고 또 누군가 다른 사람이 그에게 향하여 '당신은 재가자였을 때 교단추방죄를 범했다'라고 고하지 않았다고 합시다. 그러나 만일 그가 여실하게 붓다의 가르침을 실천한다면 그는 진리를 관찰할 수가 있을까요?"

"대왕이여! 그렇지는 않습니다."

"존자여! 그것은 어째서입니까?"

"그에게 있어서 진리관찰의 원인이 되는 것은 모두 그에게서 끊겨져 있습니다. 그러므로 진리를 관찰할 수가 없는 것입니다."

"존자 나가세나여! 당신은 '죄를 범했다고 아는 자에게 뉘우침이 있고, 뉘우침이 일어나면 착한 마음의 장애가 있고, 착한 마음이 장애되면 진리의 관찰은 없다'라고 말했습니다. 그런데 그가 죄를 범했다고 알지 못하고 뉘우침도 일으키지 않고 평정한 마음을 유지하고 있다면 어떤 이유로 진리의 관찰이 없는 것입니까? 이 물음은 점점 모순을 안고 있습니다. 고려하여 대답해 주십시오."

"대왕이여! 잘 갈리고 충분하게 수분을 머금은 비옥한 밭에 잘 뿌려진 종자는 가을에 성장합니까?"

"존자여! 그렇습니다."

"대왕이여! 그러나 그 같은 종자가 굳은 암석의 표면에서 성장합니까?"

"존자여! 그렇지는 않습니다."

"대왕이여! 그렇다면 왜 그 같은 종자가 비옥한 땅에서는 성장하고 다른 한편 왜 굳은 바위에서는 성장하지 않는 것입니까?"

"존자여! 그 종자가 성장하는 원인은 굳은 바위 위에는 존재하지 않습니다. 원인이 없기 때문에 종자는 성장하지 않는 것입니다."

"대왕이여! 그와 마찬가지로 그에게 있어서 진리관찰의 원인이 되는 것은 모두 그에게서 끊겨져 있습니다. 원인이 없기 때문에 진리의 관찰은 없는 것입니다.

대왕이여! 또 예를 들면 막대기, 흙덩이, 몽둥이, 망치는 지면에 고정되어 놓입니다. 그런데 그들 막대기, 흙덩이, 몽둥이, 망치는 공중에 고정되어 놓일 수 있습니까?"

"존자여! 그렇지는 않습니다."

"대왕이여! 그러면 그들 막대기, 흙덩이, 몽둥이, 망치가 지면에 고정되어 놓인다고 하는 그 이유는 무엇입니까? 어떤 이유로 공중에는 고정되어 놓이지 않는 것입니까?"

"존자여! 그들 막대기, 흙덩이, 몽둥이, 망치가 고정되어 놓이는 원인은 공중에 존재하지 않습니다. 원인이 없기 때문에 고정되어 놓이지 않는 것입니다."

"대왕이여! 그와 마찬가지로 그들의 결점에 의해 그에게 진리관찰의 원인이 끊겨져 있습니다. 원인이 끊겨져 있다면 원인이 없는 것이기 때문에 진리의 관찰은 없습니다.

대왕이여! 또 예를 들면 불은 지상에서 타오릅니다. 그런데 그 불은 물 속에서 탈 수 있습니까?"

"존자여! 그렇지는 않습니다."

"대왕이여! 그렇다면 그 불이 지상에서 타오른다고 하는 그 이유는 무엇입니까? 어떤 이유에서 물 속에서는 타지 않는 것입니까?"

"존자여! 불이 타오르는 원인은 물 속에는 존재하지 않습니다. 원인이 없기 때문에 타지 않는 것입니다."

"대왕이여! 그와 마찬가지로 그들의 결점에 의해 그에게 진리관찰의 원인이 끊겨져 있습니다. 원인이 끊겨져 있다면 원인이 없는 것이므로 진리의 관찰은 없습니다."

"존자 나가세나여! 또 이 일을 고려해 주십시오. '죄를 범했다고 알지 못하고 뉘우침도 없는 자에게 착한 마음의 장애가 생긴다'라고. 나의 마음은 이 말을 납득할 수 없습니다. 사례를 가지고 나를 납득시켜 주십시오."

"대왕이여! 가령 모르고 먹더라도 하라하라독은 생명을 앗아갑니까?"

"존자여! 그렇습니다."

"대왕이여! 그와 마찬가지로 가령 모르고 범했더라도 죄는 그의 진리의 관찰을 방해합니다. 가령 모르고 밟더라도 불은 그 사람을 태웁니까?"

"존자여! 그렇습니다."

"대왕이여! 그와 마찬가지로 가령 모르고 범했더라도 죄는 그의 진리의 관찰을 방해합니다. 가령 독사라고 사람이 알지 못했다 하더라도 독사가 물면 그의 생명을 앗아갑니까?"

"존자여! 그렇습니다."

"대왕이여! 그와 마찬가지로 가령 모르고 범했더라도 죄는 그의 진리의 관찰을 방해합니다. 대왕이여! 카린가 국왕 사마나 코란냐는 칠보를 갖춘 상보(코끼리가 끄는 수레)를 타고 친척을 방문하러 갔을 때 그 곳이 어딘 줄 몰랐지만 그 보리도량(붓다가 보리수 아래서 깨달음을 연 장소)을 그냥 지나쳐 버릴 수는 없지 않았습니까? 대왕이여! 이야말로 가령 모르고 범했더라도 죄는 그의 진리의 관찰을 방해한다고 하는 이유입니다."

"존자 나가세나여! 승자께서 설하신 이유를 반박할 수가 없습니다. 이야말로 당신이 설명한 그 의미입니다. 그대로라고 나는 인정합니다."

9. 계행이 없는 사문(도인)

"존자 나가세나여! 계행이 없는 재가자와 계행이 없는 도인은 어떤 구별이 있고 어떤 차이가 있습니까? 이들 양자가 다시 태어나는 경계는 완전히 같은 것입니까? 또 양자의 업보는 완전히 같은 것입니까? 아니면 어떤 차이가 있는 것입니까?"

"대왕이여! 계행 없는 도인은 계행 없는 재가자보다도 매우 뛰어나니 다음과 같은 열 가지 덕성이기 때문입니다. 게다가 또 열 가지 사유에 의해 계행 없는 도인은 보시물을 한층 청정하게 합니다. 계행 없는 도인이 계행 없는 재가자보다도 매우 뛰어나다고 하는 열 가지 덕성이란 무엇일까요?

대왕이여! 여기서 계행 없는 도인은 (1) 붓다를 존경하고 (2) 진리를 존경하고 (3) 상가(불교교단)를 존경하고 (4) 청정한 행을 닦는 도반들을 존경하고 (5) 성전의 암송과 질문에 노력하고 가르침을 많이 듣는 자입니다. (6) 대왕이여! 가령 계를 깼더라도 계행 없는 도인은 대중 속에 들어갈 때 외견상 유의하고 (7) 비난을 두려워하기 때문에 몸과 언어에 의한 행위를 삼가며 (8) 그의 마음은 정진으로 향하고 (9) 비구들과 화합하고 있습니다. (10) 대왕이여! 계행 없는 도인은 나쁜 짓을 하더라도 남모르게 합니다.

대왕이여! 예를 들면 남편을 둔 아내가 은근하고 비밀리에 나쁜 짓을 하는 것처럼, 그와 마찬가지로 계행 없는 도인은 나쁜 짓을 하더라도 남 모르게 합니다. 대왕이여! 이들이 계행 없는 도인이 계행 없는 재가자보다도 매우 뛰어나다고 하는 열 가지 덕성입니다. 어떠한 열 가지 사유에 의해 계행 없는 도인은 보시물을 한층 청정하게 할까요?

(1) 무죄의 갑옷을 몸에 입었으므로 보시물을 청정하게 합니다. (2) 선인들과 사귀고 머리를 깎은 특징을 견지하는 일에 의해서도 보시물을 청정하게 합니다. (3) 상가의 집회에 들어감으로써 보시물을 청정하게 합니다. (4) 붓다와 진리와 상가에 귀의

함으로써 보시물을 청정하게 합니다. (5) 정진하기 적합한 외딴 주거에 머묾으로써 보시물을 청정하게 합니다. (6) 승자의 가르침이라는 재물을 구함으로써 보시물을 청정하게 합니다. (7) 가장 뛰어난 진리의 가르침을 설하고 보여줌으로써 보시물을 청정하게 합니다. (8) 진리를 등불로 하고 귀의할 곳으로 하고 궁극의 목적으로 함으로써 보시물을 청정하게 합니다. (9) '붓다는 최고자이다'라는 외길의 정직한 견해를 품고 있음으로써 보시물을 청정하게 합니다. (10) 우포사타(포살)를 지키고 행함으로써 보시물을 청정하게 합니다. 대왕이여! 이들 열 가지 사유에 의해 보시물을 한층 청정하게 합니다.

대왕이여! 가령 비행을 하더라도 계행 없는 도인은 베푸는 자의 시주물을 청정하게 합니다. 예를 들면 가령 혼탁한 물일지라도 그 물은 진흙이나 먼지 때를 제거하는 것처럼, 그와 마찬가지로 가령 비행을 하더라도 계행 없는 도인은 베푸는 자의 시주물을 청정하게 합니다.

또 예를 들면 펄펄 끓고 있는 물일지라도 그 물은 활활 타오르는 커다란 불꽃을 잠재우는 것처럼, 그와 마찬가지로 가령 비행을 하더라도 계행 없는 도인은 베푸는 자의 시주물을 청정하게 합니다.

또 예를 들면 가령 맛이 없는 음식이라 해도 그 음식은 허기와 쇠약을 제거하는 것처럼, 그와 마찬가지로 가령 비행을 하더라도 계행 없는 도인은 베푸는 자의 시주물을 청정하게 합니다. 대왕이여! 신 중의 신이신 세존은 또 인류에게 주어진 가장 훌륭한 《맛지마니카야》의 〈보시자에 관한 자세한 논의〉에 있어서 이렇게 말씀하셨습니다.

'만일 계행을 지니고 신앙심이 두텁고 업의 과보가 크다는 것을 깊이 믿으며 바르게 재물을 얻고 계행 없는 사람들에게 보시한다면 그 보시물은 베푸는 자에 의해 청정해지리라'라고."

"멋진 일입니다. 존자 나가세나여! 아직까지 없었던 일입니다. 존자 나가세나여! 나는 그저 그런 질문만을 했는데 당신은 비유와 사유로써 해명하고 감미로운 감로의 가르침을 들려 주셨습니다. 존자여! 예를 들면 요리사나 혹은 요리사의 제자들이 아주 소량의 고기를 손에 넣더라도 갖가지 조미료를 사용하여 요리하고 왕에게 바치는 것처럼, 그와 마찬가지로 나는 그저 그런 질문만을 했는데 당신은 비유와 사유로써 해명하고 감미로운 감로의 가르침을 들려 주셨습니다."

10. 물에 생명이 있는가

"존자 나가세나여! 이 물은 불에 데워질 때 쉬쉬하면서 여러 가지 소리를 냅니다. 존자 나가세나여! 물은 살아 있는 것입니까? 장난으로 소리를 내는 것입니까? 아니면 다른 것에 괴롭혀지므로 소리를 내는 것입니까?"

"대왕이여! 물은 살아 있지 않습니다. 물에는 영혼도 없고 주체도 존재하지 않습니다. 대왕이여! 그러나 불이 지닌 열의 힘이 크기 때문에 물은 쉬쉬하면서 여러 가지 소리를 내는 것입니다."

"존자 나가세나여! 이 세간에 어떤 다른 학파의 학도들이 있어 '물은 살아 있다'라고 하여 냉수를 쓰는 것을 물리치고 물을 끓이고 갖가지로 열을 가하여 변화한 음식물을 먹습니다. 그들은 당신네를 비난하고 경멸하여 '샤카족 아들(붓다)의 제자인 도인들은 하나의 기능(호흡하며 살아 있는 것)의 영혼을 손상시킨다'라고 말하고 있습니다. 그들의 이 비난과 경멸을 떼어내고 제거하여 주십시오."

"대왕이여! 물은 살아 있지 않습니다. 물에는 영혼도 없고 주체도 존재하지 않습니다. 대왕이여! 그러나 불이 지닌 열의 힘이 크기 때문에 물은 쉬쉬하면서 여러 가지 소리를 내는 것입니다.

예를 들면 웅덩이·못·시내·호수·저수지·동굴·바위 틈새·샘·저지대와 연못에 있는 물은 열풍의 힘이 크기 때문에 마르고 고갈해 버립니다. 그러나 그 경우 물은 쉬쉬하면서 여러 가지 소리를 냅니까?"

"존자여! 그렇지는 않습니다."

"대왕이여! 만일 물이 살아 있다면 그 경우에도 또한 소리를 낼 것입니다. 이런 이유에 의해서도 '물에는 영혼도 없고 주체도 존재하지 않는다. 불이 지닌 열의 힘이 크기 때문에 물은 쉬쉬하면서 여러 가지 소리를 낸다'라고 하는 것을 아십시오.

대왕이여! 다시 또 '물에는 영혼도 없고 주체도 존재하지 않는다. 불이 지닌 열의 힘이 크기 때문에 물은 쉬쉬하면서 여러 가지 소리를 낸다'라고 하는 그 이상의 이유를 들어 주십시오. 대왕이여! 만일 물을 쌀과 섞어 용기에 넣고 뚜껑을 덮어 아궁이에 올려놓지 않았을 경우 그 경우에 물은 소리를 냅니까?"

"존자여! 그렇지는 않습니다. 물은 움직이지 않고 정지해 있습니다."

"대왕이여! 그러나 용기에 넣어진 그 물을 불지핀 아궁이에 걸어 놓았다면 그 경우에 물은 움직이지 않고 정지해 있습니까?"

"존자여! 그렇지는 않습니다. 물은 움직이고, 진동하고, 동요하고, 선회하고, 거품이 생기고, 상하 사방의 모든 방향으로 치달아 상승하고, 부글부글 끓고, 거품의 고리가 만들어집니다."

"대왕이여! 왜 자연의 물은 움직이지 않고 정지하는 것입니까? 왜 불에 올려놓은 물은 움직이고, 진동하고, 동요하고, 선회하고, 거품이 생기고, 상하 사방의 모든 방향으로 치달아 상승하고, 부글부글 끓고, 거품의 고리가 만들어집니까?"

"존자여! 자연의 물은 움직이지 않습니다. 그러나 불에 올려놓은 물은 불이 지닌 열의 힘이 크기 때문에 물은 쉬쉬하면서 여러 가지 소리를 냅니다."

"이런 이유에 의해서도 '물에는 영혼도 없고 주체도 존재하지 않는다. 불이 지닌 열의 힘이 크기 때문에 물은 쉬쉬하면서 여러 가지 소리를 낸다'라고 하는 것을 아십시오. 대왕이여! 다시 또 '물에는 영혼도 없고 주체도 존재하지 않는다. 불이 지닌 열의 힘이 크기 때문에 물은 쉬쉬하면서 여러 가지 소리를 낸다'라고 하는 그 이상의 이유를 들어 주십시오. 대왕이여! 물은 어느 집에서나 물병에 담겨지고 뚜껑을 덮어놓습니까?"

"존자여! 그렇습니다."

"대왕이여! 그 물은 움직이고 진동하고, 동요하고, 선회하고, 거품이 생기고, 상하 사방의 모든 방향으로 치달아 상승하고,

부글부글 끓고, 거품의 고리가 만들어집니까?"

"존자여! 그렇지는 않습니다. 물병에 담겨진 그 자연의 물은 움직이지 않습니다."

"대왕이여! 당신은 이전에 '대해의 물은 움직이고, 진동하고, 동요하고, 선회하고, 거품이 생기고, 상하 사방의 모든 방향으로 치달아 상승하고, 부글부글 끓고, 거품의 고리가 만들어지며 해안으로 쳐올리고, 여러 가지 소리를 낸다'는 것을 들으셨습니까?"

"존자여! 그렇습니다. 나는 이것을 이전에 들었고 또 이전에 보았습니다. 대해의 물은 백 큐빗트나 2백 큐빗트 공중으로 치솟았습니다."

"대왕이여! 왜 물병에 담겨진 물은 움직이지 않고 소리를 내지 않는 것입니까? 또 왜 대해의 물은 움직이고 소리를 내는 것입니까?"

"존자여! 바람의 힘이 크기 때문에 대해의 물은 움직이고 소리를 냅니다. 물병에 담긴 물은 어떤 것에 의해서도 부딪히지 않기 때문에 움직이지 않고 소리를 내지 않는 것입니다."

"대왕이여! 예를 들면 바람의 힘이 크기 때문에 대해의 물이 움직이고 소리를 내는 것처럼, 그와 마찬가지로 불이 지닌 열의 힘이 크기 때문에 물은 소리를 내는 것입니다. 대왕이여! 세간의 사람들은 곧잘 마른 쇠가죽으로 큰북을 맵니까?"

"존자여! 그렇습니다."

"대왕이여! 큰북에는 영혼이나 주체가 있습니까?"

"존자여! 없습니다."

"대왕이여! 그렇다면 왜 큰북은 소리를 내는 것입니까?"

제6장
135

"존자여! 그것은 여자나 남자가 적당한 노력을 기울이기 때문입니다."

"대왕이여! 예를 들면 여자나 남자의 적당한 노력에 의해 큰 북이 소리를 내는 것처럼, 그와 마찬가지로 불이 지닌 열의 힘이 크기 때문에 물은 소리를 내는 것입니다. 이 이유에 의해서도 '불에는 영혼도 없고 주체도 존재하지 않는다. 불이 지닌 열의 힘이 크기 때문에 물은 소리를 낸다'라고 하는 것을 아십시오.

대왕이여! 또 당신에게 물어볼 것이 나에게 있습니다. 이 물음에 의해 당신의 의문은 잘 해결될 것입니다. 대왕이여! 세상의 모든 그릇에 담긴 물이 뜨거워졌을 때 그 물은 모두 다 소리를 냅니까? 아니면 어떤 종류의 그릇에 담긴 물만이 뜨거워졌을 때 소리를 내는 것입니까?"

"존자여! 모든 그릇에 담긴 물이 뜨거워졌을 때 그 물은 소리를 내지 않습니다. 어떤 종류의 그릇에 들어간 물만이 뜨거워졌을 때 소리를 내는 것입니다."

"대왕이여! 그렇다면 당신은 자신의 입장을 포기하고 나의 영역에 귀착했습니다. 물에는 영혼도 없고 주체도 존재하지 않습니다. 대왕이여! 만일 세상의 모든 그릇에 담긴 물이 모두 다 뜨거워졌을 때 그 물이 소리를 낸다면 '물은 살아 있다'라는 말은 올바를 것입니다. 대왕이여! '소리를 내고 있는 물은 살아 있고, 소리를 내지 않는 물은 살아 있지 않다'라고 하는 두 가지 물이 있는 것은 아닙니다.

대왕이여! 만일 물이 살아 있다면 몸이 비만하고 발정기에 들어선 큰 코끼리가 물을 코로 들이키고 입으로 흘려 넣고 위속으로 들어갈 때 다시 또 그 물이 그의 이빨 사이에 끼었을 때 소리를 낼 것입니다. 또 무거운 짐을 쌓고 수백천의 수하물을 가득 실은 백 큐빗 길이의 큰 배가 대해를 항해할 경우 물은 그들 큰 배에 눌렸을 때 소리를 낼 것입니다. 또 신장이 수백 요자나에 달하는 거대한 물고기들 ─ 팀, 티밍가라, 티미라 핑가라가 대해 속에 살고 대해를 주소로 하여 깃들이며 큰 조류를 삼켰다가는 또 토해냅니다. 그것(물)은 그들 이빨 사이나 위 속에 끼일 때 소리를 낼 것입니다.

대왕이여! 그런데 이처럼 엄청난 힘으로 압박을 당하여도 물 그 자체는 소리를 내지 않습니다. 그러므로 또한 '물에는 영혼도 없고 주체도 존재하지 않는다'라고 이렇게 기억하여 주십시오"

"잘 알았습니다. 존자 나가세나여! 당신에게 제출한 질문은 적절한 해답에 의해 풀렸습니다. 존자 나가세나여! 예를 들면 매우 값나가는 보석이 현명하고 연마술에 매우 숙련되어 있는 보석사의 수중에 들어가면 그 보석은 지금까지 받아왔던 찬양이나 찬탄보다 더 큰 찬탄을 받고 혹은 훌륭한 진주가 진주사에게, 훌륭한 의복이 의복사에게, 붉은 전단향이 향사의 수중에 들어가면 그들은 지금까지 받아왔던 찬양이나 찬탄보다 더 큰 찬탄을 받는 것처럼, 그와 마찬가지로 당신에게 제출한 물음은 적절한 해답에 의해 풀렸습니다. 이는 진실로 그대로라고 나는 인정합니다."

제6장
137

제7장

1. 마음이 방해받지 않는 경지

"존자 나가세나여! 세존께서는 또 이렇게 말씀하셨습니다.
'비구들이여! 마음이 방해받지 않는 경지를 좋아할 것이며, 마음이 방해받지 않는 경지를 기뻐하고 그것에 전념하라.'
그렇다면 그 마음이 방해받지 않는 경지란 무엇입니까?"

"대왕이여! '성자의 흐름에 들어간 지위'는 마음이 방해받지 않는 경지입니다. '단 한 번만 미혹한 생존으로 돌아오는 지위'도 마음이 방해받지 않는 경지입니다. '다시는 미혹한 생존으로 돌아오지 않는 지위'도 마음이 방해받지 않는 경지입니다. '아라한의 지위'도 마음이 방해받지 않는 경지입니다."

"존자 나가세나여! 만일 '성자의 흐름에 들어간 지위'가 마음이 방해받지 않는 경지이고, 또한 '단 한 번만 미혹한 생존으로 돌아오는 지위', '다시는 미혹한 생존으로 돌아오지 않는 지위', '아라한의 지위'도 마음이 방해받지 않는 경지라면, 그렇다면 무엇 때문에 저 비구들은 경·산문을 거듭하여 노래로 만든 시구·문답과 해석·시구·붓다께서 홀로 감흥에 겨워 설하신 것·'붓다는 이렇게 말씀하셨다'로 시작하는 가르침·붓다의 전생담·불가사의한 사항을 기술한 것·널리 자세하게 설한 것·그러한 것들을 총설하거나 질문하는 일을 하는 것입니까?

또한 정사의 새로운 보청(普請)이나 상가에 올려진 보시와 공양에 의해서 저 비구들의 마음이 방해받게 되는 것입니까? 그들은 승자의 멀리 물러서는 행위를 하고 있는 것은 아닙니까?"

"대왕이여! 저 비구들 가운데 경·산문을 거듭 노래로 만든 시구·문답과 해석·시구·붓다께서 홀로 감흥에 겨워 설하신 것·'붓다는 이렇게 말씀하셨다'로 시작하는 교설·붓다의 전생담·불가사의한 사항을 기술한 것·널리 자세하게 설한 것·그것들을 총설하거나 질문한 것 또는 정사의 새로운 보청이나 상가에 올려진 보시와 공양에 의해 방해받는 모든 자는 마음이 방해받지 않는 경지에 도달하기 위해서 그것들을 행하는 것입니다.

대왕이여! 무릇 자성청정하며 전생에 행한 숙선(宿善)의 훈습(薰習)을 지니고 있는 자는 모두 한 찰나에 마음이 방해받지 않는 경지가 됩니다. 그런데 더러움에 많이 물들어 있는 비구는 전부 이러한 준비단계의 수행에 의해서 마음이 방해받지 않는 경지에 들어가게 됩니다.

대왕이여! 비유하면 어떤 남자가 밭에서 씨를 뿌리고 그 후에 자신의 힘과 노력에 따라서 담이나 울타리를 세우지 않고 곡물을 수확한다고 합시다. 또한 어떤 남자는 밭에 씨앗을 뿌리고 숲으로 가서 나무나 나뭇가지를 잘라서 그것으로 담이나 울타리를 만들고 그리고 곡물을 수확한다고 합시다. 이럴 경우 그가 담이나 울타리를 구하는 일은 도적의 피해를 막고 곡물을 얻기 위해서입니다.

대왕이여! 그와 마찬가지로 무릇 자성이 청정하고 전생에 행한 숙선의 훈습을 지닌 자는 전부 한 찰나에 마음이 방해받지 않는 경지에 들어갑니다. 그것은 마치 담이나 울타리 없이 곡물을 수확하는 사람과 같은 것입니다. 그런데 더러움에 많이 물든 비구는 전부 이러한 준비단계인 수행에 의해서 마음이 방해받지 않는 경지에 들어갑니다. 그것은 마치 담이나 울타리를 만들어 수확하는 사람 같은 것입니다.

대왕이여! 또한 예를 들면 커다란 망고나무 꼭대기에 열매가 한 아름 달려 있을 때 신통력을 가진 사람이 다가와서 그 열매를 딴다고 합시다. 그렇지만 신통력을 갖지 못한 자는 가지와 덩굴을 잘라서 사다리를 엮어서 나무에 매답니다. 그리고 그 사다리에 의지해 그 나무에 올라 열매를 땁니다. 이럴 경우 그가 사다리를 구하는 일은 열매를 따기 위해서입니다. 그와 마찬가지로 무릇 자성이 청정하고 전생에 이룬 선업의 훈습을 가진 자는 전부 한 찰나에 마음이 방해받지 않는 경지에 들어갑니다. 그것은 마치 신통력을 갖고 있는 자가 나무 열매를 딸 수 있는 것과 같습니다. 하지만 또한 더러움에 많이 물들어 있는 비구는 전부 이러한 준비단계인 수행에 의해서 네 가지 성스러운 진리를 관찰합니다. 그것은 마치 사람이 사다리에 의지해 나무 열매를 따 가는 것과 같습니다.

대왕이여! 또한 예를 들면 상술(商術)에 뛰어난 사람은 홀로
자신의 주인이 있는 곳으로 가 이익을 얻습니다. 그런데 또 다
른 어떤 사람은 재산을 지니고 재력에 의해서 조합원을 더 늘
리고 그 조합원에 의해서 이익을 얻습니다. 이럴 경우 조합원을
불리는 일은 이익을 거두기 위해서입니다. 그와 마찬가지로 무
릇 자성이 청정하여 전생에 이룬 숙선의 훈습을 지니고 있는
자는 전부 한 찰나에 여섯 가지 신통을 자유자재로 부릴 수 있
게 됩니다. 그것은 마치 다만 홀로 이익을 성취하는 사람과 같
습니다. 그런데 더러움에 많이 물들어 있는 비구는 전부 이러한
준비적 수행에 의해서 '도인(道人, 사문)이라는 지위'의 이익을
성취합니다. 그것은 마치 조합원에 의해서 이익을 성취하는 사
람과 같은 것입니다.

대왕이여! 비구들이 각각 필요로 하는 경우에는 총설(總說)
도 유익하고, 질문도 유익하며, 새로운 보청도 유익하고, 보시
도 유익하고, 공양 또한 유익합니다.

대왕이여! 예를 들면 어떤 남자가 있는데 그는 신하, 군인,
관리, 파수꾼, 근위병, 시종인 사람들과 함께 왕을 섬기며 의무
를 다하고 있다고 합시다. 그 남자가 해야 할 일이 생겼을 때
그 모든 사람들은 그를 돕습니다. 그와 마찬가지로 각각 필요로
하는 경우에는 총설도 유익하고, 질문도 유익하고, 새로운 보청
도 유익하고, 보시도 유익하고, 공양도 또한 유익합니다.

대왕이여! 만일 모든 이들이 태어나면서부터 청정하다면 가
르쳐서 인도하는 사람(붓다)을 필요로 하지 않았을 것입니다.
그렇지만 모든 자가 태어나면서 청정하지 않다면 성전의 가르

침을 듣는 일이 필요할 것입니다.

대왕이여! 장로 사리풋타는 이루 헤아릴 수 없을 정도로 무한한 기간을 보내오면서 선근을 쌓고 지혜의 궁극에 도달하였지만 그렇다고 해도 법을 듣는 일을 하지 않고서는 번뇌의 더러움을 멸진하는 경지에 도달할 수 없었을 것입니다. 대왕이여! 그런 까닭에 성전의 가르침을 듣는 일은 유익하고 그 성전에 관한 총설도 질문도 그렇습니다. 그런 까닭에 총설과 질문도 또한 마음이 방해받지 않는 경지, 무위에 도달하는 길입니다."

"존자 나가세나여! 그대는 나의 질문을 잘 풀이하셨습니다. 이것은 바로 그대로라고 나는 인정합니다."

2. 재가자가 아라한의 지위에 도달했을 때

"존자 나가세나여! 당신은 이렇게 말씀하였습니다.

'재가자로서 아라한의 지위에 도달한 자에게는 두 가지로 나아가는 영역만이 있으며 그 밖의 것은 있지 않습니다. 즉 그 날에 출가하든가, 또는 완전한 죽음을 이루든가 하는 두 영역입니다. 그는 그 날을 지나서 살아갈 수가 없습니다.'

존자 나가세나여! 만일 그가 그 날에 스승이나 화상이나 옷과 발우를 얻지 못한다면[7] 그 아라한은 저 혼자 출가하겠습니까? 또는 그 날을 지나서 살아가겠습니까? 또는 누군가 다른 신통력이 있는 아라한이 그에게 와서 그를 출가시키겠습니까? 그렇지 않으면 그는 완전한 죽음을 맞이하겠습니까?"

"대왕이여! 저 아라한은 저 혼자 출가하는 일은 없을 것입니다. 저 혼자 출가하는 자는 도적질을 범하기 때문입니다.[8] 또한 그 날을 넘어서 살아가는 일도 없을 것입니다. 다른 아라한이 그에게 다가오건 오지 않건 간에 그는 그 날 완전한 죽음을 맞이할 것입니다."

"존자 나가세나여! 아라한의 지위에 도달한 자가 생명을 잃게 된다면 그 아라한이라는 지위의 적정성(寂靜性)은 버려지게 됩니다."

"대왕이여! 재가자의 특징 가운데 아라한에게 어울리는 것은 없습니다. 특징이 어울리지 않을 때 아라한의 지위에 도달한 재가자는 그 날에 출가하든가 또는 완전한 죽음을 맞게 됩니다. 그러나 그 잘못은 아라한의 지위에 있는 것이 아니라 재가자의 특징에 있는 것입니다. 그 이유는 무엇일까요? 특징의 힘이 미약하기 때문입니다.

대왕이여! 예를 들면 음식물은 모든 중생의 수명을 지키고 생명을 수호합니다. 그러나 위(胃)가 소화하기에 적당하지 않고 소화력이 미약할 때는 소화를 하지 못했기 때문에 생명을 잃고 맙니다. 그리고 그 잘못은 음식물에 있는 것이 아니라 위에 있는 것입니다. 그 이유는 무엇일까요? 소화력이 약했기 때문입니다. 대왕이여! 그와 마찬가지로 재가자의 특징이 아라한에게 어울리지 않고 또 특징의 미약한 힘 때문에 아라한의 지위에 도달한 재가자는 그 날에 출가하든가 또는 완전한 죽음을 맞든가 합니다. 그러나 그 잘못은 아라한에 있는 것이 아니고 재가자의 특징에 있는 것입니다. 그 이유는 무엇일까요? 특징의 힘이 미약하기 때문입니다.

대왕이여! 또한 예를 들면 작은 풀잎 위에 무거운 돌이 놓여졌을 때 그 잎은 힘이 미약하기 때문에 꺾이고 쓰러집니다. 그와 마찬가지로 아라한의 지위에 도달한 재가자는 그 특징의 힘이 미약하기 때문에 아라한의 지위를 유지할 수 없으며 그 날에 출가하든가 또는 완전한 죽음을 맞든가 합니다.

대왕이여! 또한 예를 들면 무력하고 무능하며 비천한 신분의 태생이며 지혜가 저열한 사람이 대왕국을 다스리게 되었을 경우, 다스리는 그 순간에 그는 무너지고 실각하고 쇠퇴하여서 주권을 유지할 수가 없습니다. 그와 마찬가지로 아라한의 지위에 도달한 재가자는 그 특징의 미력 때문에 아라한의 지위를 유지할 수 없습니다. 이런 이유에 의해서 그는 그 날에 출가하든가 또는 완전한 죽음을 맞이하든가 합니다."

"잘 알았습니다. 존자 나가세나여! 이것은 바로 그대로라고 나는 인정합니다."

3. 아라한도 죄를 범하는 일이 있다

"존자 나가세나여! 아라한이 사념(思念)을 망실(忘失)하는 일이 있습니까?"

"대왕이여! 아라한들은 사념을 망실하지 않습니다. 아라한들에게 사념의 망실은 존재하지 않습니다."

"존자여! 아라한은 죄를 범하는 일이 있습니까?"

"대왕이여! 그렇습니다."

"어떤 경우에 그렇습니까?"

"대왕이여! 방사의 건립, 이성관계의 중매, 정해진 식사시간이 아닌데도 정해진 때라고 생각하는 것, 식사공양에 초대받았는데도 초대받지 않았다고 생각하는 것, 먹고 남은 음식물이 아닌데도 먹고 남은 음식이라고 생각하는 일에 있어서입니다."

"존자 나가세나여! 당신은 '죄를 범하는 자들은 두 가지 원인에 의해서 범하나니 첫째는 지켜야 할 사항을 존중하지 않았기 때문이고, 둘째는 알지 못하기 때문이다'라고 말씀하셨습니다. 존자여! 아라한이 죄를 범하는 일은 아라한에게 존중하는 마음이 없기 때문입니까?"

"대왕이여! 그렇지 않습니다."

"존자 나가세나여! 만일 아라한이 죄를 범하고 게다가 아라한에게 존중하는 마음이 없다면 그렇다면 아라한에게 사념의 망실이 있습니까?"

"대왕이여! 아라한에게 사념의 망실은 존재하지 않습니다. 그렇지만 아라한은 죄를 범합니다."

"존자여! 그렇다면 이유를 들어서 나를 설득해 주십시오. 그 이유는 무엇입니까?"

"대왕이여! 여기에 두 가지 번뇌가 있습니다. 세간의 죄와 제정(制定)의 죄입니다. 세간의 죄란 무엇인가 하면, 착하지 않은 열 가지 행위의 도(십불선업도)이니, 이것을 세간의 죄라고 합니다. 제정의 죄란 무엇인가 하면, 이 세상에서 재가자에게는 죄가 되지 않지만 도인(道人, 사문)에게는 마땅하지 않고 옳지 않는 일이 있습니다. 세존께서는 그 일에 대해서 제자들에게 일생동안 범해서는 안 되며 꼭 지켜야만 하는 사항(學處)을 제정하셨습니다.

대왕이여! 정해진 오전 식사시간이 아닐 때에 먹게 되는 식사는 세간 사람들에게 있어서는 죄가 되지 않습니다만 승자(勝者)의 가르침에 있어서는 죄입니다. 식물(植物)을 다치는 일은 세간에서는 죄가 되지 않습니다만 승자의 가르침에 있어서는 죄입니다. 물 속에서 웃으며 떠드는 습관은 세간에서는 죄가 되지 않습니다만 승자의 가르침에 있어서는 죄입니다. 대왕이여! 이 같은 일들이 승자의 가르침에 있어서 죄인 것이니, 이것을 제정의 죄라고 말합니다.

번뇌의 더러움을 모두 멸한 사람(아라한)은 세간의 죄를 범하게 되는 번뇌를 따라서 행동하는 일은 있을 수 없습니다만 제정의 죄를 범하게 되는 번뇌를 알지 못해서 범하는 일은 있습니다. 대왕이여! 일부의 아라한에게 있어서 모든 것을 안다는 일은 그의 능력이 미치는 범위 밖의 일입니다. 왜냐하면 그에게는 모든 것을 아는 힘이 없기 때문입니다.

대왕이여! 아라한은 어떤 남자나 여자들의 이름이나 성명까지는 다 알지 못합니다. 그는 지상에 나 있는 길 가운데 어떤 길에 대해서는 알고 있지 않습니다. 그렇기는 하지만 일부의 아라한은 해탈을 알고 있는 것입니다. 여섯 가지 신통력을 갖춘 아라한은 자기의 한계를 알고 있는 것입니다. 대왕이여! 전지자이신 여래만이 모든 것을 알고 계십니다."

"잘 알았습니다. 존자 나가세나여! 이것은 바로 그대로라고 나는 인정합니다."

4. 이 세상에 있는 것과 없는 것

"존자 나가세나여! 이 세상에 여러 붓다가 출현하고, 홀로 깨달은 자(緣覺)가 여럿 출현하고, 여래의 제자가 여럿 출현하고, 전륜왕이 여럿 출현하고, 여러 지방의 왕들이 출현하고, 신들과 인간들이 출현하고, 여러 부유한 자들이 출현하고, 여러 가난한 자들이 출현하고, 여러 행복한 자들이 출현하고, 여러 불행한 자들이 출현하고, 남자이면서 여인의 특징을 보이는 자가 출현하고, 여인이면서 남자의 특징을 보이는 자가 출현하고, 선악의 행위를 볼 수 있고, 선악 행위의 과보를 받는 중생들을 볼 수 있습니다.

이 세상에는 난생(卵生), 태생(胎生), 습생(濕生), 화생(化生)의 중생이 존재하고, 발이 없는 중생, 다리가 둘 달린 중생, 넷 달린 중생, 여러 다리가 달린 중생들이 존재하며, 이 세상에는 야차(夜叉), 나찰(羅刹), 쿤반다, 아수라(阿修羅), 다나바, 간닷바, 아귀(餓鬼), 식인귀(食人鬼)가 존재하며, 킨나라, 마호라가, 용, 금시조(金翅鳥), 마법사, 비밀주문을 잘 아는 자가 존재하며, 코끼리·말·수소·물소·낙타·노새·산양·양·사슴·돼지·사자·호랑이·표범·곰·이리·하이에나·개·쟈칼이 존재하며, 갖가지 다양한 새가 존재하고, 금·은·진주·마니구슬·나패(螺貝)·보석·산호·루비·마노(瑪瑙)·유리·다이아몬드·수정·철·동·진철(眞鐵)·청동이 존재하고, 아마(亞麻)·비단·목면·마·대마(大麻)·모직물이 존재하고, 쌀·뉘·보리·수수·피·콩·밀·강남콩·팥·깨·완두콩이 존재하며,

식물의 각 부분에서 취한 근향(根香)·간향(幹香)·박피향(薄皮香)·피향(皮香)·엽향(葉香)·화향(華香)·과향(果香), 그 밖의 온갖 것들이 존재하고 있습니다. 존자여! 이 세상에 존재하지 않는 것을 나에게 말해 주십시오."

"대왕이여! 다음의 세 가지는 이 세상에 존재하지 않습니다. 세 가지란 무엇인가 하면 첫째, 마음작용이 있는 자이건 마음작용이 없는 자이건 늙거나 죽지 않는 자는 이 세상에 존재하지 않습니다. 둘째, 여러 가지 형성된 것에게 상주성(常住性)은 존재하지 않습니다. 셋째, 승의(勝義)에는 주체를 인정하지 않습니다. 대왕이여! 이러한 세 가지는 이 세상에 존재하지 않습니다."

"잘 알았습니다. 존자 나가세나여! 이것은 바로 그대로라고 나는 인정합니다."

5. 열반의 존재의 논증(1)

"존자 나가세나여! 이 세상에는 업에 의해서 생기한 자를 볼 수 있으며, 원인에 의해서 생기한 자를 볼 수 있으며, 시절에 의해서 생기한 자를 볼 수 있습니다. 이 세상에 업에 의해서 생하지 않고, 원인에 의해서 생하지 않고, 시절에 의해서 생하지 않는 것이 있다면 그것을 나에게 이야기해 주십시오."

"대왕이여! 다음의 두 가지는 이 세상에 업에 의해서 생하지 않고, 원인에 의해서 생하지 않고, 시절에 의해서 생하지 않는 것입니다. 두 가지란 어떤 것인가?

허공(虛空)은 업에 의해서 생하지 않고, 원인에 의해서 생하지 않고, 시절에 의해서 생하지 않는 것입니다.

열반(涅槃)은 업에 의해서 생하지 않고, 원인에 의해서 생하지 않고, 시절에 의해서 생하지 않는 것입니다.

대왕이여! 이들 두 가지는 업에 의해서 생하지 않고, 원인에 의해서 생하지 않고, 시절에 의해서 생하지 않는 것입니다."

"존자 나가세나여! 승자의 말씀을 더럽혀서는 안 됩니다. 자신이 무엇을 말하려는지도 모르는 채 질문에 답해서는 안 됩니다."

"대왕이여! 내가 무엇을 말했다고 해서 당신은 나에게 '존자 나가세나여! 승자의 말씀을 더럽혀서는 안 됩니다. 자신이 무엇을 말하려는지도 모르는 채 질문에 답해서는 안 됩니다'라고 말하는 것입니까?"

"존자 나가세나여! 당신이 '허공은 업에 의해서 생하지 않고, 원인에 의해서 생하지 않고, 시절에 의해서 생하지 않는 것입니다'라고 먼저 말씀하신 그것은 옳습니다. 그렇지만 존자여! 세존은 수백 가지 이유를 들어서 제자들에게 열반을 증득하는 길을 설하셨습니다. 그런데 당신은 '열반은 업에 의해서 생하지 않고, 원인에 의해서 생하지 않고, 시절에 의해서 생하지 않는 것입니다'라고 말했습니다."

"대왕이여! 세존께서 수백 가지 이유를 들어서 제자들에게 열반을 증득하는 길을 설하셨다고 하는 말은 진실합니다. 그렇지만 세존께서는 열반이 생기하는 원인을 설하지는 않으셨습니다."

"존자 나가세나여! 나는 이제 어두움에서 더 캄캄한 어둠으로 들어갔습니다. 숲에서 더 깊은 숲으로 들어갔습니다. 밀림에서 더 깊은 밀림으로 들어갔습니다. 왜냐하면 '열반을 증득하는 원인은 존재한다. 그렇지만 그 법(열반)이 생기하는 원인은 존재하지 않는다'라고 당신이 말하였기 때문입니다.

존자 나가세나여! 만일 열반을 증득하는 원인이 있다면, 그렇다면 열반이 생기하는 원인이 존재하는 것 또한 기대할 만할 것입니다.

존자 나가세나여! 예를 들면 자식에게는 아버지가 있고, 그 이유에 의해서 아버지에게도 또한 아버지가 존재한다는 것을 기대할 수 있습니다. 예를 들면 제자에게 스승이 있고, 그런 이유에 의해서 스승에게도 또한 스승이 있음을 기대할 수 있습니다. 예를 들면 싹에는 종자가 있고 그 이유에 의해서 종자에도 또한 종자를 기대할 수 있는 것과 같이, 만일 열반을 증득하는 원인이 있다면 그 이유에 의해서 열반이 생기하는 원인 또한 기대할 만할 것입니다. 예를 들면 나무나 덩굴에는 꼭대기가 있고 그 이유에 의해서 가운데 부분도 있고 뿌리도 있는 것처럼 그와 마찬가지로 만일 열반을 증득하는 원인이 있다면 그 이유에 의해서 열반이 생기하는 원인 또한 기대할 만할 것입니다."

"대왕이여! 열반은 생기되어지는 것이 아닙니다. 그런 까닭에 세존께서는 열반이 생기하는 원인을 말씀하지 않으셨습니다."

"존자 나가세나여! 자, '열반을 증득하는 원인은 존재한다. 열반이 생기하는 원인은 존재하지 않는다'라는 것을 내가 알 수 있도록 그 이유를 제시하고, 이유를 들어서 나를 납득시켜 주십시오."

"대왕이여! 그러면 주의해서 귀를 기울여 잘 들으십시오. 그 이유를 말하겠습니다. 대왕이여! 사람은 태어날 때부터 지닌 힘에 의해서 이 곳에서 출발하여 산의 왕인 히말라야에 도달할 수 있겠습니까?"

"존자여! 그렇습니다."

"대왕이여! 또한 그 사람은 태어날 때부터 지닌 힘에 의해서 산의 왕인 히말라야를 이 곳으로 가지고 올 수 있겠습니까?"

"존자여! 그럴 수는 없습니다."

"대왕이여! 그와 마찬가지로 열반을 증득하는 길을 설하는 일은 가능할지라도 열반이 생기하는 원인을 나타낼 수는 없습니다. 대왕이여! 사람은 태어날 때부터 지니고 있는 힘에 의해서 대해를 배로 건너고 그리고 피안에 도달할 수 있겠습니까?"

"존자여! 그렇습니다."

"대왕이여! 그렇지만 그 사람은 태어날 때부터 지니고 있는 힘에 의해서 대해의 피안을 이 곳으로 가지고 올 수 있겠습니까?"

"존자여! 그럴 수는 없습니다."

"대왕이여! 그것과 마찬가지로 열반을 증득하는 길을 설하는 일은 가능할지라도 열반이 생기하는 원인을 나타낼 수는 없습니다. 그것은 법(열반)은 형성된 것이 아닌 것이기 때문입니다."

"존자 나가세나여! 열반은 형성된 것이 아닙니까?"

"대왕이여! 그렇습니다. 열반은 형성된 것이 아닙니다. 어떠한 것에 의해서도 만들어진 것이 아닙니다.

대왕이여! 열반은 이미 생겨났다든가, 아직 생겨나지 않았다든가, 또는 막 생겨날 것이라든가, 그것은 과거라든가, 미래라든가 또는 현재라든가, 그것은 눈으로 식별할 수 있다든가, 귀

로 식별할 수 있다든가, 코로 식별할 수 있다든가, 혀로 식별할
수 있다든가, 또는 몸으로 식별할 수 있다든가라고 말할 수 있
는 것이 아닙니다."

"존자 나가세나여! 만일 열반이 이미 생겨났다든가, 아직 생
겨나지 않았다든가, 또는 막 생겨날 것이라든가, 그것은 과거라
든가, 미래라든가 또는 현재라든가, 그것은 눈으로 식별할 수
있다든가, 귀로 식별할 수 있다든가, 코로 식별할 수 있다든가,
혀로 식별할 수 있다든가, 또는 몸으로 식별할 수 있는 것이 아
니라면, 그렇다면 당신은 '열반은 존재하지 않는 사상(事象)이
다'라고 나타냈습니다. 따라서 열반은 존재하지 않습니다."

"대왕이여! 열반은 존재합니다. 열반은 뜻으로 식별할 수 있
는 것입니다. 청정하고 훌륭하며 단정하고 번뇌의 덮개가 없고
더러움에 물들지 않은 뜻에 의해서 올바르게 실천하는 성스러
운 제자는 열반을 봅니다."

"존자여! 그렇다면 그 열반은 어떤 것입니까? 비유를 가지고
분명하게 설명해 주십시오. 열반은 존재하는 사상(事象)이라는
것이 비유에 의해서 분명해지도록 여러 가지 이유를 가지고 저
를 납득시켜 주십시오."

"대왕이여! 바람이라는 것은 존재합니까?"

"존자여 그렇습니다."

"대왕이여! 자, 바람을 그 색이나 형체를 가지고 바람이 미세
하다든가 크다든가 길다든가 짧다든가를 설명해 주십시오."

"존자 나가세나여! 이러이러하다라고 바람을 나타낼 수는 없
습니다. 그 바람은 손으로 잡을 수 없고 또한 문지르거나 감촉

할 수 없습니다. 그렇지만 바람은 존재하는 것입니다."

"대왕이여! 만일 바람을 나타내는 일이 불가능하다면 그렇다면 바람은 존재하지 않겠군요!"

"존자 나가세나여! 나는 '바람이 존재한다는 것'을 알고 있습니다. 바람은 존재한다라고 나는 확신하고 있습니다. 그렇지만 나는 바람을 나타낼 수 없습니다."

"대왕이여! 그것과 마찬가지로 열반은 존재합니다. 그렇지만 열반을 색이나 형태에 의해서 나타낼 수는 없습니다."

"잘 알았습니다. 존자 나가세나여! 비유는 잘 제시되었고 이유는 아주 분명해졌습니다. '열반은 존재한다'는 것은 바로 그대로라고 나는 인정합니다."

6. 열반의 존재의 논증(2)

"존자 나가세나여! 이 일에 관해서, 무엇이 업에 의해서 생겨난 것이고 무엇이 원인에 의해서 생겨난 것이며 무엇이 시절에 의해서 생겨난 것입니까? 무엇이 업에 의해서 생겨난 것이 아니고, 무엇이 원인에 의해서 생겨난 것이 아니고, 무엇이 시절에 의해서 생겨난 것이 아닌 것입니까?"

"대왕이여! 무릇 중생으로서 마음의 작용이 있는 자는 모두 업에 의해서 생겨난 것입니다. 불(火)과 모든 종자로부터 생겨난 것은 원인에 의해서 생긴 것입니다. 땅과 산과 물과 바람, 그런 모든 것들은 시절에 의해서 생긴 것입니다. 허공과 열반이 두 가지는 업에 의해서 생긴 것이 아니고, 원인에 의해서 생긴 것도 아니고, 시절에 의해서 생긴 것도 아닙니다.

대왕이여! 또한 열반은 업에 의해서 생긴 것이라든가, 원인에 의해서 생긴 것이라든가, 시절에 의해서 생긴 것이라든가, 또는 이미 생겨났다든가, 아직 생겨나지 않았다든가, 또는 막 생겨날 것이라든가, 그것은 과거라든가, 미래라든가, 또는 현재라든가, 그것은 눈으로 식별할 수 있는 것이라든가, 귀로 식별할 수 있는 것이라든가, 코로 식별할 수 있는 것이라든가, 혀로 식별할 수 있는 것이라든가, 또는 몸으로 식별할 수 있는 것이라고 말할 수 있는 것은 아닙니다.

대왕이여! 그러나 열반은 뜻으로 식별할 수 있는 것이며, 저 올바르게 실천한 성스러운 제자는 청정한 지혜로써 이것을 봅니다."

"존자 나가세나여! 가장 으뜸 가고 가장 뛰어난 스승이신 당신에게 다가가 의문은 시원하게 해결되었고, 의심은 깨끗하게 사라졌으며, 결정되었고, 의혹은 끊어졌습니다."

7. 야차의 존재

"존자 나가세나여! 이 세상에 야차라고 하는 것이 존재합니까?"
"대왕이여! 그렇습니다. 이 세상에 야차라는 것이 존재합니다."
"존자여! 그렇다면 저들 야차는 그 '야차'의 생태[9]로부터 죽어서 떠납니까?"

"대왕이여! 그렇습니다. 저들 야차는 그 생태로부터 죽어서 떠납니다."

"존자 나가세나여! 그렇다면 어찌하여 죽은 저들 야차의 유해도 발견되지 않고 또한 시신의 악취도 풍기지 않는 것입니까?"[10]

"대왕이여! 죽은 야차의 유해도 발견되고 또한 저들 시신의 악취도 풍깁니다. 죽은 야차의 유해는 곤충의 모습에서 볼 수 있고, 또는 구더기의 모습에서, 개미의 모습에서, 귀뚜라미의 모습에서, 뱀의 모습에서, 전갈의 모습에서, 지네의 모습에서, 새의 모습에서 볼 수 있고 또는 야수의 모습에서 볼 수 있습니다."

"존자 나가세나여! 당신과 같은 지혜로운 사람 외에 그 누가 이 같은 질문에 대답할 수 있겠습니까!"

8. 배워야 할 사항(學處)의 제정

"존자 나가세나여! 그 옛날 의사의 스승이었던 사람, 예를 들면 나라다, 담맘탈린, 앙기랏사, 카필라, 칸달랏기사마, 아투라, 풋바캇챠야나와 같은 스승들은 단번에 병의 기인(起因)과 원인과 증상과 현상과 의술과 처치와 치불치(治不治) 등 모든 것을 남김없이 알아서 '이러이러한 몸에는 이러이러한 병이 생길 것이다'라고 단번에 파악하여 의술에 관한 경전을 편찬하였습니다. 그러나 그들은 모두가 전지자는 아니었습니다.

그런데 어찌하여 전지자이신 여래께서는 붓다의 지혜에 의해서 장차 일어날 행동을 미리 알고서 '이러이러한 사건에 있어서

틀림없이 이러이러한 배워야 할 사항(학처)을 제정해야만 한다'
라고 단정해서 남김없이 배워야 할 사항을 제정하지 않으셨단
말입니까? 왜 사건이 이미 일어나고 명예롭지 못한 명성이 퍼
지고, 잘못이 다방면으로 확산되고, 사람들이 격노하였을 때 그
때마다 제자들에게 배워야 할 사항을 제정하셨단 말입니까?"

"대왕이여! 여래는 이미 '이러이러한 때에 이러이러한 사람
들에게 백오십 가지 배워야 할 사항을 제정해야만 한다'라는 것
을 알고 계셨습니다. 그렇지만 여래는 이렇게 말씀하셨습니다.

'만일 내가 백오십 가지 배워야 할 사항을 단번에 제정하였
다면 많은 사람들은 두려움을 일으켰을 것이다. 즉 이 곳 상가
에서는 배워야 할 사항이 많다. 아아, 실로 도인인 고타마의 가
르침에 있어서 출가하기란 어렵다고 말하고서 저들은 출가하려
고 뜻하지도 않고 출가하지도 않았을 것이다. 저들은 나의 말을
믿지 않았을 것이고 믿지 않은 저 사람들은 사악한 생존에 이
르렀을 것이다. 그런 까닭에 나는 사건이 일어났을 때 그 때 그
때마다 설법에 의해서 그것을 식별하여 알게 하였고 그리고 잘
못이 다방면으로 퍼져나갔을 때에 배워야 할 사항을 제정하리
라'라고 말입니다."

"모든 부처님은 참으로 훌륭하십니다. 모든 부처님의 이 같
은 일은 일찍이 없었던 일입니다. 존자 나가세나여! 여래의 전
지자의 지혜는 어찌 이리도 위대합니까! 존자 나가세나여! 이것
은 바로 그대로입니다. '이 곳(상가)에서는 배워야 할 것이 많다
고 들었다면 사람들에게 두려움이 일어날 것이다. 그러면 승자
(勝者)의 가르침에서 누구 한 사람이라도 출가하는 자는 없었을

것이다'라는 이 뜻의 해명은 여래께서 잘 설하시어 나타내 보이셨습니다. 이것은 바로 그대로라고 나는 인정합니다."

9. 태양의 병

"존자 나가세나여! 이 태양은 언제나 강렬하게 비칩니까? 그렇지 않으면 어떤 시기에는 약하게 비치는 것입니까?"

"대왕이여! 태양은 언제나 강렬하게 비치며 어떤 시기에 약하게 비치는 그런 일은 없습니다."

"존자 나가세나여! 만일 태양이 언제나 강렬하게 비친다면 왜 어떤 때에는 강렬하게 비치고 또 어떤 때에는 약하게 비치는 것입니까?"

"대왕이여! 태양에게 네 가지 병이 있으니 그 가운데 어느 하나의 병에 시달릴 때 태양은 약하게 비칩니다. 그 네 가지란 무엇인가?

대왕이여! 구름은 태양의 병입니다. 그 병에 시달리면 태양은 약하게 비칩니다. 안개는 태양의 병입니다. 그 병에 시달리면 태양은 약하게 비칩니다. 연기는 태양의 병입니다. 그 병에 시달릴 때 태양은 약하게 비칩니다. 라후(일식을 의미함)는 태양의 병입니다. 그 병에 시달리면 태양은 약하게 비칩니다. 대왕이여! 이러한 네 가지가 태양의 병입니다. 이 가운데 어느 한 가지 병에 시달리면 태양은 약하게 비칩니다."

"훌륭하십니다. 존자 나가세나여! 일찍이 없었던 일입니다.

존자 나가세나여! 위력을 고루 갖춘 태양조차도 병이 일어나거늘 하물며 다른 중생에게 있어서는 말할 필요가 있겠습니까? 존자여! 그대와 같은 지혜로운 사람 외에 그 어떤 누가 이런 설명을 할 수 있겠습니까!"

10. 여름, 겨울의 계절과 태양

"존자 나가세나여! 어찌하여 태양은 겨울에 강렬하게 비치고 여름에는 그렇지 않은 것입니까?"

"대왕이여! 여름에는 먼지가 일어나는데 그 먼지가 바람에 휩쓸려 공중으로 날아 올라가서 하늘에서도 구름은 조밀해지며 그리고 또한 큰 바람이 맹렬하게 불어댑니다. 이 모든 것이 다양하게 섞이고 결합하여서 태양의 빛을 차단합니다. 그런 까닭에 여름에는 태양이 약하게 비칩니다.

대왕이여! 그런데 겨울에는 아래쪽의 대지는 고요해지며, 위쪽에 큰 구름이 나타나 먼지는 가라앉고, 티끌도 아주 조용하게 공중을 떠돌고 있습니다. 하늘에는 구름도 걷히고 바람도 지극히 약하게 붑니다. 이러한 것들이 조용해지면 태양의 광선은 맑고 깨끗해지며 태양을 차단하는 것으로부터 벗어났을 때 그 열은 극도로 높아져서 비치게 됩니다. 대왕이여! 바로 그런 까닭에 겨울에 태양이 강렬하게 비치고 여름에 그렇지 않은 것입니다."

"존자 나가세나여! 모든 장애를 벗어난 태양은 강렬하게 비치고, 구름 등을 거느린 태양은 강렬하게 비치지 않습니다."

제8장

1. 처자를 보시한 벳산타라왕

"존자 나가세나여! 모든 보살이 자신의 처자를 다른 이에게 보시하였습니까? 그렇지 않으면 오직 벳산타라만이 처자를 보시한 것입니까?"

"대왕이여! 모든 보살이 처자를 보시합니다. 벳산타라왕만이 처자를 보시하지는 않았습니다."

"존자여! 저들은 그 처자의 동의를 얻어서 보시한 것입니까?"

"대왕이여! 아내는 동의하였지만 자식들은 어렸기 때문에 슬피 울었습니다. 만일 저들이 '보시'의 뜻을 이해하였다면 저들도 또한 크게 기뻐하며 비탄하지 않았을 것입니다."

"존자 나가세나여! 보살이 사랑하는 자기의 친자식들을 바라문에게 노예로 보시하였다는 것은 그에게 있어서 행하기 어려운 일을 행한 것임에 틀림없습니다.

또한 그가 사랑하는 자기의 친자식들이 작고 어렸기 때문에 덩굴풀에 묶이고, 저 바라문에 의해 덩굴풀에 묶인 채 끌려가는 것을 보고 태연스레 보냈다는 이것은 두번째로 더더욱 행하기 어려운 난행(難行)입니다.

또한 사랑하는 아이들이 자신의 힘으로 포박을 풀고서 겁에 잔뜩 질린 채 돌아온 것을 저 보살이 다시 덩굴풀로 묶어서 보시하였다는 이것은 세번째의 더더욱 행하기 어려운 난행입니다.

또한 사랑하는 아이들이 '아버지! 이 야차는 저희를 끌고 가서 잡아먹으려 하였어요'라고 말하며 슬피 울부짖었는데도 그가 '두려워 마라'라고 말하고서 달래주지 않았던 이것은 네번째의 더더욱 행하기 어려운 난행입니다.

또한 쟈린왕자가 전율하고 울면서 부왕의 발 아래 엎드려 '아버님! 칸하지나를 돌려주십시오. 저 혼자 야차를 따라 가겠습니다. 야차가 저를 마음대로 먹어도 저 혼자만은 좋습니다'라며 간절히 애원하여도 그가 승낙하지 않았던 이것은 다섯번째로 더더욱 행하기 어려운 난행입니다.

또한 쟈린왕자가 '아버님! 당신의 마음은 돌과 같은 것입니까? 당신은 저희들의 고통을 보시면서도 저희들이 인적 없는 거대한 숲 속으로 야차에게 끌려 들어가고 있는 것을 말리지 않으셨습니다'라고 말하며 슬피 울부짖었을 때 그가 연민의 정을 일으키지 않았던 이것은 여섯번째로 더더욱 행하기 어려운 난행입니다.

또한 사랑하는 자식들이 끌려가서 더 이상 보이지 않게 되었을 때 전율하고 공포에 사로잡혔던 그의 심장이 백천 갈래 찢어지지 않았던 이것은 일곱번째로 더더욱 행하기 어려운 난행입니다. 복락을 바라는 자가 다른 사람을 괴롭힌다면 어찌 되겠습니까! 차라리 자신을 보시해야만 되지 않았겠습니까?"

"대왕이여! 행하기 어려운 행을 한 보살의 명성은 모든 신과 인간들을 포함한 일만세계에 널리 퍼졌습니다. 신들은 하늘 세계에서 찬양하고, 아수라는 아수라 세계에서 찬양하고, 금시조는 금시조 세계에서 찬양하고, 용은 용의 세계에서 찬양하고, 야차는 야차의 세계에서 찬양하였습니다. 그의 명성은 점점 전해져서 이제 이 곳 우리들이 모인 곳에 도달하였습니다. 우리들은 그 보시를 '잘한 보시일까? 그렇지 않으면 나쁜 보시일까?'라고 악평하고 물리치고 배척하면서 앉아 있습니다.

대왕이여! 그런데 이 명성은 총명하고 유식하며 유능하고 현명한 보살들의 열 가지 덕성을 보여 줍니다. 열 가지란 무엇인가 하면 첫째는 탐욕이 없다는 것, 둘째는 집착이 없다는 것, 셋째는 베풀어 준다는 것, 넷째는 번뇌를 버리고 끊었다는 것, 다섯째는 다시는 낮은 지위로 물러서지 않는다는 것, 여섯째는 붓다의 가르침이 미묘하다는 것, 일곱째는 붓다의 가르침이 광대하다는 것, 여덟째는 붓다의 가르침은 깨닫기 어렵다는 것, 아홉째는 붓다의 가르침을 얻기가 어렵다는 것, 열째는 다른 이와 동등하지 않다는 것입니다. 대왕이여! 이 명성은 총명하고 유식하고 유능하고 현명한 보살들의 이러한 열 가지 덕성을 나타내 줍니다."

"존자 나가세나여! 다른 사람을 괴롭히면서 보시한다면 그 보시는 안락한 과보가 있고, 그 사람은 하늘에 태어나게 됩니까?"

"대왕이여! 그렇습니다. 여기에 무슨 이의가 있겠습니까?"

"존자 나가세나여! 자, 이유를 말해 주십시오."

"대왕이여! 예를 들면 계를 지키고 착한 성질을 지닌 도인(道人, 사문) 또는 바라문이 있다고 합시다. 그가 절름발이가 되든가, 아니면 앉은뱅이가 되든가, 그렇지 않으면 병에 걸렸다든가, 그 어느 것 가운데 하나가 되었다고 합시다. 복락을 바라는 사람이 그를 수레에 태워서 그가 가고 싶은 곳에 데려다 준다고 하였을 경우에, 이 인연에 의하여 그 사람에게 뭔가 안락이 생기겠습니까? 그것은 하늘에 태어나게 해 준다는 업(행위)이겠습니까?"

"존자 나가세나여! 그렇습니다. 여기에 무슨 이의가 있겠습니까? 그 사람은 코끼리 수레를 얻거나, 또는 말이 끄는 수레인 이륜수레를 얻고, 땅 위에서는 땅을 달리는 수레를 얻고, 물 위에서는 물을 건너는 탈것을 얻고, 하늘에서는 신들의 수레를 얻으며, 인간 세상에서는 인간이 타는 수레를 얻을 것입니다. 세세생생 그 업에 적응하고, 그것에 상응한 수레를 낳으며, 또한 그것에 적응한 법의 안락함이 생기고, 좋은 곳으로부터 좋은 곳으로 가고, 그 업이 원인이 되어서 같은 성질의 과보를 유출하는 일에 의해서 신통력의 수레에 올라 원하던 열반의 도시에 이를 것입니다."

"대왕이여! 그렇다면 다른 사람을 괴롭힘으로써 행한 보시에도 안락한 과보가 있으며, 그 보시는 그 사람을 하늘에 태어나게 하는 것이 됩니다. 왜냐하면 그 사람은 밭 가는 소를 괴롭혀서 이 같은 안락함을 얻기 때문입니다. 대왕이여! 또한 다른 사람을 괴롭힘으로써 행한 보시도 안락한 과보가 있으며 하늘에 태어나게 해 준다고 하는 이유를 들어 보십시오.

대왕이여! 예를 들면 어떤 왕이 있었는데 그가 지방에서 정당한 세금을 거두어들이고 명령을 발하여 보시를 행하려고 하였을 경우, 이 왕은 이런 인연에 의해서 뭔가 안락함을 누리겠습니까? 또한 그 보시는 그 왕을 하늘에 태어나게 해 주겠습니까?"

"존자여! 그렇습니다. 여기에 무슨 이의가 있겠습니까? 존자여! 그 인연에 의해서 이 왕은 하늘에 태어나는 복락 이상의 수백천의 공덕을 얻을 것입니다. 또한 모든 왕 가운데 가장 뛰어난 왕이 될 것입니다. 모든 신들 가운데 가장 뛰어난 신이 될 것입니다. 모든 범천 가운데 가장 뛰어난 범천이 될 것입니다. 모든 도인들 가운데 가장 뛰어난 도인이 될 것입니다. 모든 바라문 가운데 가장 뛰어난 바라문이 될 것입니다. 모든 아라한 가운데 가장 뛰어난 아라한이 될 것입니다."

"대왕이여! 그렇다면 다른 사람을 괴롭힘으로써 행한 보시는 안락한 과보가 있고 하늘에 태어나게 하는 것이 됩니다. 왜냐하면 저 왕은 세금을 거두어들임으로써 인민을 압박하게 되고 그래서 행한 보시에 의해 이 같은 더욱 높은 명성의 즐거움을 누리기 때문입니다."

"존자 나가세나여! 벳산타라왕이 행한 보시는 과도한 보시입니다. 즉 그는 자신의 아내를 다른 사람의 아내로 주었고 자신의 친자식을 바라문의 노예로 주어버렸기 때문입니다. 존자 나가세나여! 과도한 보시라는 것은 세상의 현인이 비난하고 가책하는 것입니다.

존자 나가세나여! 예를 들면 지나치게 무거운 짐으로 인해 수레축이 부서지고, 지나치게 무거운 짐에 의해 배가 가라앉고,

지나치게 많이 먹어서 음식이 소화되지 않고, 폭우에 의해서 곡물이 엉망이 되고, 과도한 보시에 의해서 먹을 것을 모두 써버리고, 지나친 열에 의해서 모두 타버리고, 극단적인 탐착에 의해서 광인이 되고, 극단적인 분노에 의해서 죄인이 되고, 극단적인 미망에 의해서 곤궁에 빠지며, 극단적인 탐욕에 의해서 도적들의 포로가 되며, 극단적인 공포에 의해서 몸과 마음이 쇠약해지고, 지나친 만수(滿水)에 의해서 강이 범람하고, 너무 많이 불어대는 바람에 의해서 벼락이 떨어지고, 불의 지나친 열에 의해서 밥이 타고, 너무 많이 걸어서 오래 살지 못하게 되는 것처럼, 존자 나가세나여! 그와 마찬가지로 과도한 보시라는 것은 세상의 어진 사람들이 비난하고 가책하는 것입니다.

존자 나가세나여! 벳산타라왕이 한 보시는 지나친 보시이며 거기에서 그 어떤 과보도 기대해서는 안 되는 것입니다."

"대왕이여! 지나친 보시는 세상의 어진 사람들이 찬양하고 칭찬하고 상찬하는 것입니다. 그 누구든지 어떠한 종류의 보시를 하든 지나친 보시를 행한 사람들은 세상의 명성을 얻습니다.

대왕이여! 예를 들면 매우 뛰어난 사람이 신성한 나무뿌리를 잡았을 때 그의 모습은 곁에 서 있는 다른 사람들에게조차 보이지 않는 것처럼, 아가다약이 고유의 뛰어난 힘에 의해서 고통을 완전히 없애고 병을 치료하는 것처럼, 불이 지나친 열에 의해서 태우고 물이 지나친 차가움에 의해서 그 불을 끄는 것처럼, 연꽃이 극도의 청정성에 의해서 물이나 진흙에 물들지 않는 것처럼, 마니구슬이 매우 뛰어난 덕성에 의해서 사람들의 모든 욕구를 채워주는 것처럼, 다이아몬드가 뛰어난 절단력에 의해서 마니구슬과 진주, 수정을 절단하는 것처럼, 땅이 극도의 광대함에 의해서 인간이나 뱀·야수·작은 새·물·바위·산·나무를 그 위에 올려놓고 있는 것처럼, 바다가 극도의 광대함에 의해서 결코 가득 차서 넘치지 않는 것처럼, 수미산이 매우 무겁기 때문에 흔들리지 않는 것처럼, 허공은 무한하게 넓혀져 있기 때문에 가없는 것처럼, 태양이 극도로 빛을 비추는 작용이 있기 때문에 어둠을 깨는 것처럼, 사자가 매우 뛰어난 태생이므로 두려움을 여의고 있는 것처럼, 힘센 장사가 지극히 뛰어난 힘이 있기 때문에 다른 장수를 재빨리 넘어뜨리는 것처럼, 왕이 지극히 뛰어난 복덕에 의해서 나라를 다스리는 것처럼, 비구가 극도로 계행을 지킴으로써 용이나 야차·남자·마르투의 정(精)[11]에 귀의하는 것처럼, 붓다가 지극히 가장 으뜸 가는 분이기 때문에 그에 비할 사람이 없는 것처럼, 대왕이여! 그것과 마찬가지로 과도한 보시라는 것은 세상의 어진 사람들이 찬양하고 찬탄하고 상찬하는 것입니다. 그 누구든 어떠한 종류의 보시를 하더라도 세상의 명성을 얻게 될 것입니다.

벳산타라왕이 한 과도한 보시는 일만세계가 찬양하고 찬탄하고 상찬하였으며, 경배하였고, 유명해져 있습니다. 이 과도한 보시에 의해서 벳산타라왕은 지금 붓다로 태어났으며 모든 신들과 인간들의 세계에서 가장 으뜸 갑니다.

대왕이여! 그렇다면 공양 받을 자격이 있는 사람(보시를 받기에 적당한 사람)이 다가왔을 때에 주어서는 안 되거나 또는 보시하기를 뒤로 미뤄둬야 할 그런 보시가 이 세상에 존재합니까?"

"존자 나가세나여! 다음의 열 가지 보시는 세상에서 보시해서는 안 되는 것이라고 일반적으로 이야기하고 있습니다. 이러한 보시를 한 사람은 나쁜 곳에 가게 됩니다. 열 가지란 무엇인가?

존자 나가세나여! 첫째 술을 보시하는 일은 세상에서 보시해서는 안 되는 것이라고 말합니다. 이러한 보시를 하는 사람은 나쁜 곳에 가게 됩니다. 둘째 춤추고 노래하며 구경거리를 보시하는 일, 셋째 여성을 보시하는 일, 넷째 수소를 보시하는 일, 다섯째 그림을 보시하는 일, 여섯째 칼이나 검을 보시하는 일, 일곱째 독을 보시하는 일, 여덟째 쇠사슬을 보시하는 일, 아홉째 닭이나 돼지를 보시하는 일, 열째로는 잘못된 계량(計量)을 보시하는 일은 세상에서 보시해서는 안 되는 일이라고 말합니다. 이러한 보시를 한 사람은 나쁜 곳에 가게 됩니다.

존자 나가세나여! 이러한 열 가지 보시는 이 세상에서 보시해서는 안 되는 것이라고 말합니다. 이러한 보시를 한 사람은 나쁜 곳에 가게 됩니다."

"대왕이여! 나는 그와 같은 '보시해서는 안 되는 것이라고 이야기하는 것'을 묻지 않았습니다. 대왕이여! 나는 그대에게 이것을 물었던 것입니다. 즉 '대왕이여! 그렇다면 공양 받을 자격이 있는 사람이 다가왔을 때에 주어서는 안 되거나 또는 보시하기를 뒤로 미뤄야 할 그런 보시가 이 세상에 존재합니까?'라고."

"존자 나가세나여! 공양 받을 자격이 있는 사람이 다가왔을 때 주어서는 안 되거나 또는 보시하기를 뒤로 미뤄야 할 그런 보시는 이 세상에 존재하지 않습니다. 마음에 깨끗한 믿음이 생겼을 때 어떤 사람은 공양 받을 자격이 있는 사람들에게 식사를 보시하고, 어떤 사람은 옷을, 어떤 사람은 침구를, 어떤 사람은 살 곳을, 어떤 사람은 깔개나 덮개를, 어떤 사람은 하녀나 종을, 어떤 사람은 논이나 택지를, 어떤 사람은 두 발 달린 동물이나 네 발 달린 동물을, 어떤 사람은 백이나 천, 또는 십만의 금을, 어떤 사람은 국왕의 대권을, 어떤 사람은 생명까지도 보시합니다."

"대왕이여! 그렇다면 만일 생명까지도 보시하는 사람이 있다고 한다면 무슨 이유에서 당신은 시주자였던 벳산타라가 처자를 흔쾌히 보시하였던 일을 맹렬하게 공격하였던 것입니까?

대왕이여! '부채 때문이라든가 또는 더 이상 생활하기가 어려워졌기 때문에 부모가 자식을 저당잡힌다거나 또는 팔아버릴 수 있다'라고 하는 세간의 습관이나 관행이 있습니까?"

"존자여! 그렇습니다. 부채 때문이라든가 또는 더 이상 생활하기가 어려워졌기 때문에 부모가 자식을 저당잡히거나 또는 팔아버릴 수 있습니다."

"대왕이여! 만일 부채 때문이라든가 생활이 어려워졌기 때문에 부모가 자식을 저당잡힌다거나 또는 팔아버릴 수 있다고 한다면, 전지자의 지혜를 얻지 못하여 괴로워하고 있던 벳산타라왕도 또한 '세간의 풍습에 따라서' 그 보시라는 올바른 재산을 얻기 위해서 처자를 저당잡히고 또 팔았던 것입니다.

대왕이여! 이처럼 벳산타라왕은 다른 자들도 하였던 보시를 하였을 뿐이고, 다른 자들이 하였던 일을 한 것에 지나지 않습니다. 대왕이여! 어찌하여 당신은 그런 보시를 가지고 시주자인 벳산타라를 맹렬하게 공격하는 것입니까?"

"존자 나가세나여! 나는 시주자 벳산타라의 보시를 비난하는 것이 아닙니다. 그렇다면 왕은 자신의 처자를 구걸하는 자에게 처자 대신 왕 자신을 보시했어야만 했다고 나는 비난하고 있는 것입니다."

"대왕이여! 처자를 달라고 구걸하는데 그 대신 자신을 보시한다는 일은 착하지 않은 사람의 행위입니다. 왜냐하면 무엇을 달라고 구걸한다면 그것이 무엇이든 간에 상대가 원하는 바로 그것을 보시해야만 합니다. 이것이 착한 사람의 행위입니다.

대왕이여! 예를 들면 어떤 사람이 마실 거리를 명했을 경우, 그에게 먹을 것을 준다면 먹을 것을 준 그 사람은 마실 거리를 찾던 그를 위해서 해야만 하는 일을 한 사람이겠습니까?"

"존자여! 그렇지 않습니다. 그가 명한 것만을 준 사람만이 해야만 했을 일을 한 것입니다."

"대왕이여! 그와 마찬가지로 벳산타라왕은 바라문이 처자를 달라고 구걸했을 때에 처자만을 보시하였습니다. 만일 바라문이 벳산타라의 몸을 달라고 구걸했다면 그는 자신을 보호하지 않고 두려워하지도 않으며 사랑하거나 집착하지 않고 자신의 몸마저도 보시하고 버렸을 것입니다. 대왕이여! 만일 어떤 남자가 벳산타라에게 가서 '나의 노예가 되시오'라고 부탁하였다면 왕은 자신의 몸까지도 보시하고 내버렸을 것입니다. 그는 자신의 몸을 보시해도 고뇌하지 않았을 것입니다.

대왕이여! 벳산타라왕의 몸은 수많은 사람의 공유입니다.

대왕이여! 예를 들면 불에 구워진 살점은 수많은 사람들이 공유한 것처럼, 그와 마찬가지로 벳산타라왕의 몸은 수많은 사람들의 공유입니다. 대왕이여! 또한 예를 들면 열매가 달린 나무는 갖가지 새들의 무리가 공유하고 있는 것처럼, 그와 마찬가지로 벳산타라왕의 몸은 수많은 사람들이 공유하고 있습니다. 그 이유는 무엇인가 하면, '나는 이제 실천하면서 올바른 깨달음에 도달하겠다'라고 왕이 스스로 말하였기 때문입니다.

대왕이여! 예를 들면 재산이 없는 남자가 있다고 합시다. 그는 재산을 욕심내어 재산을 구하러 두루 돌아다니는데 산양이 지나는 길, 노상강도가 있는 길, 덩굴이 우거진 길을 걷고 뭍과 물을 건너며 장사를 하면서 몸과 말과 뜻에 의해서 재산을 추구하고 재산을 얻기 위해서 노력할 것입니다. 대왕이여! 그와 마찬가지로 '붓다'라는 재산을 소유하고 있지 않았던 시주자 벳산타라는 '전지자'라는 보물을 얻기 위해서 구걸하는 자들에게 재산이나 곡물, 노비, 수레, 탈것 등 모든 재산과 자신의 처자와 자기 자신까지도 기쁘게 내어 주면서 올바른 깨달음만을 추구하였습니다.

대왕이여! 예를 들면 또 왕의 옥새를 탐내는 어떤 대신이 있다고 합시다. 그렇다면 그는 옥새를 얻기 위해서 집에 있는 그 모든 재산과 곡물, 금, 은 등 모든 것을 다른 사람에게 주고서라도 옥새를 얻고자 노력할 것입니다. 그와 마찬가지로 시주자인 벳산타라는 안팎의 모든 재산을 보시하고 생명마저도 다른 사람에게 보시하면서 올바른 깨달음만을 구하였습니다.

대왕이여! 또한 시주자 벳산타라는 이렇게 생각하였습니다. '저 바라문이 구걸하고 있는 것을 나는 그에게 주리라. 그리고 나는 이제 그를 위해서 해야 할 일을 한 사람이 되겠다'라고. 이리하여 그는 저 바라문에게 처자를 보시하였습니다. 대왕이

제8장
169

여! 시주자 벳산타라는 처자를 혐오하였기 때문에 처자를 바라문에게 보시한 것도 아니고 보기 싫어서 처자를 보시하였던 것도 아닙니다. '나에게는 처자가 너무 많이 있다'라고 하여 보시한 것도 아니요, '저들을 부양할 수 없다'라고 하여 처자를 보시한 것도 아닙니다. 만족하지 못하여 '나는 처자를 사랑하지 않는다'라면서 처자를 내쫓아 버리려고 속으로 바랐기 때문에 보시한 것도 아닙니다.

벳산타라왕은 전지자라는 보물을 사랑하였기 때문에 또한 전지자의 지혜를 얻기 위해서 이같이 일찍이 그 유례를 알 수 없고 광대하며 위없는, 왕이 사랑하고 기뻐하며 왕의 생명과 다름없는 처자라는 가장 훌륭한 보시를 바라문을 향하여 행하였던 것입니다.

대왕이여! 또한 세존께서는 이런 시구를 설하셨습니다.

나는 두 아이가 미웠기 때문도 아니고
맛디왕비가 미웠기 때문도 아니었네.
전지자의 지혜를 나는 사랑하노라.
그런 까닭에 사랑하는 자들을 나는 보시하였도다.

대왕이여! 그 때 벳산타라왕은 처자를 보시하고서 잎으로 엮어 만든 암자로 가서 누웠습니다. 그가 극도의 애착으로 인해 괴로워하자 그에게는 격렬한 슬픔이 생겼습니다. 마음의 기반이 뜨겁게 달아오르고 코는 막혀서 더운 숨을 토해냈습니다. 눈물은 변해서 피가 되어 두 눈에서 흘러 넘쳤습니다. 대왕이여!

이같이 벳산타라왕은 괴로워하면서 처자를 바라문에게 보시하였던 것입니다. '보시의 길이 나에게 멸하는 일은 없을지어다'라고 생각하면서.

대왕이여! 나아가 또한 벳산타라왕은 두 가지 이유에 의해서 두 아이를 바라문에게 보시하였습니다. 두 가지란 무엇인가 하면 첫째는 '보시의 길이 나에게서 끊어지는 일은 없을지어다'라는 것이고, 둘째는 '이 보시를 행한 인연에 기인하여 조상들은 숲의 나무뿌리와 열매를 가지고 괴로워하고 있는 나의 자식들을 고통에서 벗어나게 해 줄지어다'라는 것입니다.

대왕이여! 왜냐하면 벳산타라왕은 '그 누구라도 나의 자식들을 노예로서 부릴 수 없다. 왜냐하면 나의 자식들의 조상은 그들을 도로 사들일 것이고 이렇게 해서 아이들을 나에게로 되돌려 줄 것이다'라고 알고 있었기 때문입니다. 대왕이여! 이러한 두 가지 이유에 의해서 두 아이를 바라문에게 보시하였습니다.

대왕이여! 또한 벳산타라왕은 '이 바라문은 늙고, 나이 들고, 쇠약하고, 위약하며, 지팡이에 의지하고, 수명도 거의 다해가고 있으며, 복락도 적다. 이런 자는 이 아이들을 노예로 삼아서 부릴 수 없다'라고 알고 있었던 것입니다. 대왕이여! 사람은 태어나면서부터 지니고 있는 힘에 의해서 커다란 신통력과 위력이 있는 해나 달을 손으로 잡아서 바구니나 상자 속에 집어 넣으며, 그리고 빛이 없는 것들로 만들고서 그것들을 다시 그릇으로 삼아서 사용할 수 있겠습니까?"

"존자여! 그럴 수는 없습니다."

"대왕이여! 그와 마찬가지로 이 세상에서 해와 달에 비교할 만한 벳산타라의 아이들은 그 누구라도 노예로 삼아서 부릴 수 없습니다.

또한 벳산타라의 아이들을 어느 누구도 노예로 삼아서 부릴 수가 없는 그 이상의 이유를 들어 보십시오. 대왕이여! 비유하면 전륜왕의 마니보주는 청정하고, 순수하고, 팔각의 결정체로 이루어져서 교묘하게 가공되었고, 길이는 4큐피트이고, 주위는 수레의 바퀴통처럼 넓은데, 어느 누구도 이것을 헝겊에 싸서 상자 속에 넣고 칼을 가는 숫돌로 사용할 수 없습니다. 그와 마찬가지로 이 세상에서 전륜왕의 마니보주에 비할 만한 벳산타라의 아이들을 그 어느 누구도 노예로서 부릴 수는 없습니다.

대왕이여! 또한 벳산타라의 아이들을 어느 누구도 노예로서 부릴 수 없다는 그 이상의 이유를 들어 보십시오. 비유하면 몸의 세 부분에서 발정(發情)의 표시를 나타내며 전신이 순백색이며, 일곱 곳의 땅에 꿈쩍하지 않고 서 있으며, 높이는 8라타나, 길이와 몸통둘레가 각각 9라타나이며, 기쁨에 넘쳐 있는 아름다운 우포사타 코끼리왕을 어느 누구도 키나 그릇으로 덮을 수가 없으며, 송아지에게 하듯이 작은 외양간에 넣고 사육할 수도 없습니다. 그와 마찬가지로 이 세상에서 우포사타 코끼리왕에 비할 만한 벳산타라의 아이들을 어느 누구도 노예로서 부릴 수는 없습니다.

대왕이여! 또한 벳산타라의 아이들을 어느 누구도 노예로 부릴 수가 없는 그 이상의 이유를 들어 보십시오. 비유하면 대해는 장대하고, 너비를 알 수 없을 정도로 펼쳐지며, 심원하여 헤아릴 수가 없고, 뛰어넘을 수도 없으며, 끝도 알 수 없고, 바닥도 알 수 없으며, 완전히 덮어씌울 수 없으며, 어느 누구라도 아무 곳이나 폐쇄해서 하나의 나루터로 사용할 수 없습니다. 그와 마찬가지로 이 세상에서 대해에 비할 만한 벳산타라의 아이들을 누구도 노예로서 부릴 수 없습니다.

대왕이여! 또한 벳산타라의 아이들을 누구도 노예로 부릴 수가 없는 그 이상의 이유를 들어 보십시오. 비유하면 모든 산의 왕인 히말라야는 하늘 높이 솟아 있는 것이 5백 요자나, 산자락은 3천 요자나에 걸쳐서 펼쳐져 있으며, 팔만사천 봉우리가 장엄하게 솟아 있고, 5백 개의 큰 강의 발원(發源)이고, 거대한 생물 군락의 서식처이며, 매우 다양한 향을 지니고 있고, 백 가지 신비한 약초로 장엄되어 있으며, 그리고 구름과 같이 하늘을 찌를 듯 높이 솟아 있습니다. 대왕이여! 그와 마찬가지로 이 세상에서 모든 산의 왕인 히말라야에 비할 만한 벳산타라의 아이들을 그 누구도 노예로 부릴 수는 없습니다.

대왕이여! 또한 벳산타라의 아이들을 누구도 노예로서 부릴 수가 없는 그 이상의 이유를 들어 보십시오. 예를 들면 칠흑같이 어두운 한밤중에 산 정상에서 타오르는 거대한 불덩이는 아주 멀리 떨어진 곳에서도 인식될 수 있는 것처럼, 그와 마찬가지로 벳산타라왕은 마치 산 정상에서 타오르는 거대한 불덩이처럼 아주 멀리서도 명백하게 인식됩니다. 어느 누구라도 그런 그의 아이들을 노예로 부릴 수는 없습니다.

대왕이여! 또한 벳산타라의 아이들을 어느 누구도 노예로 부릴 수가 없는 그 이상의 이유를 들어 보십시오. 비유하면 히말라야 산의 나가꽃이 필 때 부드러운 바람이 불어오면 10 내지

12요자나나 떨어진 거리에까지 꽃향기가 감돕니다. 그와 마찬가지로 벳산타라왕도 또한 신과 아수라, 가루라, 건달바, 야차, 나찰, 마호라가, 긴나라, 인드라천 등의 세계를 뛰어넘어 위로는 아가니타천계에 이르기까지 수천 요자나에 걸쳐서 그의 명성이 높이 퍼져 있으며 또한 뛰어난 계행의 향기가 매우 향긋한 향을 풍기고 있습니다. 그런 까닭에 그 어느 누구도 그런 그의 아이들을 노예로 부릴 수는 없습니다.

대왕이여! 아버지인 벳산타라는 쟈린왕자에게 이렇게 가르쳤습니다.

'사랑하는 아들아! 너의 할아버지가 바라문에게 재산을 주어서 너희들을 도로 살 경우 금화 1천 닛카를 주어서 사게 될 것이다. 칸하지나를 도로 살 경우에는 백 명의 노복과 백 명의 노비, 백 마리의 코끼리, 백 마리의 말, 백 마리의 암소, 백 마리의 수소, 금화 백 닛카 등 모두 백씩 주어서 도로 사들일 것이다. 사랑하는 아들아! 만일 너의 할아버지가 너희들을 바라문의 손에서 명령이나 폭력을 써서 무상으로 빼앗는다면 너희들은 할아버지의 말을 따라서는 안 될 것이다. 차라리 바라문을 따르는 자가 되어라.'

이렇게 가르치고서 아이들을 보냈습니다. 그리하여 쟈린왕자가 도착하였을 때 할아버지가 묻자 그는 이렇게 답하였습니다.

'할아버지! 아버지는 저를 천 닛카의 값어치로 바라문에게 보시하였습니다. 또 동생인 칸하지나를 백 마리 코끼리의 값어치로 바라문에게 보시하였습니다.'

이렇게 말하였던 것입니다."

"존자 나가세나여! 나의 의문은 잘 풀렸습니다. 삿된 견해의 그물은 갈래갈래 찢어졌고 갖가지 이론(異論)은 능히 꺾여졌습니다. 당신 자신의 입장은 매우 분명해졌으며 성전의 문장은 매우 명백해졌고 도리도 아주 잘 해명되어졌습니다. 이것은 바로 그대로라고 나는 인정합니다."

2. 행하기 어려운 행

"존자 나가세나여! 모든 보살이 행하기 어려운 행을 하는 것입니까? 그렇지 않으면 보살 고타마만이 행하기 어려운 행을 한 것입니까?"

"대왕이여! 모든 보살에게 행하기 어려운 행이 있는 것은 아닙니다. 보살 고타마만이 행하기 어려운 행을 하셨던 것입니다."

"존자 나가세나여! 만일 그렇다면 보살과 보살 사이에 차별이 있다고 하는 말은 이치에 맞지 않습니다."

"대왕이여! 네 가지 사항에 있어서 보살과 보살에게 차별이 있습니다. 네 가지란 어떤 것인가? 가계의 차별, 모든 부처님의 출세(出世)를 만나거나 만나지 못하는 세대의 차별, 수명의 차별, 몸의 크기에 대한 차별입니다. 이러한 네 가지 사항에 있어서 보살과 보살에게 차별이 있는 것입니다.

대왕이여! 그렇지만 깨달은 사람이신 모든 붓다들께서는 몸의 색과 형체, 계행, 마음의 통일, 지혜, 해탈, 해탈지견, 네 가지 두려움 없는 자신(自信), 여래의 열 가지 뛰어난 힘, 다른 이와 공통으로 갖고 있지 않은 여섯 가지의 지혜, 붓다의 열네 가지 지혜, 열여덟 가지의 뛰어난 붓다의 특성에 있어서 즉 모든 붓다의 특성에 있어서 서로 차별은 존재하지 않습니다. 모든 깨달은 사람들은 그 어느 누구라도 붓다의 특성에 있어서 평등합니다."

"존자 나가세나여! 만일 모든 깨달은 사람들이 붓다의 특성에 있어서 평등하다면 어떤 이유에 의해 보살 고타마만이 행하기 어려운 행을 하였다는 말입니까?"

"대왕이여! 지식이 완전히 익지 않고 지혜가 완전히 익지 않았을 때 보살 고타마는 출가하여 세상에서 은둔하였습니다. 그리고 아직 성숙하지 않은 지식을 완전하게 성숙시켜 가고 있을 때 행하기 어려운 행을 하였던 것입니다."

"존자 나가세나여! 어떤 이유에 의해서 지식이 완전히 성숙하지 않고 지혜가 완전하게 성숙하지 않았을 때 보살 고타마는 위대한 출가를 하고 위대한 은둔을 하였던 것입니까? 그는 지식을 완전하게 성숙시키고서 지식이 완전하게 성숙하였을 때에 비로소 출가해야만 했던 것은 아닙니까?"

"대왕이여! 보살은 시녀들의 방이 난잡하게 어질러진 광경을 보고 혐오하였습니다. 혐오하였던 그에게 불쾌감이 일어났습니다. 불쾌한 마음이 일어난 것을 알고서 한 천자(天子)이며 마신(魔神)이 '지금이야말로 불쾌한 마음을 없앨 때이다'라고 생각하고서 공중에 서서 이런 말을 하였습니다.

'왕이여, 왕이여! 그대는 의기소침하지 마시오 지금부터 7일째 되는 날에 천 개의 바퀴살을 지니고 수레테, 바퀴통을 갖추었고 온갖 장식을 완전하게 갖춘 하늘의 윤보(輪寶)가 그대에게 출현할 것입니다. 땅에 있거나 공중에 있는 온갖 보석도 모두 저절로 당신이 있는 곳으로 다가올 것입니다. 2천 개의 작은 섬과 사대주에는 오직 당신의 입에서 나온 명령만이 효력을 보게 될 것입니다. 또한 당신의 아이들은 천 명을 넘을 것인데 그들은 한결같이 영웅일 것이며 용자의 모습을 갖추고 적군을 격파할 것입니다. 당신은 그 아이들에게 둘러싸여서 칠보를 완전하게 갖추고 사대주를 가르치고 인도하게 될 것입니다.'

예를 들면 한 낮에 뜨겁게 달아오른 철봉을 귀에 꽂는 것처럼 그의 말은 보살의 귀에 들어왔습니다. 이처럼 이미 의기소침해 있던 그는 저 천신의 말을 듣자 더한층 격렬하게 겁에 질리고 두려워졌으며 공포를 일으켰습니다.

대왕이여! 또한 예를 들면 치성하게 타오르고 있는 거대한 불덩이에 다른 장작을 보태면 한층 격렬하게 타오르는 것처럼, 이미 의기소침해 있던 그는 저 천신의 말을 듣자 더한층 격렬하게 겁에 질리고 두려워졌으며 공포를 일으켰습니다.

대왕이여! 또한 예를 들면 대지가 본래부터 젖어 있어서 푸른 풀이 생겨나고 물이 스며들어서 진흙이 되어 있는데, 거기에 큰비가 내린다면 더한층 심하게 진흙 투성이가 되는 것처럼, 그와 마찬가지로 이미 의기소침해 있던 그는 저 천신의 말을 듣자 더한층 격렬하게 겁에 질리고 두려워졌으며 공포를 일으켰습니다."

"존자 나가세나여! 만일 제7일째 되는 날에 하늘의 윤보가 보살에게 출현한다고 한다면 하늘의 윤보가 출현하였을 때 보살은 그 지위로부터 퇴전하겠습니까?"

"대왕이여! 제7일째 되는 날에는 보살에게 하늘의 윤보가 출현하지 않을 것입니다. 왜냐하면 저 천신은 탐욕 때문에 보살에게 거짓말을 하였기 때문입니다. 만일 제7일째 되는 날에 하늘의 윤보가 나타났다고 하더라도 보살은 퇴전하지 않았을 것입니다. 왜냐하면 대왕이여! 보살은 '온갖 형성된 것은 모두가 무상하다'라고 굳게 파악하고 있으며, '온갖 사상(事象)은 괴롭다', '모든 존재는 실체가 없는 것(無我)이다'라고 굳게 파악하고 집착의 멸진(滅盡)에 도달해 있기 때문입니다.

대왕이여! 예를 들면 물은 아노탓타(無熱惱) 호수로부터 갠지스 강으로 들어가고, 갠지스 강으로부터 대해로 들어가며, 대해로부터 파타라(땅 속 깊이 있는 벼랑) 입구로 들어갑니다. 그런데 파타라 입구로 들어간 그 물이 역류해서 대해로 들어가고 대해로부터 갠지스 강으로 들어가며 나아가 갠지스 강으로부터 아노탓타로 들어가겠습니까?"

"존자여! 그렇지 않습니다."

"대왕이여! 그와 마찬가지로 4아승지겁과 십만 겁 동안 보살은 이러한 지금의 생존 때문에 선행을 거듭 쌓았으며 그는 이 최후의 생존에 도달했습니다. 지혜는 완전히 무르익었고 6년을 거쳐서 전지자로서 세상에서 가장 높은 자인 붓다가 되셨습니다. 그런 보살이 윤보 때문에 퇴전하겠습니까?"

"존자여! 그렇지 않을 것입니다."

"대왕이여! 설령 숲과 산이 있는 대지가 굴러갈지라도 보살은 결코 올바른 깨달음에 도달하지 않는 동안은 퇴전하지 않을 것입니다. 설령 갠지스 강물이 역류해 흘러 넘칠지라도 보살은 결코 올바른 깨달음에 도달해 있지 않는 동안에는 퇴전하지 않을 것입니다. 설령 헤아릴 수 없는 물을 지니고 있는 대해가 마치 소 발자국에 있는 물처럼 말라버릴지라도 보살은 결코 올바른 깨달음에 도달해 있지 않는 동안은 퇴전하지 않을 것입니다. 설령 모든 산의 왕인 수메르(수미산)가 백천 갈래로 쪼개어질지라도 보살은 결코 올바른 깨달음에 도달하지 않는 동안에는 퇴전하지 않을 것입니다. 설령 해와 달이 별과 함께 흙덩이처럼 지상으로 떨어질지라도 보살은 결코 올바른 깨달음에 도달하지 않는 동안은 퇴전하지 않을 것입니다. 설령 허공이 덩굴처럼 휘감길지라도 보살은 결코 올바른 깨달음에 도달하지 않는 동안은 퇴전하지 않을 것입니다. 그 이유는 보살에게 있어서 모든 속박이 끊어져 있기 때문입니다."

"존자 나가세나여! 이 세상에는 몇 가지 속박이 있습니까?"

"대왕이여! 이 세상에는 다음의 열 가지 속박이 있으니 그러한 속박에 묶인 사람들은 세속을 벗어나지 못하며 설령 벗어날지라도 다시 세속으로 퇴전합니다. 그 열 가지란 다음과 같습니다.

첫째로, 어머니는 이 세상의 속박입니다. 둘째로, 아버지는 이 세상의 속박입니다. 셋째로, 아내는 이 세상의 속박입니다. 넷째로, 자식은 이 세상의 속박입니다. 다섯째로, 친척은 이 세상의 속박입니다. 여섯째로, 벗은 이 세상의 속박입니다. 일곱째로, 재산은 이 세상의 속박입니다. 여덟째로, 이익과 명성은 이 세상의 속박입니다. 아홉째로, 통치권은 이 세상의 속박입니다. 열째로, 다섯 가지 욕망의 대상은 이 세상의 속박입니다. 대왕이여! 이러한 열 가지가 이 세상의 속박이어서 이러한 속박에 묶인 사람들은 세속을 벗어나지 못하며 설령 벗어난다고 해도 다시 세속으로 퇴전합니다.

보살은 이러한 열 가지 속박을 끊고 찢고 부수었습니다. 대왕이여! 그런 까닭에 보살은 퇴전하지 않는 것입니다."

"존자 나가세나여! 만일 보살이 천신의 말을 듣고 불쾌한 마음을 일으켰을 때 지식이 완전하게 무르익지 않고 지혜가 완전하게 무르익지 않았는데도 출가하여 세상에서 은둔하였다고 한다면 그런 그가 어떻게 행하기 어려운 행을 하였단 말입니까? 그는 모든 것을 음식물로써 섭취하고 지식이 완전히 익기를 기다려야 하지 않았을까요?"

"대왕이여! 다음의 열 가지 종류의 사람은 이 세상에서 경시당하고, 경멸당하고, 천하게 여겨지고, 천시받고, 가책받고, 혐오당하며, 사랑받거나 존경받지 못합니다. 그 열 가지 종류의 사람이란 다음과 같습니다.

첫째로 대왕이여! 이 세상에서 과부는 경시당하고, 경멸당하고, 천하게 여겨지고, 천시받고, 가책받고, 혐오당하며, 사랑받거나 존경받지 못합니다. 둘째는 허약한 사람, 셋째는 벗이나 친척이 없는 사람, 넷째는 많이 먹는 사람, 다섯째는 존경받지 못하는 집에 사는 사람, 여섯째는 사악한 자를 친구로 둔 사람, 일곱째는 재산을 낭비한 사람, 여덟째는 올바른 행을 하지 않는 사람, 아홉째는 직업이 없는 사람, 열째는 노력하지 않는 사람이니, 대왕이여! 이러한 열 사람은 이 세상에서 경시당하고, 경멸당하고, 천하게 여겨지고, 천시받고, 가책받고, 혐오당하며, 사랑받거나 존경받지 못합니다.

대왕이여! 보살이 이러한 열 가지 사항을 상기하고 있을 때 다음과 같은 생각이 일어났습니다.

'나는 실행하지 않고 노력하지 않는다는 이유로 여러 신들이나 인간들로부터 가책받는 일이 없을지어다. 자! 나는 행위를 주로 하고, 행위를 존중하고, 행위를 규범으로 삼고, 행위를 멍에로 삼고, 행위를 집으로 삼으며, 게으르지 말고 노력하리라'라고.

대왕이여! 이처럼 보살은 지식을 완전하게 익히면서 행하기 어려운 행을 하였습니다."

"존자 나가세나여! 보살은 행하기 어려운 행을 하면서 다음과 같이 말하였습니다.

'나는 이런 격렬하고 행하기 어려운 행에 의했으나 그래도 인간의 능력을 뛰어넘은 지극히 뛰어난 성스러운 지견(知見, 지혜에 근거한 통찰력)을 획득할 수 없었다. 혹시 깨달음에 이르는 다른 길이 있지 않을까?'라고.

그 때 보살은 깨달음에 이르는 길에 관해서 사념이 미혹하고 어지럽혀 있었던 것입니까?"

"대왕이여! 다음의 25가지 성질은 마음의 작용을 약하게 하는 것입니다. 그것에 의해서 약해진 마음은 올바르게 마음을 통일하거나 갖가지 번뇌의 더러움을 멸하는 곳에 이르지 못합니다. 25가지란 다음과 같습니다.

대왕이여! 첫째로 분노는 마음의 작용을 약하게 하는 성질을 가진 것입니다. 그것에 의해서 약해진 마음은 올바르게 마음을 통일하거나 갖가지 번뇌의 더러움을 멸하는 곳에 이르지 못합니다. 둘째로는 원한, 셋째로는 후회하거나 뉘우치지 않는 것,

넷째로는 번민, 다섯째는 질투, 여섯째는 인색함, 일곱째는 아첨, 여덟째는 다른 사람을 속이는 일, 아홉째는 억지부리기, 열째는 고집이 셈, 열한째는 자만심, 열두째는 과도한 자만심, 열셋째는 우쭐댐, 열넷째는 게으름, 열다섯째는 완고하고 융통성이 없는 것, 열여섯째는 마음이 들뜸, 열일곱째는 태만함, 열여덟째는 사악한 사람을 친구로 사귀는 것, 열아홉째는 빛깔과 형체, 스무째는 음성, 스물한째는 냄새, 스물두째는 맛, 스물셋째는 촉감, 스물넷째는 주림과 목마름, 스물다섯째는 불쾌함이니 이것은 마음을 약하게 하는 성질을 가진 것입니다. 그것에 의해서 약해진 마음은 올바르게 마음을 통일하지 못하고 갖가지 번뇌의 더러움을 멸하는 곳에 이르지 못합니다. 대왕이여! 이러한 스물다섯 가지의 성질은 마음의 작용을 약하게 하는 것입니다. 그것에 의해서 약해진 마음은 올바르게 마음을 통일하지 못하고 갖가지 번뇌의 더러움을 멸하는 곳에 이르지 못합니다.

대왕이여! 주림과 목마름이 보살의 신체에 속속 스며들었을 때 그의 마음은 올바르게 마음을 통일하지 못하고 갖가지 번뇌의 더러움을 멸하는 곳에 이르지 못하였습니다. 보살은 4아승지겁과 십만 겁 동안 각각의 생에 있어서 성스러운 네 가지 진리(사성제)의 관찰을 탐구하였습니다. 이렇게 성스러운 네 가지 진리의 관찰이 이루어진 이 최후의 생존에서 어떻게 보살이 깨달음에 이르는 길에 관해서 사념이 미혹되고 어지러울 수 있겠습니까?

대왕이여! 그럼에도 불구하고 보살에게 '깨달음에 이르는 다른 길이 있을까'라는 생각만이 일어났던 것입니다.

대왕이여! 일찍이 보살이 생후 1개월이었을 때의 일입니다. 아버지인 사캬(석가)가 일을 하고 있을 때에 보살은 시원한 잠부나무 그늘, 길상(吉祥)의 자리에서 결가부좌하고 갖가지 욕망을 떠나고 착하지 않은 것들을 여의었고 성찰작용과 고찰작용이 있었으며 멀리 떠남으로부터 생긴 기쁨과 안락함이 있는 제1선(禪)의 경지에 도달하여 그 곳에 안주하였습니다. 그리고 나아가 제4선의 경지에 도달하여 그 곳에 안주하였습니다."

"잘 알았습니다. 존자 나가세나여! 보살이 지식을 완전히 익히면서 행하기 어려운 행을 하였다는 이 말은 바로 그대로라고 나는 인정합니다."

3. 선악 행위의 과보

"존자 나가세나여! 선과 악(不善)은 어느 쪽이 더 강력합니까?"

"대왕이여! 선은 매우 강력한데 악은 그렇지 않습니다."

"존자 나가세나여! 나는 '선은 매우 강력한데 악은 그렇지 않다'라는 말을 인정할 수 없습니다. 예를 들면 살생하는 자, 주어지지 않은 것을 취한 자, 갖가지 욕망에 사로잡혀 삿된 행위를 하는 자, 거짓말하는 자, 마을을 약탈한 자, 노상강도, 속이는 자, 사기꾼이 있다고 합시다. 그 모든 이들은 자신이 저지른 악으로 인해 손이 잘리고 발이 잘리며 손발이 잘리고 귀가 잘리고 코가 잘리고 귀와 코가 잘리고, 두개골이 잘려서 그 속에 끓는 죽을 부어 넣는 형벌을 받고, 잘 연마된 조개처럼 모래로 두피를 문지르는 형벌을 받고, 입을 철침으로 열어서 그 속에 기름을 붓고 불을 붙이는 형벌을 받고, 전신을 기름헝겊으로 감싸고서 불을 붙이는 형벌을 받고, 손을 기름헝겊으로 감싸고 불을 붙이는 형벌을 받고, 머리부터 무릎까지 피부를 가늘게 벗겨서 발 언저리까지 늘어뜨리는 형벌을 받고, 가는 천처럼 벗겨진 피부를 각각 머리카락으로 묶어서 베일을 쓴 것처럼 하는 형벌을 받고, 무릎과 팔꿈치를 함께 묶고 철판 위에 구부리게 한 뒤에 철판 아래에서 불을 붙이는 형벌을 받고, 육구(肉鉤)로 낚아 올리는 형벌을 받고, 카하파나 구리 화폐의 크기로 몸을 잘게 자르는 형벌을 받고, 칼 등으로 몸을 상처낸 뒤에 잿물을 들이붓는 형벌을 받고, 두 귓구멍을 철봉으로 찔러 넣어서 땅에 구르게 하는 형벌을 받고, 뜨거운 기름이 부어지거나 개들에게 먹히며 살아 있는 채로 꼬챙이에 꿰이고, 칼로 머리를 잘리게 됩니다.

어떤 자는 밤에 사악한 일을 하고 그 밤중에 과보를 받고, 어떤 자는 밤에 사악한 일을 하고서 다음 날이 되어 과보를 받고, 어떤 자는 한낮에 사악한 일을 행하고 그 날 낮에 과보를 받고, 어떤 자는 낮에 사악한 일을 하고 그 날 밤에 과보를 받고, 어떤 자는 이삼 일이 지나서 과보를 받습니다. 그렇지만 그 모든 이들은 이 현재에 자기가 범한 죄악의 과보를 받는 것입니다.

존자 나가세나여! 그런데 어떤 한 사람, 또는 두 사람이거나, 세 사람, 네 사람 또는 다섯 사람이거나 또는 열 사람, 백 사람, 천 사람, 나아가 십만 명의 사람을 향해 보시할 물건을 고루 갖추어서 식사를 보시하고 그에 의해서 현재에 부유해진다거나 또는 명성이나 행복을 얻는 자가 있습니까? 또는 계행을 지키는 일로 인해 또는 포살의 행사를 행하는 일로 인해 현재에 부유해진다거나 또는 명성이나 행복을 누리는 자가 있습니까?"

"대왕이여! 네 사람이 있습니다. 그들은 보시를 하고 계행을 지키고 포살행을 하고 현재에 육신을 가진 채로 삼십삼천의 도시에서 명성을 널리 날립니다."

"존자여! 누구누구입니까?"

"대왕이여! 만다타르왕, 니미왕, 사디나왕과 음악가 굿틸라[12] 입니다."

"존자 나가세나여! 그들에 관한 일은 수천 생 이전의 일이며 우리 두 사람은 모두 이들을 보지 못하였습니다. 만일 가능하시다면 현생에 세존께서 세상에 계셨을 때의 일을 이야기해 주십시오"

"대왕이여! 노예 푼나카는 장로 사리풋타에게 음식을 보시하고 그 날 중에 재무관(財務官)의 지위를 얻었습니다. 그는 지금 부유한 상인인 푼나카로 알려져 있습니다. 왕비 고파라마타르는 자신의 머리카락을 팔아서 얻은 8카하파나로 장로 마하카챠야나와 그의 일곱 명의 무리들에게 탁발식을 보시하고서 그 날 중에 우데나국왕의 제1왕비가 되었습니다. 여성 재가신자인 숫피야는 어떤 병든 비구에게 자신의 넓적다리 살을 잘라내어 육즙으로 만들어 주었습니다. 그리고 다음 날에 그녀의 상처는 치유되었고 피부가 다시 살아나 병들지 않았습니다. 왕비 말리카는 전날 밤에 만들어 두었던 신맛의 죽을 세존께 보시하고서 그 날 중에 코살라국왕의 제1왕비가 되었습니다. 화환을 만드는 수마나는 커다란 자스민꽃 여덟 다발을 세존께 공양 올리고

서 그 날 중에 엄청난 재산을 얻었습니다. 바라문인 에카사타카는 겉옷을 세존께 공양 올리고서 그 날 중에 수상(首相)의 지위를 얻었습니다. 대왕이여! 이러한 모든 행위들은 현재의 과보로서 재산과 명성을 얻은 것입니다."

"존자 나가세나여! 그대는 이리저리 샅샅이 찾고 구하더니 고작 여섯 사람을 찾아낸 것입니까?"

"대왕이여! 그렇습니다."

"존자 나가세나여! 그렇다면 악이 매우 강력하고 선은 그렇지 않습니다. 왜냐하면 나는 언젠가 열 사람이나 악업의 과보에 의해서 꼬챙이에 찔려 있는 것을 보았기 때문입니다. 또한 스무 명이나, 서른 명이나, 마흔 명이나, 쉰 명이나, 나아가 백 명, 천 명도 더 넘게 악업의 과보에 의해서 꼬챙이에 찔려 있는 것을 보았습니다.

존자 나가세나여! 난다 집안에 밧다사라라는 이름의 장군의 아들이 있는데 그와 찬다굿타왕이 전쟁을 벌였습니다. 그런데 그 전쟁에서 두 진영에서는 목이 잘린 팔십 명의 시신이 나왔습니다. '머리가 쌓여서 산을 이루었을 때 하나의 목 없는 시신이 우뚝 섰다'라는 말이 퍼져 나왔습니다. 그 모든 것들은 악업의 과보에 의해서 파멸을 초래하였던 것입니다. 이런 이유에 의해서도 또한 나는 '악이 매우 강력하고 선은 그렇지 않다'라고 말하는 것입니다. 존자 나가세나여! 이 붓다의 가르침에 근거하여 코살라국왕이 일찍이 비할 데 없는 보시를 하였다고 하는 것을 들은 적이 있습니까?"

"대왕이여! 그렇습니다. 들었습니다."

"존자 나가세나여! 코살라국왕은 그 비할 데 없는 보시를 하고서 그 인연에 의해서 현재의 재산과 명성 또는 행복을 얻었던 것일까요?"

"대왕이여! 그렇지 않습니다."

"존자 나가세나여! 만일 코살라국왕이 이 같은 위없는 보시를 하고서도 그 인연에 의해서 현재의 재산과 명성 또는 행복을 얻지 못하였다고 한다면, 그렇다면 악이야말로 가장 강력하고 선은 그렇지 못하다고 하겠습니다."

"대왕이여! 악은 작기 때문에 쉽사리 무르익고, 선은 크기 때문에 오랜 시간을 거쳐서 무르익습니다. 비유를 들어서 이것을 좀더 분명하게 밝혀 보겠습니다.

비유하면 인도 서부지방에 쿰다반디카라는 이름을 가진 곡물이 있는데 이 곡물은 익은 뒤 한 달이 지나면 집안으로 운반되어 저장됩니다. 그렇지만 쌀은 6개월 내지 5개월 걸려서 익습니다. 대왕이여! 이럴 경우 쿰다반디카와 쌀은 어떤 차이, 어떤 구별이 있습니까?"

"존자여! 쿰다반디카는 작지만 쌀은 큽니다. 또한 쌀은 왕에게 어울리며 왕의 음식물입니다. 쿰다반디카는 노예의 일을 하는 자들의 음식물입니다."

"대왕이여! 그와 마찬가지로 악은 작기 때문에 빨리 익고, 선은 크기 때문에 오랜 시간 걸려서 무르익습니다."

"존자 나가세나여! 무릇 세간에서 빨리 무르익는 것은 매우 강력합니다. 그런 까닭에 악은 매우 강력하고 선은 그렇지 않습니다.

제8장
187

존자 나가세나여! 예를 들면 어떤 군인이 큰 전투에 돌입해서 적을 겨드랑이에 끼고서 질질 끌면서 쏜살같이 대장이 있는 곳으로 달려갔다고 합시다. 그 군인은 세간에서 유능한 용자라고 불릴 것입니다. 또한 어떤 외과의사가 재빨리 화살을 뽑아내고서 상처를 입은 환자의 병을 치료한다면 그 외과의사는 명의라고 불릴 것입니다. 계산하는 사람이 재빨리 셈을 해서 신속하게 계산을 해 보인다면 그 사람은 명인이라고 불릴 것입니다. 힘센 장수가 재빨리 상대편 장수를 내던져서 나자빠지게 한다면 그 장수는 유능한 용자라고 불릴 것입니다. 존자 나가세나여! 그와 마찬가지로 선이든 악이든 더 빨리 무르익는 쪽이 세간에서는 더욱 강력한 것입니다."

"대왕이여! 이 선과 악의 두 업은 함께 다음 생에 과보를 받는 것입니다. 그렇지만 악업은 그것이 죄가 되기 때문에 그 순간에 현재에 과보를 받습니다. 대왕이여! 옛날 왕후인 크샤트리야족들은 이런 법령을 확립하였습니다.

'목숨 있는 것을 죽인 자는 태형에 처한다. 주어지지 않은 것을 가진 자, 다른 사람의 아내와 간통한 자, 거짓말한 자, 마을을 노략질한 자, 노상강도를 일삼은 자, 속인 자, 사기친 자는 누구라 할 것 없이 태형에 처해야 하며 상처를 입히고 온 몸을 자르고 손발을 잘라야 하며, 그는 죽어 마땅하다'라고.

저들 크샤트리야는 그런 자를 샅샅이 수색하여 찾아내어 매질하고, 상처입히고, 자르고, 꺾고 그리고 죽입니다.

대왕이여! 그렇지만 '보시를 한 자, 또는 계행을 지킨 자, 또는 포살의 행사를 한 자에게는 재산이나 명예가 주어질 만하다'

라는 법령을 누가 확립한 것이겠습니까? 마치 절도를 한 자를 때리고 포박하는 왕후의 법령처럼 왕후들은 그 보시 등을 행한 자를 찾아내어서 재산이나 명예를 줍니까?"

"존자여! 그렇지 않습니다."

"대왕이여! 만일 보시를 한 자들을 찾아내어서 재산이나 명예를 준다면 선을 행한 이 왕후의 행위도 또한 현재에서 즐거운 과보를 받을 것입니다. 그런데 왕후들은 '재산이나 명예를 주리라'라고 말하여 보시를 행한 자들을 찾아내지 않기 때문에 왕후들의 선은 현재에 즐거운 과보를 받지 않는 것입니다. 대왕이여! 이런 이유에 의해서 악은 현재에 괴로운 과보를 받고, 저 보시를 행한 자는 미래에 아주 강력한 즐거운 과보의 감수를 받습니다."

"잘 알았습니다. 존자 나가세나여! 당신과 같이 예지가 있는 사람을 제외하고서 아무도 이런 대답을 능히 설명할 수 없을 것입니다. 존자 나가세나여! 내가 내놓은 세속의 질문은 당신에 의해서 출세간의 입장에서 분명해졌습니다."

4. 시아귀(施餓鬼)의 공덕

"존자 나가세나여! 이러한 보시자들이 보시를 행하여 죽은 자인 아귀들에게 회향하고 '이 보시는 저들에게 도달할지어다' 라고 말한다면, 저 죽은 이들은 그것을 인연으로 하여 무언가 과보를 얻겠습니까?"

"대왕이여! 어떤 자는 얻을 것이고 어떤 자는 얻지 못할 것입니다."

"존자여! 어떤 자들이 얻고 어떤 자들이 얻지 못합니까?"

"대왕이여! 지옥에 태어난 자는 보시의 과보를 얻지 못합니다. 하늘에 태어난 자는 얻지 못합니다. 축생에 태어난 자는 얻지 못합니다. 네 종류의 아귀 가운데 세 종류의 아귀, 즉 토한 것을 먹는 아귀·배고픔과 굶주림을 가진 아귀 그리고 타는 듯한 목마름을 지닌 아귀는 보시의 과보를 얻지 못합니다. 다른 사람의 보시에 의해서 살아가는 아귀는 보시의 과보를 얻지만 이들이라고 하여도 기억할 때만 얻는 것입니다."

"존자 나가세나여! 그렇다면 만일 보시를 회향한 이 자들이 과보를 얻지 못한다면 보시자들의 보시는 유실되었고 과보는 존재하지 않게 됩니다."

"대왕이여! 그 보시는 결과가 없는 것도 아니고 과보가 없는 것도 아닙니다. 다름 아닌 보시자가 바로 그 과보를 받는 것입니다."

"존자 나가세나여! 그렇다면 사례를 들어서 나를 납득시켜 주십시오."

"대왕이여! 예를 들면 어떤 사람들이 생선이나 고기, 술, 밥, 과자 따위를 마련해서 친척집으로 간다고 합시다. 만일 저들 친척들이 그 선물을 받아들이지 않는다면 그 선물은 유실되고 또한 소실되겠습니까?"

"존자여! 그렇지 않습니다. 그것은 소유하고 있는 사람들의 것이 됩니다."

"대왕이여! 그와 마찬가지로 보시자가 바로 그 과보를 받는 것입니다. 또한 예를 들면 방 안에 들어간 사람이 있다고 합시다. 그의 앞에 출구가 없을 때에 그는 어느 곳으로 나오겠습니까?"

"존자여! 들어간 장소로 나옵니다."

"대왕이여! 그와 마찬가지로 보시자야말로 바로 그 과보를 받는 자입니다."

"존자 나가세나여! 그렇겠습니다. 다른 누구도 아닌 바로 그 보시자가 그 과보를 받는다고 하는 이 말은 바로 그대로라고 나는 인정합니다. 우리들은 그 도리를 비난하지 않겠습니다."

"존자 나가세나여! 만일 이들 보시자가 행한 보시가 죽은 자인 아귀들이 있는 곳에 도달하고 또한 저들 보시자가 그 과보를 받는다고 한다면, 그렇다면 살아 있는 것을 죽이고 잔인하게 손을 피로 물들이고 해치려는 마음을 품고 살인을 범하고 잔혹한 행위를 한 사람이 죽은 자인 아귀들에게 회향하여 '이 내가 행한 과보는 죽은 자인 아귀들에게로 도달할지어다'라고 말한다면 그 과보는 죽은 자인 아귀들에게로 도달하겠습니까?"

"대왕이여! 그렇지 않습니다."

"존자 나가세나여! 그렇다면 어떤 이유, 어떤 원인에 의해서 선업이 아귀에게 도달하고 악업은 도달하지 않는 것입니까?"

"대왕이여! 이 물음은 대답할 만한 것이 아닙니다. 대왕이여! 당신은 '해답이 있기' 때문이라고 하면서 물을 만한 것이 아닌 것을 물어서는 안 됩니다. 그대는 나아가 '어찌하여 허공은 무엇인가에 의존하고 있지 않은가? 어찌하여 갠지스 강은 상류를 향해서 흘러가지 않는가? 어찌하여 이들 인간과 새는 발이 두

개이고 짐승은 네 개인가?'라는 것을 나에게 물을 셈입니까?"

"존자 나가세나여! 나는 당신을 곤란하게 만들려고 이런 질문을 하지 않았으며 정말 의심을 없애기 위하여 물었던 것입니다. 세간에는 왼손잡이나 사시인 사람들이 아주 많이 있습니다. '어찌하여 저들은 치료할 기회를 얻지 못하는 것인가?'라고 생각하였기 때문에 나는 당신에게 그것을 물은 것입니다."

"대왕이여! 함께 행위도 하지 않고 그 행위에 동의도 하지 않은 사람과 악한 행위를 함께 나눈다는 일은 있을 수 없습니다. 예를 들면 사람들은 물을 흘려보냄으로써 물을 먼 곳까지 운반할 수 있습니다. 하지만 아주 견고하고 거대한 암석을 싣고서 원하는 대로 그것을 나를 수 있겠습니까?"

"존자여! 그럴 수 없습니다."

"대왕이여! 그와 마찬가지로 선은 서로 함께 나눌 수 있습니다만 악은 함께 나눌 수 없습니다. 또한 예를 들면 우리는 기름을 써서 등불을 밝히고 있는데, 만약 물을 이용한다면 등불을 밝힐 수 있겠습니까?"

"존자여! 그럴 수 없습니다."

"대왕이여! 그와 마찬가지로 선은 서로 함께 나눌 수 있습니다만 악은 함께 나눌 수 없습니다. 대왕이여! 또한 예를 들면 밭을 가는 사람들은 저수지에서 물을 끌어다 곡식을 풍요롭게 합니다. 그렇지만 대해에서 물을 끌어다 곡식을 풍요롭게 만들 수 있겠습니까?"

"존자여! 그럴 수 없습니다."

"대왕이여! 그와 마찬가지로 선은 서로 함께 나눌 수 있습니다만 악은 함께 나눌 수 없습니다."

"존자 나가세나여! 어떤 이유에서 선은 함께 나눌 수 있지만 악은 함께 나눌 수 없는 것입니까? 이유를 들어서 나를 납득시켜 주십시오. 나는 맹인도 아니고 관찰력이 없는 자도 아닙니다. 들으면 이해할 것입니다."

"대왕이여! 악은 작고, 선은 크고 많습니다. 악은 작기 때문에 행위자에게만 부착되고, 선은 크고 많기 때문에 모든 신들과 인간들 사이에 퍼져 나갑니다."

"비유를 들어 설명해 주십시오."

"대왕이여! 예를 들면 작은 물방울 하나가 지면에 떨어진다면, 그 물방울은 10요쟈나(70마일)이건 20요쟈나이건 퍼져 가겠습니까?"

"존자여! 그렇지 않습니다. 그 물방울이 떨어진 장소에만 물방울은 부착될 것입니다."

"대왕이여! 어떤 이유 때문입니까?"

"존자여! 물방울이 작기 때문입니다."

"대왕이여! 그와 마찬가지로 악은 작으며, 작기 때문에 행위자에게만 부착되고 다른 자들과 함께 나눌 수 없는 것입니다. 또한 예를 들어 큰비가 지면을 적시고 넘치도록 내린다면 그 큰비는 널리 퍼져 나가겠습니까?"

"존자여! 그렇습니다. 그 큰비는 낮은 웅덩이, 못, 강, 지류, 동굴, 바위의 틈, 호수, 저수지, 샘, 연못을 가득 채우고 10요쟈나이건 20요쟈나이건 퍼져 나갈 것입니다."

"대왕이여! 어떤 이유에서입니까?"

"존자여! 매우 큰비이기 때문입니다."

"대왕이여! 그와 마찬가지로 선은 크고 많으며, 크고 많기 때문에 모든 신들이나 인간들이 서로 함께 나눌 수 있는 것입니다."

"존자 나가세나여! 어떤 이유에 의해 악은 작고 선은 크고 많습니까?"

"대왕이여! 예를 들면 보시를 하고 계행을 지키고 포살의 행사를 한 사람은 그 누구든 기뻐하고 크게 기뻐하며, 환희하고 크게 환희하고, 흡족해하고 마음이 만족하고 감격합니다. 그에게 끊임없이 기쁨이 생기고 마음이 기뻐지면 선은 더욱 증대합니다.

대왕이여! 비유하면 마실 물이 가득 차 있는 샘 속에 한쪽에서 물이 흘러 들어오고 한쪽으로는 흘러나간다고 합시다. 흘러나가고 있을 때에도 끊임없이 물은 생겨나서 모두 다 없어지는 일은 없을 것입니다. 그와 마찬가지로 선은 더욱 증대해 갑니다. 대왕이여! 만일 어떤 사람이 백 년 동안이나 자신이 행한 선에 전주(專注)하여 간다면 전주할 때마다 점점 선은 증대해 갈 것이며, 그는 그 선을 바라는 사람들과 함께 선을 나눌 수 있을 것입니다. 대왕이여! 이것이 바로 선이 크고 많다고 하는 이유입니다.

대왕이여! 그렇지만 악을 행한 사람은 다음 날 '나는 악한 행을 하였다'라고 생각하고서 후회합니다. 후회한 사람의 마음은 정체되고, 위축되고, 퇴전하고, 나아가지 못하며, 비탄하고, 고통스러워하고, 소침해지고, 소모되고, 마음이 고양되지 못하며, 그 자리에서 소멸되어 버립니다.

대왕이여! 예를 들면 바짝 말라버린 하천이 있고, 높낮이가 있고 굴곡이 있는 거대한 사막이 있는데 위에서부터 적은 양의 물이 흘러 들어온다고 하여도 그 물은 소실되고, 소모되며, 불어나지 못하고, 그 자리에서 소멸될 것입니다. 그와 마찬가지로 악을 행한 자의 마음은 정체되고, 위축되고, 퇴전하고, 나아가지 못하며, 비탄하고, 고통스러워하고, 소침해지고, 소모되고, 마음이 고양되지 못하며 그 자리에서 소멸되어 버립니다. 대왕이여! 이것이 바로 악이 작다고 하는 이유입니다."

"잘 알았습니다. 존자 나가세나여! 이것은 그대로라고 나는 인정합니다."

5. 꿈의 분석

"존자 나가세나여! 이 세상의 모든 남자나 여자들은 꿈을 꿉니다. 좋고 아름다운 것도 꾸고, 나쁜 것도 꾸고, 이전에 보았던 것이나 이전에 보지 못하였던 것도 꾸고, 이전에 했던 일이나 이전에 하지 않았던 일을 꾸기도 하고, 평온한 꿈을 꾸고 공포를 수반하는 꿈도 꿉니다. 신변에서 멀리 떨어져 있는 것을 꾸기도 하고 신변에서 가까운 것을 꾸기도 하며 여러 종류의 것을 꾸기도 하고 수천 종류의 것을 꾸기도 하는 등 이런 모든 꿈을 꿉니다. 이 꿈이라고 부르는 것은 무엇입니까? 또한 누가 이것을 꾸는 것입니까?"

"대왕이여! 꿈이라 불리는 것은 마음의 길에 들어간 '사물의' 이미지입니다.

대왕이여! 다음의 여섯 종류의 사람이 꿈을 꿉니다. 첫째로 풍병을 앓는 자는 꿈을 꿉니다. 둘째로 담즙병이 있는 자는 꿈을 꿉니다. 셋째는 천식의 병이 있는 자는 꿈을 꿉니다. 넷째는 천신의 유혹을 받은 자는 꿈을 꿉니다. 다섯째는 자기의 습관에서 꿈을 꿉니다. 여섯째는 장차 벌어질 일에 대하여 꿈을 꿉니다. 대왕이여! 그 가운데 장차 벌어질 일에 의해서 꿈을 꾸는 사람만이 진실하며 나머지 사람은 잘못된 것입니다."

"존자 나가세나여! 장차 벌어질 일에 대하여 꿈을 꾸는 사람은 그의 마음이 저절로 꿈의 대상인 사물로 가서 그 이미지를 구하는 것입니까? 그렇지 않으면 그 이미지가 마음의 길에 들어오는 것입니까? 또는 다른 자가 와서 그에게 이미지를 알려주는 것입니까?"

"대왕이여! 그의 마음이 저절로 꿈의 대상인 사물에게 가서 그 이미지를 구하는 것은 아닙니다. 또한 다른 누군가가 다가와서 그에게 이미지를 알려주는 것도 아닙니다. 바로 그 이미지가 마음의 길에 들어오는 것입니다.

대왕이여! 예를 들면 거울은 스스로 어딘가로 가서 영상을 구하는 것이 아닙니다. 또한 다른 누군가가 영상을 가지고 와서 거울에게 고하는 것도 아닙니다. 바로 영상이 어딘가에서 와서 거울의 길(반사작용의 범위)에 들어오는 것입니다. 대왕이여! 그와 마찬가지로 그의 마음이 저절로 거울의 대상인 사물에게 가서 그 이미지를 구하는 것은 아닙니다. 또한 다른 누군가가 와서 그에게 이미지를 고하는 것도 아닙니다. 바로 그 이미지가 다가와서 마음의 길에 들어오는 것입니다."

"존자 나가세나여! 꿈을 꾸는 그 동일한 마음이 '평안하거나 또는 두려운 이런저런 과보가 있을까'라는 것을 압니까?"

"대왕이여! 그 마음은 '평안하거나 또는 두려운 이런저런 과보가 있을 것이다'라는 것을 알지 못합니다. 그런데 이미지가 생겼을 때 그는 다른 사람들에게 말을 하고 그리고 나서 다른 사람들이 이미지의 의미를 말하는 것입니다."

"존자 나가세나여! 자, 이유를 제시해 주십시오."

"대왕이여! 예를 들면 신체에 반점이나 고름, 종기, 발진이 생겨서 그 사람에게 이익이나 불이익, 명예나 불명예, 비난이나 칭찬, 안락이나 고통을 준다고 합시다. 그러한 반점이나 고름, 종기는 '우리는 바로 이것(과보)을 일으키리라'라고 알아서 생겨납니까?"

"존자여! 그렇지 않습니다."

"그러한 반점들이 어떤 장소에 생겨났는가를 점쟁이들이 보고서 '이러이러한 과보가 있을 것이다'라고 예언합니다."

"대왕이여! 그와 마찬가지로 꿈을 꾸는 그 동일한 마음이 '평안하거나 또는 두려운 이런저런 과보가 있을 것이다'라고 아는 것은 아닙니다. 그런 것이 아니라 이미지가 생겼을 때 그는 다른 사람들에게 이야기하고 그리고 나서 저들(다른 자들)이 이미지의 의미를 말하는 것입니다."

"존자 나가세나여! 꿈을 꾸는 자는 잠들면서 꿉니까? 그렇지 않으면 눈을 뜨면서 꾸는 것입니까?"

"대왕이여! 꿈을 꾸는 자는 잠들면서 꾸는 것도 아니요, 또한 잠에서 깨어나면서 꾸는 것도 아닙니다. 그런데 수면이 다가와서 잠재의식의 상태에 도달하지 않았을 때 그 동안에 꿈을 꾸는 것입니다. 대왕이여! 수면에 깊이 들어갔을 때 마음은 잠재의식의 상태에 도달하며 잠재의식의 상태에 도달한 마음은 작용하지 않습니다. 작용하지 않는 마음은 즐거움과 괴로움의 감수(感受)를 알지 못합니다. 식지(識知)작용이 없는 자에게는 꿈이 없습니다. 마음이 작용하고 있을 때 꿈을 꾸는 것입니다.

대왕이여! 예를 들면 칠흑같이 캄캄한 어두움 속에서는 더없이 맑고 청정한 거울에도 영상은 보이지 않는 것처럼 수면에 깊이 들어가서 마음이 잠재의식의 상태에 도달하였을 때에는 몸은 존재한다고 하여도 마음은 작용하지 않으며, 마음이 작용하지 않을 때에는 꿈을 꾸지 않습니다. 대왕이여! 몸은 마치 거울과 같다고 보아야 하며, 수면은 암흑과 같고, 마음은 광명과 같다고 보아야 합니다.

대왕이여! 또한 비유하면 태양이 안개에 휩싸이게 되면 빛을 보이지 않고, 태양 광선이 비록 비추고 현존한다고 할지라도 나타나지 않습니다. 태양 광선이 나타나지 않을 때는 광명은 존재하지 않습니다. 대왕이여! 그와 마찬가지로 수면에 깊이 들어간 마음은 잠재의식의 상태에 도달하고, 잠재의식의 상태에 도달한 마음은 작용하지 않으며, 마음이 작용하지 않을 때에는 꿈을 꾸지 않습니다. 몸은 태양과 같다고 보아야 하며, 수면은 안개에 휩싸인 것과 같고, 마음은 태양의 광선과 같다고 보아야 합니다.

대왕이여! 다음의 두 가지 경우에 있어서는 몸은 존재하더라도 마음은 작용하지 않습니다. 첫째, 수면에 깊이 들어가서 잠재의식의 상태에 도달한 자는 몸은 비록 존재하더라도 마음은 작용하지 않습니다. 둘째, 멸진정(滅盡定. 표상이나 감수의 작용이 완전히 멸한 선정의 상태)에 들어간 자는 몸은 존재하더라도 마음은 작용하지 않습니다. 대왕이여! 깨어난 사람은 마음이 움직이기 쉽고 개방되며 드러나서 어떤 것에도 묶이지 않습니다. 이미지는 이 같은 마음의 길에는 다가가지 못합니다.

대왕이여! 예를 들면 비밀을 유지하고 싶은 사람들은 그 마음이 개방적으로 드러나고 능숙치 못하고 여러 가지 일들을 비밀로 간직하지 못하는 자를 피하게 됩니다. 그와 마찬가지로 하늘에 관한 초인적인 사항은 깨어난 자의 마음의 길에 다가가지 못합니다. 그런 까닭에 깨어난 사람은 꿈을 꾸지 않습니다.

대왕이여! 또한 예를 들면 비구로서의 생활을 깨뜨리고, 행동이 올바르지 못하며, 사악한 벗이 있고, 계행을 지키지 않으며, 태만하고 노력하지 않는 자에게는 깨달음으로 인도하는 여러 가지 선법(善法)이 그의 마음의 길에 다가가지 못하는 것처럼, 그와 마찬가지로 하늘에 관한 사항은 눈을 뜬 사람의 마음의 길에는 들어가지 못합니다. 그런 까닭에 눈을 뜬 사람은 꿈을 꾸지 않는 것입니다."

"존자 나가세나여! 수면에 처음, 중간, 마지막이라는 시간적 구별이 있습니까?"

"대왕이여! 그렇습니다. 수면에 처음이 있고, 중간이 있고, 마지막이 있습니다."

"무엇이 처음이고, 무엇이 중간이며, 무엇이 마지막입니까?"

"대왕이여! 몸이 묶이고 단단히 묶여서 무력해지고 행동이

제8장
199

굼뜨며 활발해지지 못하게 된 몸의 상태, 이것이 수면의 처음입니다. 어중간한 얕은잠에 휘감겨[13] 갖가지 상념을 일으키는데 이것이 수면의 중간입니다. 잠재의식의 상태에 도달한 것이 수면의 마지막입니다. 대왕이여! 중간의 상태에 들어가고 어중간한 얕은잠에 휘감기는 자가 꿈을 꾸는 것입니다.

대왕이여! 예를 들면 어떤 사람이 신중하게 행동하고 마음을 통일해서 붓다의 가르침에 대한 믿음을 확신하고 예지는 흔들림이 없어지며 소음을 떠난 숲에 들어가서 깊고 깊으며 미묘한 일(진리)을 고찰할 때, 그는 그 때 수면에 들어가지 않으며 또한 그는 그 때 마음을 통일하고, 마음을 하나의 대상에 집중하며, 깊고 깊으며 미묘한 일을 체득하는 것처럼, 대왕이여! 그와 마찬가지로 눈뜨고 있는 자도 아니고 완전한 수면에 들어가 있는 것도 아닌, 이른바 그 중간에 들어가서 어중간한 얕은잠에 휘감겨 잠시 수면상태에 들어간 자가 바로 꿈을 꾸는 것입니다.

대왕이여! 눈을 뜬 것은 소음과 같다고 보아야 하며, 어중간한 얕은잠에 휘감긴 상태는 마을에서 떨어진 숲과 같다고 보아야 합니다. 또한 마치 그가 소음을 버리고 그리고 수면을 피한 마음이 안정된 상태가 되며 깊고 깊으며 미묘한 일을 체득하는 것처럼 그와 마찬가지로 눈을 뜨고 있는 것도 아니고 완전한 수면에 들어가 있는 것도 아니며 어중간한 얕은잠에 휘감긴 자가 바로 꿈을 꾸는 것입니다."

"잘 알았습니다. 존자 나가세나여! 이것은 바로 그대로라고 나는 인정합니다."

6. 죽음의 시기

"존자 나가세나여! 살아 있는 자가 죽을 때 그 모든 자들은 죽어야 할 때가 와서 죽는 것입니까? 그렇지 않으면 적합하지 않은 때(죽어야 할 시기가 아닌 때)에 죽는 것입니까?"

"대왕이여! 죽어야 할 때에 죽는 자도 있고 또한 적합하지 않는 때에 죽는 자도 있습니다."

"존자 나가세나여! 어떤 자들이 죽어야 할 때가 와서 죽고, 또 어떤 자들이 적합하지 않은 때에 죽는 것입니까?"

"대왕이여! 당신은 일찍이 망고나무, 잠부나무 또는 다른 과일나무에서 아직 익지 않거나 또는 익은 열매가 떨어지는 것을 본 적이 있습니까?"

"존자여! 그렇습니다."

"대왕이여! 그러한 과일이 나무에서 떨어지는 것은 모두 떨어져야 할 때가 되어서 떨어지는 것입니까? 그렇지 않으면 적합하지 않은 때에 떨어지는 것입니까?"

"존자 나가세나여! 그 열매가 성숙하고 여물어서 떨어질 것은 전부 떨어져야 할 때가 되어서 떨어지는 것입니다. 하지만 남아 있는 열매 중에서 어떤 것은 벌레 먹어서 떨어지고, 어떤 것은 막대기에 맞아서 떨어지며, 또 어떤 것은 바람이 불어서 떨어지며, 어떤 것은 속이 썩어서 떨어집니다. 이 모든 것들은 적합하지 않은 때에 떨어지는 것입니다."

"대왕이여! 그와 마찬가지로 늙었기 때문에 쓰러져서 죽는 자는 모두가 죽어야 할 때가 와서 죽습니다. 그런데 다른 나머지 사람들 중에 어떤 자는 업인(業因)에 못 이겨 죽고, 어떤 자는 자신이 가야 할 경계의 압박을 받아서 죽고, 어떤 자는 업과(業果)의 작용에 못 이겨 죽습니다."

"존자 나가세나여! 업인에 못 이겨 죽는 자, 또는 나아가야 할 경계의 압박을 받아서 죽는 자, 또한 업과의 작용에 못 이겨 죽는 자, 또는 늙음에 들볶여서 죽는 자, 이 모든 자들은 죽어야 할 때가 되어서 죽는 자들입니다. 또한 모태에 들어 있는 상태에서 죽는 자도, 그것은 그의 지시된 죽음의 때인 것입니다. 그는 죽어야 할 때가 되어서 죽는 것입니다. 또는 산실(産室)에서 죽는 자도 그것은 그의 지시된 죽음의 때입니다. 그는 죽어야 할 때가 되어서 죽는 것입니다. 또한 그가 태어나서 1개월이 되어 죽는 자도, 나아가 백 년이 되어서 죽는 자도 그것은 그의 지시된 죽음의 때입니다. 그는 죽어야 할 때가 되어서 죽는 것입니다. 존자 나가세나여! 그렇다면 죽어야 할 때가 아닌 때에 죽는 것은 없습니다. 그 어떤 자라도 죽는 자는 모두가 죽어야 할 때가 되어서 죽는 것입니다."

"대왕이여! 다음의 일곱 사람은 수명이 그 이상으로 존속하여도 죽어야 할 때가 아닌 때에 죽습니다. 무엇이 일곱 사람인가 하면, 첫째로 굶주린 자가 먹을 것을 얻지 못하였을 때 내장이 상해 수명이 그 이상으로 존속되어도 죽어야 할 때가 아닌 때에 죽는 것입니다. 둘째로 목이 마른 사람이 마실 것을 얻지 못하면 심장이 고갈되어서 수명이 그 이상으로 존속되어도 죽어야 할 때가 아닌 때에 죽는 것입니다. 셋째로 뱀에게 물린 자가 독 때문에 몸이 상했을 때 외과의사를 만나지 못한다면 수명이 그 이상으로 존속되어도 죽어야 할 때가 아닌 때에 죽는 것입니다. 넷째로 독을 마신 사람이 사지가 타오를 때에 아가다약을 구하지 못하면 수명이 그 이상으로 존속되어도 죽어야 할 때가 아닌 때에 죽는 것입니다. 다섯째로 불 속에 들어 있는 자가 불에 탈 때에 누군가 불을 꺼주는 자가 없으면 수명이 그 이상으로 존속되어도 죽어야 할 때가 아닌 때에 죽는 것입니다. 여섯째로 물 속에 들어간 자가 발 디딜 곳을 얻지 못하면 수명이 그 이상으로 존속되어도 죽어야 할 때가 아닌 때에 죽는 것입니다. 일곱째로 칼에 찔려 부상당한 자가 의사를 만나지 못한다면 수명이 그 이상으로 존속되어도 죽어야 할 때가 아닌 때에 죽는 것입니다.

대왕이여! 이러한 일곱 사람은 수명이 그 이상으로 존속되어도 죽어야 할 때가 아닌 때에 죽는 것입니다.

대왕이여! 또한 이들 일곱 사람의 경우에 있어서 나는 죽음을 한 가지로 말하는 것은 아닙니다. 중생의 죽음은 여덟 가지의 원인에 의합니다.

대왕이여! 첫째 풍(風)을 원인으로 하여 생겨난 병, 둘째 담즙을 원인으로 하여 생겨난 병, 셋째 천식을 원인으로 하여 생겨난 병, 넷째 이러한 세 가지가 화합해서 생겨난 병, 다섯째 계절의 변화로부터 생겨난 병, 여섯째 불규칙적인 양생(養生)에서 생긴 병, 일곱째 매우 심한 상처에서 생긴 병, 그리고 여덟째는 업의 과보에 의해서 중생의 죽음이 있습니다. 대왕이여! 이 가운데 업의 과보에 의한 죽음만이 죽어야 할 때를 따라서 죽는 것이고, 나머지 경우는 죽어야 할 때에 적합하지 않은 죽음입니다. 한편 다음과 같은 시구가 있습니다.

굶주림에 의하고, 목마름에 의하며,
뱀에게 물리고, 독에 의하고,
또한 불과 물과 칼에 의하면
이럴 경우 사람은 죽어야 할 때가 아닌 때에 죽는다.
풍이나 담즙, 천식에 의하고
이들 세 가지의 화합과
계절의 변화에서 생겨난 병에 의하며
불규칙한 양생이나 극심한 상처, 업의 과보에 의하면
이럴 경우 사람은 죽어야 할 때가 아닌 때에 죽는다.

대왕이여! 중생이라면 그 누구라도 전생에 지은 각각의 악업
의 과보에 의해서 죽습니다.

대왕이여! 이 갖가지 악업 가운데, 첫째로 전생에 다른 사람
을 굶주리게 하여 죽게 한 자는 수백천 년 동안 굶주림에 의해
서 괴로워하며 주린 배를 호소하며 초췌해지고 심장은 말라 쪼
그러들며 내장은 말라서 고갈되어 타버리고, 설령 그가 청년이
건 중년이건 노인이건 굶주림 때문에 죽습니다. 이것도 또한 그
에게 있어 죽어야 할 때에 따른 죽음입니다.

둘째로 전생에 다른 사람을 목마르게 하여 죽게 한 자는 수
백천 년 동안 극심한 목마름에 시달리는 아귀가 되어서 살아가
고, 비참한 모습을 갖게 되며, 수척하고 심장은 바짝 말라붙어
서 그가 청년이건 중년이건 노인이건 목마름 때문에 죽습니다.

이것도 또한 그에게 있어서 죽어야 할 때에 따른 죽음입니다.

셋째로 전생에 다른 사람을 뱀에 의해서 물려 죽게 한 자는 수백천 년 동안 큰 뱀의 입에서 다른 큰 뱀의 입으로 들어가며, 검은 뱀의 입에서 검은 뱀의 입으로 들어가면서 그 뱀들에게 끊임없이 먹히며, 그가 청년이건 중년이건 노인이건 뱀에게 물려서 죽습니다. 이것도 또한 그에게 있어서 죽어야 할 때에 따른 죽음입니다.

넷째로 전생에 다른 사람에게 독을 주어서 죽게 한 자는 수백천 년 동안 독 때문에 뜨겁게 타오르는 사지와 파괴되어 가는 몸에서 시체 썩는 냄새를 풍기며, 그가 청년이건 중년이건 노인이건 독 때문에 죽습니다. 이것도 또한 그에게 있어서 죽어야 할 때에 따른 죽음입니다.

다섯째로 전생에 다른 사람을 불에 의해서 죽게 한 자는 수백천 년 동안 숯불의 산에서 숯불의 산으로 옮겨가며 들어가고, 야마의 영역(염마왕이 다스리는 국토)에서 야마의 영역으로 들어가며, 사지는 불에 타고 그을리게 되어 그가 청년이건 중년이건 노인이건 불 때문에 죽습니다. 이것도 또한 그에게 있어서 죽어야 할 때에 따른 죽음입니다.

여섯째로 전생에 다른 사람을 물에 의해서 죽게 한 자는 수백천 년 동안 몸이 다치고 비틀어지며 파괴되고 무력해지고 마음이 공포에 떨며 그가 청년이건 중년이건 노인이건 물 속에서 죽습니다. 이것도 또한 그에게 있어서 죽어야 할 때에 따른 죽음입니다.

일곱째로 전생에 다른 사람을 칼에 의해서 죽게 한 자는 수백천 년 동안 몸이 잘리고 파괴되며 부서지고 산산이 부서지며 칼날에 잘려서 그가 청년이건 중년이건 노인이건 칼 때문에 죽습니다. 이것도 또한 그에게 있어서 죽어야 할 때에 따른 죽음입니다."

"존자 나가세나여! 그대는 '적합하지 않은 때에 죽는 것이 있다'라고 말씀하셨습니다. 자, 그대는 나에게 그 이유를 제시해 주십시오."

"대왕이여! 예를 들면 풀, 장작, 가지, 잎에 불이 붙어서 매우 크게 타오르는 불덩이는 저들의 음식을 모두 다 먹고 장작이 모두 다 타버리면 그 불은 꺼집니다. 그 불은 아무런 재앙 없이 사고도 없이 꺼져야 할 때가 되면 바야흐로 꺼진다고 이야기합니다. 그와 마찬가지로 수백천 년 동안 태어나고, 나이 들고, 수명이 다하여 아무런 재앙 없고, 사고도 없이 죽는 자는 그 누구라도 죽어야 할 때가 되어 죽었다고 이야기합니다.

대왕이여! 그런데 또한 예를 들면 풀이나 장작, 가지, 잎에 불이 붙어서 매우 크게 타오르는 불덩이가 있을 경우, 풀이나 장작, 가지, 잎이 아직 다 타버리지 않는데도 아주 거센 비가 내려서 그 불을 끈다고 합시다. 그렇다면 저토록 아주 큰 불덩이는 꺼져야 할 시기가 되어서 꺼진 것이라고 말할 수 있겠습니까?"

"존자여! 그렇지 않습니다."

"대왕이여! 어찌하여 그 후자의 불덩이는 전자의 불덩이와 동일한 결과가 되지 않는 것입니까?"

"존자여! 우연히 내린 비에 의해서 그 불덩이는 방해를 받았으며 꺼져야 할 시기가 아닌 때에 꺼졌기 때문입니다."

"대왕이여! 그와 마찬가지로 죽어야 할 때가 아닌 때에 죽는 자는 그 누구라도 저 우연히 다가온 병에 의해서 장해를 받나니, 즉 풍을 원인으로 생긴 병이나 담즙을 원인으로 생긴 병, 또는 천식을 원인으로 생긴 병이나 또는 이러한 세 가지 화합에서 생긴 병, 또는 계절의 변화로부터 생긴 병이나 또는 불규칙적인 양생에서 생긴 병, 또는 극심한 상처로부터 생긴 병, 또는 굶주림이나 목마름 또는 뱀에게 물리거나 또는 독을 마시거나 또는 불이나 물, 칼에 의해서 장해를 받아 죽어야 할 때가 아닌 때에 죽습니다. 대왕이여! 이것이 바로 죽어야 할 때가 아닌 때에 죽는 이유입니다.

대왕이여! 또한 예를 들면 공중에 아주 거대한 구름이 나타나서 비를 내려 그 비가 낮은 지대나 높은 지대를 가득 채운다면 사람들은 그 비가 재앙이 없고 사고가 없이 내렸다고 이야기합니다. 그와 마찬가지로 오랜 동안 살아서 나이 들어 수명이 다해서 재앙이 없고 사고가 아닌 채 죽는 자는 그 누구라도 죽어야 할 때가 와서 죽었다고 이야기합니다.

대왕이여! 그런데 또한 예를 들면 공중에 아주 거대한 구름이 나타났는데 도중에 태풍이 불어와 그로 인해 구름이 사라져 버렸다고 한다면, 그 구름은 사라져 버려야 할 때가 되어서 사라져 버렸다고 이야기합니까?"

"존자여! 그렇지 않습니다."

"대왕이여! 어찌하여 그 후자의 구름은 전자의 구름과 동일한 결과가 되지 않는 것입니까?"

"존자여! 우연히 불어온 바람에 의해서 그 구름은 장해를 받앗고 사라져 버려야 할 때가 다가온 것이 아닌데도 사라져 버렸기 때문입니다."

"대왕이여! 그와 마찬가지로 죽어야 할 때가 아닌 때에 죽는 자는 그 누구라도 저 우연히 다가온 병에 의해서 장해를 받으니, 즉 풍을 원인으로 하여 생긴 병 나아가 칼에 의해서 장해를 받아 죽어야 할 때가 아닌 때에 죽습니다. 대왕이여! 이것이 바로 죽어야 할 때가 아닌 때에 죽는 이유입니다.

대왕이여! 또한 예를 들면 무서운 독을 지닌 뱀이 있는데 그 뱀이 분노하여 어떤 사람을 물었다고 한다면, 재앙이 없고 사고가 없으면서 그 독은 그를 죽음에 이르게 할 것입니다. 그 독은 재앙이 없고 사고도 아니면서 독의 종극(終極)에 도달하였다고 이야기합니다. 그와 마찬가지로 오랜 동안 살아서 나이 들어 수명이 다하여 재앙이 아니고 사고가 아닌 채 죽는 자는 그 누구라도 생명의 종극에 도달하여서 죽어야 할 때가 와서 죽었다고 이야기합니다.

대왕이여! 그런데 또한 예를 들면 어떤 사람이 무서운 독을 지닌 뱀에게 물렸는데 마침 뱀을 부리는 사람이 아가다약을 주어서 독이 사라지게 한다면, 그 독은 사라져 버려야 할 때가 와서 사라졌다고 이야기합니까?"

"존자여! 그렇지 않습니다."

"대왕이여! 어찌하여 이 후자의 독은 전자의 독과 동일한 결과가 되지 않는 것입니까?"

"존자여! 우연히 주어진 아가다약에 의해서 독은 장해를 입었으며 독의 종극에 도달하지 않은 채 사라졌기 때문입니다."

"대왕이여! 그와 마찬가지로 죽어야 할 때가 아닌 때에 죽는 자는 그 누구라도 저 우연히 다가온 병에 의해서 장해를 받나니, 즉 풍을 원인으로 하여 생긴 병 나아가 칼에 의해서 장해를 받아 죽어야 할 때가 아닌 때에 죽습니다. 대왕이여! 이것이 바로 죽어야 할 때가 아닌 때에 죽는 이유입니다.

대왕이여! 또한 예를 들면 궁사가 활을 쏘았을 때 만일 그 화살이 가야 할 진로의 마지막에 이른다면 그 화살은 재앙이 아니고 사고도 아닌 채 가야 할 화살의 진로의 마지막에 이르렀다고 이야기합니다. 그와 마찬가지로 오랜 동안 살아서 나이 들어 수명이 다하여 재앙도 없고 사고도 아닌 채 죽는 자는 그 누구라도 재앙도 없고 사고도 아닌 채 죽어야 할 때가 와서 죽었다고 이야기합니다. 대왕이여! 그런데 또한 예를 들면 궁사가 활을 쏘았을 때 그 순간 누군가 화살을 움켜잡는다면, 그 화살은 가야 할 화살의 진로의 마지막에 이르렀다고 이야기합니까?"

"존자여! 그렇지 않습니다."

"대왕이여! 왜 그 후자의 화살은 전자의 화살과 동일한 결과가 되지 않는 것입니까?"

"존자여! 누군가 우연히 화살을 움켜잡았으며, 그로 인해서 그 화살의 진행이 끊어졌기 때문입니다."

"대왕이여! 그와 마찬가지로 죽어야 할 때가 아닌 때에 죽는 자는 그 누구라도 저 우연히 다가온 병에 의해서 장해를 받으니, 즉 풍을 원인으로 하여 생긴 병, 나아가 칼에 의해서 장해를 받아 죽어야 할 때가 아닌 때에 죽습니다. 대왕이여! 이것이 바로 죽어야 할 때가 아닌 때에 죽는 이유입니다.

제8장

대왕이여! 또한 예를 들면 누군가 동으로 만든 그릇을 두드리는 자가 있다고 합시다. 그가 그 그릇을 두드림으로써 소리가 생기며 그리고 소리가 가야 할 길의 마지막에 이릅니다. 그 소리는 재앙이 아니고 사고가 아닌 채 소리가 가야 할 길의 마지막에 이르렀다고 이야기합니다. 그와 마찬가지로 수천 일 동안 살아서 나이 들어 수명이 다하여 재앙도 없고 사고가 아닌 채 죽는 자는 그 누구라도 재앙도 없고 사고도 아닌 채 죽어야 할 때가 와서 죽었다고 이야기합니다.

대왕이여! 그런데 또한 예를 들어 누군가가 동으로 만든 그릇을 두드린다면 그가 그 그릇을 두드림으로써 소리가 생긴다고 합시다. 그런데 생겨난 소리가 멀리 가기도 전에 누군가가 그 그릇에 접촉한다면 접촉함과 동시에 소리는 멈출 것입니다. 대왕이여! 그 소리는 가야 할 길의 마지막에 도달하였다고 이야기합니까?"

"존자여! 그렇지 않습니다."

"대왕이여! 어찌하여 후자의 소리가 전자의 소리와 동일한 결과가 되지 않는 것입니까?"

"존자여! 우연히 일어난 접촉에 의해서 그 소리가 멈추었기 때문입니다."

"대왕이여! 그와 마찬가지로 죽어야 할 때가 아닌 때에 죽는 자는 그 누구라도 저 우연히 다가온 병에 의해서 장해를 받으니, 즉 풍을 원인으로 하여 생긴 병 나아가 칼에 의해서 장해를 받아 죽어야 할 때가 아닌 때에 죽습니다. 대왕이여! 이것이 바로 죽어야 할 때가 아닌 때에 죽는 이유입니다."

"대왕이여! 또한 예를 들면 밭에서 잘 자라난 곡식의 종자가 적당하게 내린 비에 의해서 많은 열매를 가득 맺고, 밭 전체에 온통 열매를 맺으며, 풍부하게 맺어서 결실 때에 이른다면 사람들은 그 곡식이 재앙도 아니고 사고도 아닌 채 때가 다 되었다고 이야기합니다. 그와 마찬가지로 수천 일 동안 살아오면서 나이 들고 수명이 다하여 재앙이 아니고 사고도 아닌 채 죽는 자는 그 누구라도 재앙도 없고 사고도 아닌 채 죽어야 할 때가 와서 죽었다고 이야기합니다.

대왕이여! 그런데 또한 예를 들어 밭에서 잘 자라던 곡식 종자가 물 때문에 말라버릴 때가 아닌 때에 말라버린다고 한다면, 그 곡식은 때가 다 되었다고 이야기합니까?"

"존자여! 그렇지 않습니다."

"대왕이여! 어찌하여 그 후자의 곡식은 전자의 곡식과 동일한 결과가 되지 않는 것입니까?"

"존자여! 우연히 다가온 폭염 때문에 그 곡식은 장해를 받아서 말라버렸기 때문입니다."

"대왕이여! 그와 마찬가지로 죽어야 할 때가 아닌 때에 죽는 자는 그 누구라도 저 우연히 다가온 병에 의해서 장해를 받으니, 즉 풍을 원인으로 하여 생긴 병 나아가 칼에 의해서 장해를 받아 죽어야 할 때가 아닌 때에 죽습니다. 대왕이여! 이것이 바로 죽어야 할 때가 아닌 때에 죽는 이유입니다.

대왕이여! 그런데 결실을 맺은 어린 낟알에 벌레가 생겼는데 그 벌레들이 뿌리까지 엉망으로 만들어 버린 것을 그대는 예전에 들어본 적이 있습니까?"

"존자여! 나는 예전에 그런 이야기를 들은 적도 있고 또 본 적도 있습니다."

"대왕이여! 그 곡식의 낟알은 때가 와서 엉망이 되었던 것입니까? 그렇지 않으면 때가 오지 않았는데 엉망이 되어 버린 것입니까?"

"존자여! 때가 채 오기도 전에 엉망이 되어 버린 것입니다. 만일 벌레들이 그 낟알을 먹지 않았다면 그것은 수확시기를 맞았을 것입니다."

"대왕이여! 우연히 다가온 재해에 의해서 낟알이 손실되었지만, 재해를 입지 않은 곡식의 낟알은 수확시기를 맞을 것입니까?"

"존자여! 그렇습니다."

"대왕이여! 그와 마찬가지로 죽어야 할 때가 아닌 때에 죽는 자는 그 누구라도 저 우연히 다가온 병에 의해서 장해를 받으니, 즉 풍을 원인으로 하여 생긴 병 나아가 칼에 의해서 장해를 받아 죽어야 할 때가 아닌 때에 죽습니다. 대왕이여! 이것이 바로 죽어야 할 때가 아닌 때에 죽는 이유입니다.

대왕이여! 그런데 곡식 낟알이 결실을 맺어 결실의 무게로 휘어지고 벼이삭이 알알이 맺혔을 때, 이른바 싸라기눈이 내려서 낟알을 엉망으로 만들어 열매 맺지 못하게 된 일을 그대는 예전에 들어 보셨습니까?"

"존자여! 저는 예전에 그런 일을 들어 본 적도 있고 본 적도 있습니다."

"대왕이여! 그 낟알은 때가 와서 엉망이 되어 버린 것입니까? 그렇지 않으면 때가 채 오기도 전에 엉망이 되어 버린 것입니까?"

"존자여! 때가 채 오기도 전에 엉망이 되어 버린 것입니다. 만일 그 낟알에 싸라기눈이 내리지 않았다면 그것은 수확의 시기를 맞이하였을 것입니다."

"대왕이여! 우연히 다가온 재해에 의해서 낟알은 소실되었지만 재해를 입지 않은 낟알은 수확의 시기를 맞이합니까?"

"존자여! 그렇습니다."

"대왕이여! 그와 마찬가지로 죽어야 할 때가 아닌 때에 죽는 자는 그 누구라도 저 우연히 다가온 병에 의해서 장해를 받으니, 즉 풍을 원인으로 하여 생긴 병이나 담즙을 원인으로 생긴 병, 또는 천식을 원인으로 생긴 병이나 또는 이러한 세 가지 화합에서 생긴 병 또는 계절의 변화로부터 생긴 병이나 또는 불규칙적인 양생에서 생긴 병 또는 극심한 상처로부터 생긴 병 또는 굶주림이나 목마름 또는 뱀에게 물리거나 또는 독을 마시거나 또는 불이나 물, 칼에 의해서 장해를 받아 죽어야 할 때가 아닌 때에 죽습니다. 그렇지만 만일 우연히 다가온 병에 의해서 장해를 입지 않는다면 그는 죽어야 할 때가 와서 비로소 죽을 것입니다. 대왕이여! 이것이 바로 죽어야 할 때가 아닌 때에 죽는 이유입니다."

"훌륭하십니다. 존자 나가세나여! 지금까지 일찍이 없었던 일입니다. 존자 나가세나여! 당신은 이유를 분명하게 제시하셨고, 비유를 분명하게 제시하셨으며, 죽어야 할 때가 아닌 때의 죽음은 해명되었습니다. 죽어야 할 때가 아닌 때에 죽는 일도 있다고 하는 것이 명백해졌고 명료해졌으며 분명하게 이해되었습니다.

제8장

존자 나가세나여! 사려가 깊지 못하고 마음이 산란한 사람조
차도 앞서의 단 하나의 비유에 의해서 '죽어야 할 때가 아닌 때
에 죽는 것도 있다'라는 결론에 도달할 것입니다. 하물며 사려
가 있는 사람이라면 말할 필요가 없을 것입니다. 존자여! 나는
제일 처음의 비유에 의해서 이미 '죽어야 할 때가 아닌 때에 죽
는 것도 있다'라는 것을 납득하였습니다. 그렇지만 한 걸음 더
나아가 당신의 해명을 듣고 싶었기에 나는 당신의 최초의 해명
을 인정하지 않았던 것입니다."

7. 사당(靈廟)의 신통변화

"존자 나가세나여! 완전한 죽음을 이룬 자들의 제사를 모시
는 사당에는 모두 신통변화가 있습니까? 그렇지 않으면 일부의
사당에만 있습니까?"

"대왕이여! 일부의 사당에만 있고 일부의 사당에는 없습니다."

"존자여! 어떤 사당에 있고 어떤 사당에는 없는 것입니까?"

"대왕이여! 세 사람 가운데 한 사람의 결심에 의해서 완전한
죽음을 이룬 자의 사당에 신통변화가 있습니다. 세 사람이란 누
구인가 하면,

첫째로, 여기에 아라한이 있어서 여러 신들과 인간들을 불쌍
히 여겨서 '이러이러한 사당에 신통변화가 있으리라'라고 결심
합니다. 그의 결심에 의해서 사당에 신통변화가 있습니다. 이처
럼 아라한의 결심에 의해서 완전한 죽음을 이룬 자의 사당에

신통변화가 있습니다.

둘째로, 나아가 또한 여러 신들이 인간들을 불쌍히 여겨 완전한 죽음을 이룬 자의 사당에서 신통변화를 나타내 보입니다. '이 신통변화에 의해서 인간들이 바른 법을 언제나 신앙하게 되리라. 또한 깨끗한 믿음을 지닌 사람들은 선을 더욱 늘려가리라'라고. 이렇게 여러 신들의 결심에 의해서 완전한 죽음을 이룬 자의 사당에 신통변화가 일어납니다.

셋째로, 나아가 또한 신앙이 있고, 깨끗한 믿음이 있으며, 현명하고 총명하며, 명지(明知)가 있고, 예지를 완전히 갖추고 있는 남자나 여자가 올바르게 고찰하고 향이나 화환 또는 의복 가운데 무언가 한 가지를 결심하고서 사당에 바칩니다. '이러이러한 신통변화가 있을지어다'라고. 그의 결심에 의해서도 또한 완전한 죽음을 이룬 자의 사당에 신통변화가 있습니다. 이렇게 사람들의 결심에 의해서 완전한 죽음을 이룬 자의 사당에 신통변화가 있습니다.

대왕이여! 이러한 세 사람 가운데 한 사람의 결심에 의해서 완전한 죽음을 이룬 자의 사당에 신통변화가 있습니다. 만일 저들의 결심이 없다면 번뇌의 더러움을 모두 멸하고, 여섯 가지 신통력을 가지고 있으며, 마음의 자재력을 지닌 자의 '제사를 모시는' 사당에서조차도 신통변화는 없을 것입니다. 대왕이여! 설령 신통변화가 없더라도 완전한 죽음을 이룬 자가 일찍이 행하였던 지극히 청정한 행위를 사람이 알아서 '붓다의 이 제자는 틀림없이 완전한 죽음을 이룬 자이다'라고 단정하고 결정하여 확신해야 할 것입니다."

"잘 알았습니다. 존자 나가세나여! 이것은 그대로라고 나는 인정합니다."

8. 진리관찰자의 자격

"존자 나가세나여! 올바르게 실천하는 자들 모두에게 진리의 관찰이 있습니까? 그렇지 않으면 일부의 어떤 자에게는 없는 것입니까?"

"대왕이여! 어떤 자에게는 있고 어떤 자에게는 없습니다."

"존자여! 어떤 자에게 있고 어떤 자에게는 없는 것입니까?"

"대왕이여! 축생은 설령 능히 실천하더라도 진리의 관찰은 아닙니다. 아귀의 경계에 태어난 자, 삿된 견해를 지니고 있는 자, 거짓말하는 자, 어머니를 죽인 자, 아버지를 죽인 자, 아라한을 죽인 자, 상가(불교교단)를 파괴한 자, 붓다의 몸에서 피를 흘리게 한 자, 도적의 마음을 가지고 상가의 생활을 하는 자, 이교도의 가르침을 따르는 자, 비구니를 모욕하는 자, 열세 가지 무거운 죄[14] 가운데 한 가지를 범하여 비구의 권리가 정지된 이후 아직 방면되지 못한 자, 거세된 자, 두 가지 성(性)의 생식기를 가진 자는 설령 능히 실천하더라도 진리의 관찰은 아닙니다. 또한 일곱 살 미만의 아이는 설령 능히 실천하더라도 진리의 관찰은 아닙니다. 대왕이여! 이러한 열다섯 사람은 설령 능히 실천하더라도 그것은 진리의 관찰이 아닙니다."

"존자 나가세나여! 앞에서 부정하신 저들 열다섯 사람들에게 있어서는 진리의 관찰이 있거나 또는 그렇지 않거나 이것은 어찌 되어도 좋습니다. 하지만 어떤 이유에서 일곱 살 미만의 아이가 설령 능히 실천하더라도 진리의 관찰은 없다는 말씀입니까? 먼저 이것에 대해서 질문이 있습니다. 무릇 아이에게는 탐욕이 없고, 분노가 없으며, 미망(迷妄)이 없고, 거만한 마음이 없고, 삿된 견해가 없으며, 불만이 없고, 이리저리 욕망을 생각하는 일이 없지 않습니까? 번뇌에 물들지 않은 저 아이는 아라한의 깨달음의 경지를 향해서 전념하고 도달하며 그리고 네 가지 진리(사성제)를 한 번에 통달할 만합니다."

"대왕이여! 이제부터 내가 하는 말이 바로 '일곱 살 미만의 아이는 설령 능히 실천하더라도 진리의 관찰이 아닌' 이유입니다. 대왕이여! 만일 일곱 살 미만인 자가 탐욕을 일으키게 하는 것에 대하여 탐하고, 분노를 느끼게 하는 것에 화를 내며, 혼란하게 만드는 것에 미혹되고, 마음을 교만하게 일으켜서 우쭐대게 만드는 대상을 향해 거만한 마음이 일어나며, 다른 견해를 식별하고 즐겁거나 즐겁지 않은 것을 식별하며, 선과 불선을 성찰한다면 그에게 진리의 관찰은 있을 것입니다. 그렇지만 일곱 살 미만인 아이의 마음은 무력하고, 그 힘이 미약하고, 작고 왜소하고, 우둔하고, 명료하지 못합니다. 대왕이여! 일곱 살 미만인 아이는 그 미력하고, 작고 우둔하고, 명료하지 못한 마음에 의해서 무겁고 광대하며 위대하고 또한 형성된 것이 아닌 열반의 세계에 통달할 수는 없습니다.

대왕이여! 예를 들면 산의 왕인 수메르(수미산)는 묵직한 중량이 있고 광대하며 위대합니다. 그런데 어떤 사람이 태어나면서부터 지니고 있던 강인함과 힘과 노력에 의해서 저 산의 왕인 수메르를 들어올릴 수 있겠습니까?"

"그럴 수 없습니다."

"어떤 이유에서입니까?"

"존자여! 사람은 미력하고 산의 왕인 수메르는 크기 때문입니다."

"대왕이여! 그와 마찬가지로 일곱 살 미만인 아이의 마음은 무력하고, 그 힘이 미약하고, 작고 왜소하고, 우둔하고, 명료하지 못합니다. 그런데 형성된 것이 아닌 열반의 세계는 무겁고 광대하고 위대합니다. 일곱 살 미만인 아이는 그 미력하고, 작고 우둔하며, 명료하지 못한 마음에 의해서 무겁고 광대하고 위대하며, 형성된 것이 아닌 열반의 세계에 통달하지 못합니다. 이런 이유에 의해서 일곱 살 미만인 아이는 설령 능히 실천하더라도 진리의 관찰은 아닌 것입니다.

대왕이여! 또 예를 들면 이 대지는 길고 넓게 펼쳐져 있고, 쭉 뻗어 있고 널리 펼쳐져 있으며, 광대하고 큽니다. 그런데 그 대지를 작은 물방울로 적셔서 진흙으로 만들 수 있습니까?"

"존자여! 그럴 수 없습니다."

"어떤 이유에서입니까?"

"물방울은 작고 대지는 크기 때문입니다."

"대왕이여! 그와 마찬가지로 일곱 살 미만인 아이의 마음은 무력하고, 그 힘이 미약하고, 작고 왜소하고, 우둔하고 명료하지 못합니다. 그런데 형성된 것이 아닌 열반의 세계는 길고 넓게 펼쳐져 있으며, 쭉 뻗어있고, 널리 펼쳐져 있으며, 광대하고 큽니다. 일곱 살 미만인 자는 그 미력하고, 작고 우둔하며, 명료하지 못한 마음에 의해서 거대하며 형성된 것이 아닌 열반의 세계에 통달하지 못합니다. 이런 이유에 의해서 일곱 살 미만인 아이는 설령 능히 실천하더라도 그것은 진리의 관찰이 아닌 것입니다.

대왕이여! 또 예를 들어 무력하고 그 힘이 약하며 작고 미약한 불이 있다고 합시다. 그런데 그런 정도의 약한 불에 의해서 모든 신들과 인간들의 세계의 암흑이 부서지고 광명을 드러낼 수 있겠습니까?"

"그럴 수 없습니다."

"어떤 이유에서입니까?"

"불은 약하고 세계는 크기 때문입니다."

"대왕이여! 그와 마찬가지로 일곱 살 미만인 아이의 마음은 무력하고, 그 힘이 미약하고, 작고 왜소하고, 단순하고 우둔하고 명료하지 못합니다. 또한 거대한 무지의 암흑에 휩싸여 있습니다. 그런 까닭에 지혜의 광명을 나타내는 일이 어려운 것입니다. 이런 이유에 의해서 일곱 살 미만인 아이는 설령 능히 실천하더라도 그것은 진리의 관찰이 아닌 것입니다.

대왕이여! 또 예를 들어 병들고 왜소하고 몸이 작은 사라카벌레가 있다고 합시다. 그런데 그 곳으로 코끼리가 다가오고 있는데 그 코끼리는 몸의 세 곳에서 발정의 표시를 나타내며 몸의 길이가 8라타나, 폭은 3라타나, 몸통 둘레가 10라타나, 높이가 8라타나에 달하는 거대한 코끼리입니다. 만일 사라카벌레가 그 코끼리를 보고서 삼킬 듯이 덤벼든다면, 이 사라카벌레는 그 커다란 코끼리를 삼킬 수 있겠습니까?"

"그럴 수 없습니다."

"어떤 이유에서입니까?"

"존자여! 사라카벌레의 몸은 작고 코끼리는 크기 때문입니다."

"대왕이여! 그와 마찬가지로 일곱 살 미만인 아이의 마음은 무력하고, 그 힘이 미약하고, 작고 왜소하고, 우둔하고 명료하지 못합니다. 그런데 형성된 것이 아닌 열반의 세계는 큽니다. 그는 저 미력하고, 작고 우둔하며, 명료하지 못한 마음으로는 거대하며 형성된 것이 아닌 열반의 세계에 통달하지 못합니다. 이런 이유에 의해서 일곱 살 미만인 아이는 설령 능히 실천하더라도 그것은 진리의 관찰은 아닌 것입니다."

"잘 알았습니다. 존자 나가세나여! 이것은 그대로라고 나는 인정합니다."

9. 열반의 경지

"존자 나가세나여! 열반은 오로지 안락한 경지인 것입니까? 그렇지 않으면 괴로움이 섞여 있는 것입니까?"

"대왕이여! 열반은 오로지 안락한 경지입니다. 괴로움은 섞여 있지 않습니다."

"존자 나가세나여! 나는 열반은 오로지 안락하다는 그 말을 믿지 못하겠습니다. 나는 이것에 대해서 '열반은 괴로움이 섞여 있다'라고 주장합니다. 더구나 내가 '열반은 괴로움이 섞여 있다'라고 이해하고 있는 이유가 있습니다. 그 이유는 다음과 같습니다.

존자 나가세나여! 열반을 구하는 모든 사람들은 몸과 마음에 힘들고 괴로움이 있으며, 서 있거나 걸어다니거나 앉거나 눕는 일과 먹는 것에도 억제해야 할 것이 있고, 또한 수면을 억눌러야 하며, 여섯 가지 감각기관을 다스리고, 재산이나 곡식, 사랑하는 친척이나 친구를 버립니다. 그렇지만 세간에서 행복한 사람이나 행복을 완전하게 갖춘 사람은 모든 다섯 가지 욕망에 의해서 여섯 가지 감각기관을 기쁘게 하고 즐겁게 합니다.

즉 첫째로 그들은 눈이 언제라도 기뻐하는 여러 가지 길상스러운 모습을 갖춘 빛깔이나 형체에 의해서 눈을 기쁘게 하고 즐겁게 합니다. 둘째로 그들은 귀가 언제라도 기뻐하는 노래나 음악이 지닌 갖가지 길상스러운 모습을 갖춘 음성에 의해서 귀를 기쁘게 하고 즐겁게 합니다. 셋째로 그들은 코가 언제라도 기뻐하는 꽃이나 과일, 잎, 나무 껍질, 뿌리, 골수가 갖는 갖가지 길상스러운 모습을 갖춘 향기에 의해서 코를 기쁘게 하고 즐겁게 합니다. 넷째로 그들은 혀가 언제나 기뻐하는 딱딱한 음식, 부드러운 음식, 미끈거리는 것(꿀의 종류), 마실 거리, 기호식품이 갖는 갖가지 길상스러운 모습을 갖춘 맛에 의해서 혀를 기쁘게 하고 즐겁게 합니다. 다섯째로 그들은 몸이 언제나 기뻐하는 유연하거나 미묘하고 부드러운 여러 가지 길상스러운 모습을 갖춘 접촉에 의해서 몸을 기쁘게 하고 즐겁게 합니다. 여섯째로 그들은 뜻이 언제나 기뻐하는 선과 악, 깨끗함이나 깨끗하지 않은 것에 관한 여러 가지 성찰과 고찰에 의해서 뜻을 기쁘게 하고 즐겁게 합니다.

그런데 당신은 그런 눈·귀·코·혀·몸·뜻의 즐거움을 버리고, 파기하고, 끊고, 멈추고, 억제하였습니다. 그런 까닭에 당신의 몸도 괴롭고 마음도 괴로움에 시달리는 것입니다. 당신의 몸이 괴롭힘을 당할 때 당신은 신체적인 괴로움의 감수를 느끼고, 마음이 괴롭힘을 당할 때 심적인 괴로움의 감수를 느낍니다. 유행자 마간디야조차도 세존을 비난하면서 '도인(道人)인 고타마는 중생의 살해자이다'라고 말하지 않았습니까? 바로 이런 까닭에 나는 '열반은 괴로움이 섞여 있다'라고 말하는 것입니다."

"대왕이여! 열반은 결코 괴로움이 섞여 있지 않습니다. 열반은 오로지 안락합니다. 그런데 그대가 '열반은 괴로움이다'라고 말한 그 '괴로움'이라는 것은 열반이 아니며 바로 열반을 실증하는 앞의 단계인 것입니다. 이것은 열반을 구하는 '과정'인 것입니다.

대왕이여! 열반은 오로지 안락함 그 자체여서 괴로움이 섞여 있지 않습니다. 이에 대해서 이유를 말해보겠습니다.

대왕이여! 여러 왕에게는 권력의 즐거움이라는 것이 있습니까?"

"그렇습니다. 왕들에게는 권력의 즐거움이 있습니다."

"그런 권력의 즐거움은 괴로움이 섞여 있습니까?"

"그렇지 않습니다."

"대왕이여! 그렇다면 왜 저들 왕들은 변경이 어지러워졌을 때 그 변경의 주민들을 제압하기 위해 대신이나 사령관, 장교, 병사를 거느리고 출정하여 등에나 모기, 바람이나 열기에 시달리면서 평지나 험난한 지역을 달리고 큰 전쟁을 치르며 또한 생명의 위험 속으로 들어가는 것입니까?"

"존자 나가세나여! 그것은 권력의 즐거움이 아닙니다. 이것은 권력의 즐거움을 구하는 앞단계의 것입니다. 왕들은 괴롭게 권력의 즐거움을 구한 뒤에 권력의 즐거움을 향수하는 것입니다. 존자 나가세나여! 이렇게 권력의 즐거움은 괴로움이 섞이지 않으며 그런 권력의 즐거움과 괴로움은 별개의 것입니다."

"대왕이여! 그와 마찬가지로 열반은 오로지 안락하며 괴로움이 섞여 있지 않습니다. 그런데 그 열반을 구하는 사람들은 몸과 마음을 괴롭히며, 서거나 돌아다니거나 앉거나 눕는 일과, 먹을 것을 억제하고 수면을 억누르며 여섯 가지 감각기관을 제압하고 몸과 목숨을 버려서까지 괴롭게 열반을 추구하며, 그 후 오로지 안락한 열반을 누립니다. 마치 적군을 정복한 왕들이 권력의 즐거움을 누리는 것과 같습니다. 대왕이여! 이렇게 열반은 오로지 안락하며 괴로움이 섞여 있지 않습니다. 열반과 괴로움은 별개의 것입니다.

'열반은 오로지 안락하며 괴로움이 섞여 있지 않다. 괴로움과 열반은 별개의 것이다'라는 말의 그 이상의 다른 이유를 들어보십시오 대왕이여! 학문을 습득한 스승에게 있어 학문의 즐거움이라는 것이 있습니까?"

"그렇습니다. 학문을 습득한 스승에게는 학문의 즐거움이 있습니다."

"그 학문의 즐거움은 괴로움이 섞여 있는 것입니까?"

"그렇지 않습니다."

"대왕이여! 그렇다면 어찌하여 저들은 나아가 자신들의 스승을 향해서 안부를 여쭙고, 자리에서 일어나며, 물을 길어오고, 스승의 방을 청소하고, 양치할 준비와 양칫물을 갖다 드리며, 먹고 남은 음식을 먹고, 스승의 몸을 안마해 드리고, 목욕시켜 드리고 발을 씻겨드리며, 자신의 마음을 억누르고 다른 사람(스승)의 마음을 따르며, 편안하게 잠들지 않으며, 맛없는 음식을 먹고 몸을 괴롭히는 것입니까?"

"존자 나가세나여! 그것은 학문의 즐거움이 아닙니다. 이것은 학문을 추구하기 위한 앞단계의 것입니다. 스승은 고통스럽게 학문을 추구한 뒤에 학문의 즐거움을 누립니다. 이처럼 학문의 즐거움은 괴로움이 섞여 있지 않으며 그런 학문의 즐거움과 괴로움은 별개의 것입니다."

"대왕이여! 그와 마찬가지로 열반은 오로지 안락하며, 괴로움이 섞여 있지 않습니다. 그런데 그 열반을 추구하는 사람들은 몸과 마음을 괴롭히며, 서거나 돌아다니거나 앉거나 눕는 일과, 먹을 것을 억제하고 수면을 억누르며 여섯 가지 감각기관을 제압하고 몸과 목숨을 버려서까지 괴롭게 열반을 추구하며, 그 후 오로지 안락한 열반을 누립니다. 마치 학문을 습득한 스승이 학문의 즐거움을 누리는 것과 같습니다. 대왕이여! 이와 마찬가지로 열반은 오로지 안락하며, 괴로움이 섞여 있지 않습니다. 괴로움과 열반은 별개의 것입니다."

"잘 알았습니다. 나가세나여! 이것은 바로 그대로라고 나는 인정합니다."

10. 열반의 형태와 특성

"존자 나가세나여! '열반, 열반'이라고 당신은 말했는데, 그 열반의 형태라든가 위치, 연수(年壽), 분량 등을 비유에 의하여·이유에 의해서·원인에 의해서·또는 방법에 의해서 보여 줄 수 있겠습니까?"

"대왕이여! 열반은 그렇게 비유할 만한 것이 아닙니다. 열반의 형태와 위치, 연수라든가 분량 따위를 비유에 의해서·이유에 의해서·원인에 의해서 또는 방법에 의해서 보여 줄 수는 없습니다."

"존자 나가세나여! 존재하는 것인 열반의 형태나 위치, 연수, 분량 따위를 비유에 의하여·이유에 의하여·원인에 의하여, 또는 방법에 의해서 사람들에게 알려 줄 수가 없다고 하는 이 말을 나는 인정할 수 없습니다. 이유를 가지고 나를 납득시켜 주십시오."

"좋습니다. 이유를 들어서 당신을 납득시켜 드리겠습니다. 대왕이여! 대해라고 불리는 것이 존재합니까?"

"그렇습니다. 그 대해는 존재합니다."

"대왕이여! 만일 누군가가 '대왕이여, 대해에는 물이 어느 정도 있습니까? 또한 대해에 서식하는 중생은 어느 정도입니까?'라고 이렇게 묻는다면, 이와 같은 질문을 받은 당신은 그에게 어떻게 대답하겠습니까?"

"존자여! 만일 누군가가 나에게 '대왕이여! 대해에는 물이 어느 정도 있습니까? 또한 대해에 서식하는 중생은 어느 정도입니까?'라고 이렇게 묻는다면, 나는 그에게 '벗이여! 당신은 나에게 대답할 만하지 않은 것을 물었다. 이 물음은 그 어느 누구에게도 물을 만한 것이 못 된다. 이 물음은 '대답하지 말고' 내버려 두어야 한다. 대해는 세계창조론자들에 의해서 아직 해명되고 있지 않으며 그 누구도 대해의 물이나 그 곳에 살고 있는 중생을 세어볼 수 없다'라고 이렇게 답할 것입니다. 존자여! 나는 그에게 이렇게 대답할 것입니다."

"대왕이여! 그렇지만 왜 당신은 존재하는 것인 대해에 관해서 이 같은 대답을 하는 것입니까? 당신은 차라리 '대해에는 이 정도의 물이 있고, 또한 대해에는 이 정도의 중생이 살고 있다'라고 계산해서 그에게 보여 주어야 하지 않겠습니까?"

"존자여! 그것은 불가능합니다. 이 물음은 우리들 인식의 영역을 넘어선 것입니다."

"대왕이여! 존재하는 것인 대해에서도 물이나 그 곳에 살고 있는 중생을 계산할 수 없는 것처럼, 그와 마찬가지로 존재하는 것인 열반에 대해서도 형태라든가 위치, 연수, 분량 따위를 비유에 의하여·이유에 의해·원인에 의해 또는 방법에 의해서 보여 줄 수는 없습니다. 대왕이여! 설령 신통력이 있고 마음의 자재에 도달한 자가 대해의 물이나 그 곳에 살고 있는 중생을 계산한다고 해도, 신통력이 있고 마음의 자재에 도달한 그라고 할지라도 열반의 형태라든가 위치, 연수, 분량 따위를 비유에 의해·이유에 의해·원인에 의해, 또는 방법에 의해서 보여 줄 수는 없을 것입니다.

대왕이여! '존재하는 것인 열반에 대해서도 형태라든가 위치,

연수, 분량 따위를 비유에 의하여·이유에 의해·원인에 의해, 또는 방법에 의해서 보여 줄 수 없다'라는 말의 그 이상의 다른 비유를 들어보십시오. 대왕이여! 여러 신들 가운데 '빛깔과 형체가 없는 신체를 가진 자'라고 이름하는 신이 있습니까?"

"존자여! 그렇습니다. 나는 여러 신들 가운데 '빛깔과 형체가 없는 신체를 가진 자'라고 이름하는 신들이 있다는 것을 들었습니다."

"그렇다면 저들 '빛깔과 형체가 없는 신체를 가진' 신들의 형태라든가, 살고 있는 장소의 위치라든가 연령이라든가, 몸의 크기 등을 비유에 의해, 이유에 의해, 원인에 의해 또는 방법에 의해서 보여 줄 수 있습니까?"

"그럴 수 없습니다."

"그렇다면 빛깔이나 형체가 없는 신체를 가진 신들은 존재하지 않다는 말입니까?"

"존자여! '빛깔이나 형체가 없는 신체를 가진' 신들은 존재합니다. 그렇지만 저들의 형체라든가 위치, 연령, 몸의 크기 따위를 비유에 의해·이유에 의해·원인에 의해 또는 방법에 의해 보여 줄 수는 없는 것입니다."

"대왕이여! 존재하는 생물(生物)인 '빛깔과 형체가 없는 신체를 가진' 신들에 관해서 형체라든가 위치, 연령, 몸의 크기 따위를 비유에 의해·이유에 의해·원인에 의해 또는 방법에 의해서 보여 줄 수 없는 것처럼, 그와 마찬가지로 존재하는 것인 열반에 대해서도 형태라든가 위치, 연수, 분량 따위를 비유에 의하여, 이유에 의해·원인에 의해·또는 방법에 의해서 보여 줄 수는 없습니다."

"존자 나가세나여! 어쨌든 열반은 오로지 안락하고 더구나 그런 형태라든가 위치, 연수, 분량 따위를 비유에 의하여 이유에 의해 원인에 의해 또는 방법에 의해서 보여 줄 수는 없다라고 인정하겠습니다. 그렇다면 열반의 특성으로서 다른 것에 포함되어 있는 것이 존재합니까? 뭔가 예시할 정도의 것이 있습니까?"

"대왕이여! 형태에 관해서는 아닐지라도 특성에 관해서는 뭔가 예시하는 것을 제시할 수 있을 것입니다."

"존자 나가세나여! 부디 제가 열반의 특성에 관해서 그 일부분이라도 밝은 이해를 얻을 수 있도록 어서 말씀해 주십시오. 내 마음의 타는 듯한 괴로움을 불어 꺼서 시원하게 해 주시고, 감미로운 말씀의 미풍에 의해서 그것을 제거해 주십시오."

"대왕이여! 연꽃의 한 가지 특성이 열반의 여러 특성 속에 포함되어 있습니다. 물의 두 가지 특성, 아가다약(해독제)의 세 가지 특성, 대해의 네 가지 특성, 먹을거리의 다섯 가지 특성, 허공의 열 가지 특성, 마니보주의 세 가지 특성, 붉은 전단의 세 가지 특성, 제호의 세 가지 특성, 봉우리 정상의 다섯 가지 특성은 열반에 포함되어 있습니다."

"존자 나가세나여! '연꽃의 한 가지 특성은 열반에 포함되어 있다'라고 당신은 말씀하셨습니다. 연꽃의 어떤 한 가지 특성이 열반에 포함되어 있는 것입니까?"

"대왕이여! 마치 연꽃이 진흙물에 의해서 더럽혀지지 않는 것처럼 그것과 마찬가지로 열반은 온갖 번뇌에 의해서 더럽혀지지 않습니다. 이런 연꽃의 '어떠한 물건에 의해서도 더럽혀지지 않는다고 하는' 한 가지 특성이 열반에 들어 있습니다."

"존자 나가세나여! 당신은 '물의 두 가지 특성은 열반에 포함되어 있다'라고 말씀하셨습니다. 물의 어떠한 두 가지 특성이 열반에 들어 있다는 말씀입니까?"

"대왕이여! 물이 시원하여 뜨거운 괴로움을 꺼주는 것처럼 열반은 시원하여서 번뇌의 뜨거운 괴로움을 불어 꺼줍니다. 이런 물의 '시원하며 뜨거운 괴로움을 꺼준다'라고 하는 첫번째 특성이 열반에 들어 있습니다.

또한 피로하고 목마름을 호소하며 무더위에 괴로워하던 사람이나 가축들의 갈증을 물이 풀어주듯이, 열반은 욕망에 대한 애착·생존에 대한 애착·자기의 생존을 부정하려고 하는 애착이라는 갈증을 풀어줍니다. 이런 물의 두번째 특성이 열반에 들어 있습니다. 대왕이여! 이러한 물의 두 가지 특성이 열반에 들어 있는 것입니다."

"존자 나가세나여! '아가다약의 세 가지 특성이 열반에 들어 있다'라고 당신은 말씀하셨습니다. 아가다약의 어떠한 세 가지 특성이 열반에 들어 있다는 것입니까?"

"대왕이여! 아가다약은 독으로 인해 고통받고 있는 중생이 의지할 곳이 되는 것처럼 열반은 번뇌의 독에 고통받고 있는 중생의 의지처입니다. 이런 아가다약의 첫번째 특성이 열반에 들어 있습니다.

또한 아가다약이 온갖 병을 없애 주는 것처럼 열반은 모든 괴로움을 없애 줍니다. 이런 아가다약의 두번째 특성이 열반에 들어 있습니다.

제8장

나아가 또한 아가다약이 감로(不死)인 것처럼 열반은 감로입니다. 이와 같은 아가다약의 세번째 특성이 열반에 들어 있습니다. 대왕이여! 이러한 아가다약의 세 가지 특성이 열반에 들어 있는 것입니다."

"존자 나가세나여! '대해의 네 가지 특성이 열반에 들어 있다'라고 당신은 말씀하셨습니다. 대해의 어떠한 네 가지 특성이 열반에 들어 있다는 말씀입니까?"

"대왕이여! 대해가 모든 시체에 대한 애증의 생각에서 떠나 텅 빈 것처럼 열반은 모든 번뇌라는 시체로부터 떠나서 텅 비었습니다. 이런 대해의 첫번째 특성이 열반에 들어 있습니다.

나아가 또한 대해가 광대하며 차안(此岸)도 피안(彼岸)도 없고 모든 하천을 담고서도 넘치는 일이 없는 것처럼 열반은 광대하며 차안도 피안도 없고 모든 중생을 지니고서도 넘치지 않습니다. 이런 대해의 두번째 특성이 열반에 들어 있습니다.

대왕이여! 나아가 또한 대해는 커다란 중생이 사는 곳인 것처럼 열반은 티끌이 없으며 번뇌의 더러움을 모두 멸하여 뛰어난 힘을 지니고 마음의 자재를 얻은 거대한 중생인 대아라한들이 사는 곳입니다. 이런 대해의 세번째 특성이 열반에 들어 있습니다.

나아가 또한 대해를 헤아릴 수 없고 갖가지 광대한 파도라는 꽃이 피는 것처럼 열반은 헤아릴 수 없고 갖가지 광대하고 청정하며 명지(明知)인 해탈의 꽃이 핍니다. 이와 같은 대해의 네번째 특성이 열반에 들어 있습니다. 이러한 대해의 네 가지 특성이 열반에 들어 있는 것입니다."

"존자 나가세나여! '먹을거리의 다섯 가지 특성이 열반에 들어 있다'라고 당신은 말씀하셨습니다. 먹을거리의 어떤 다섯 가지 특성이 열반에 들어 있다는 말씀입니까?"

"대왕이여! 마치 먹을거리가 모든 중생의 수명을 유지시키는 것과 같이, 열반은 실제로 증득되었을 때 증득한 자들의 늙음과 죽음을 없애 주기 때문에 수명을 유지시켜 줍니다. 이런 먹을거리의 첫번째 특성이 열반에 들어 있습니다.

나아가 또한 먹을거리가 모든 중생의 힘을 증대시켜 주는 것처럼 열반은 실제로 증득되었을 때 중생들이 신통력을 증대시켜 줍니다. 이런 먹을거리의 두번째 특성이 열반에 들어 있습니다.

나아가 또한 먹을거리가 중생의 보기 좋은 용모를 만들어내는 것처럼 열반은 실제로 증득되었을 때 모든 중생의 덕의 아름다운 용모를 만들어 냅니다. 이런 먹을거리의 세번째 특성이 열반에 들어 있습니다.

대왕이여! 나아가 또한 먹을거리가 중생의 근심을 가라앉히는 것처럼 열반은 실제로 증득되었을 때 모든 중생의 온갖 번뇌의 근심을 가라앉힙니다. 이런 먹을거리의 네번째 특성이 열반에 들어 있습니다.

나아가 또한 먹을거리가 중생의 굶주림과 쇠약함을 없애 주는 것처럼 열반은 실제로 증득되었을 때 모든 중생의 온갖 괴로움이라는 굶주림과 쇠약함을 없애 줍니다. 이와 같은 먹을거리의 다섯번째 특성이 열반에 들어 있습니다. 대왕이여! 이러한 먹을거리의 다섯 가지 특성이 열반에 들어 있는 것입니다."

"존자 나가세나여! '허공의 열 가지 특성이 열반에 들어 있다'라고 당신은 말씀하셨습니다. 허공의 어떤 열 가지 특성이 열반에 들어 있습니까?"

"대왕이여! 마치 허공이 생겨나지도 않고 늙지도 않고 죽지도 않고 가버리지도 않고 다시 나지도 않으며 정복되기 어렵고 도둑에게 빼앗기지도 않으며 어떤 물건에도 의존하지 않고 새가 날아다니는 영역이고 덮이거나 가려진 것도 없고 그 끝이 없는 것처럼, 그와 마찬가지로 열반은 나지도 않고 늙지도 않고 죽지도 않고 가버리지도 않고 다시 나지도 않고 정복되기 어렵고 도적에게 빼앗기지 않고 어떤 물건에도 의존하지 않고 성자가 그 곳으로 다니는 곳이며 덮거나 가린 것도 없고 그 끝이 없는 것입니다. 대왕이여! 이러한 허공의 열 가지 특성이 열반에 들어 있는 것입니다."

"존자 나가세나여! '마니보주의 세 가지 특성이 열반에 들어 있다'라고 당신은 말씀하셨습니다. 마니보주의 어떠한 세 가지 특성이 열반에 들어 있는 것입니까?"

"대왕이여! 마치 마니보주가 모든 욕구를 들어주는 것처럼 열반은 모든 욕구를 들어줍니다. 이런 마니보주의 첫번째 특성이 열반에 들어 있습니다.

나아가 또한 마니보주가 사람들을 기쁘게 해 주는 것처럼 열반은 사람들을 기쁘게 해 줍니다. 이런 마니보주의 두번째 특성이 열반에 들어 있습니다.

나아가 또한 마니보주가 광채를 놓는 것처럼 열반은 광채를 놓습니다. 이와 같은 마니보주의 세번째 특성이 열반에 들어 있습니다. 대왕이여! 이러한 마니보주의 세 가지 특성이 열반에 들어 있는 것입니다."

"존자 나가세나여! '붉은 전단의 세 가지 특징이 열반에 들어 있다'라고 당신은 말씀하셨습니다. 붉은 전단의 어떠한 세 가지 특징이 열반에 들어 있는 것입니까?"

"대왕이여! 붉은 전단은 손에 넣기가 어려운 것처럼 열반은 깨닫기가 어렵습니다. 이런 붉은 전단의 첫번째 특성이 열반에 들어 있습니다.

나아가 또한 붉은 전단이 비할 바 없는 향긋한 향기를 갖고 있는 것처럼 열반은 비할 바 없는 향긋한 향기를 가지고 있습니다. 이와 같은 붉은 전단의 두번째 특성이 열반에 들어 있습니다.

나아가 또한 붉은 전단이 선인(善人)의 찬양을 받는 것처럼 열반은 성자(聖者)에게 찬양받습니다. 이와 같은 붉은 전단의 세번째 특성이 열반에 들어 있습니다. 대왕이여! 이러한 붉은 전단의 세 가지 특성이 열반에 들어 있다는 것입니다."

"존자 나가세나여! '제호의 세 가지 특성이 열반에 들어 있다'라고 당신은 말했습니다. 어떠한 제호의 세 가지 특성이 열반에 들어 있다는 말입니까?"

"대왕이여! 마치 제호가 아름다운 색을 갖추고 있는 것처럼 열반은 덕이라는 아름다운 색을 갖추고 있습니다. 이러한 제호의 첫번째 특성이 열반에 들어 있습니다.

나아가 또한 제호가 향긋한 향기를 갖추고 있는 것처럼 열반은 계행(戒行)이라는 향긋한 향기를 갖추고 있습니다. 이런 제호의 두번째 특성이 열반에 들어 있습니다.

제8장
233

나아가 또한 제호가 훌륭한 맛을 갖추고 있는 것처럼 열반은 훌륭한 맛을 갖추고 있습니다. 이와 같은 제호의 세번째 특성이 열반에 들어 있습니다. 대왕이여! 이러한 제호의 세 가지 특성이 열반에 들어 있다는 것입니다."

　"존자 나가세나여! '산 정상의 다섯 가지 특성이 열반에 들어 있다'라고 당신은 말씀하셨습니다. 산 정상의 어떠한 다섯 가지 특성이 열반에 들어 있다는 것입니까?"

　"대왕이여! 마치 산 정상이 우뚝 서 있는 것처럼 열반도 우뚝 서 있습니다. 이런 산 정상의 첫번째 특성이 열반에 들어 있습니다.

　나아가 또한 산 정상이 흔들리지 않는 것처럼 열반은 흔들리지 않습니다. 이런 산 정상의 두번째 특성이 열반에 들어 있습니다.

　나아가 또한 산 정상은 사람들이 쉽사리 등반하지 못하는 것처럼 열반은 모든 번뇌가 쉽게 오르기 어려운 것입니다. 이런 산 정상의 세번째 특성이 열반에 들어 있습니다.

　대왕이여! 나아가 또한 산 정상은 모든 씨앗이 생장하지 못하는 장소인 것처럼 열반은 온갖 번뇌가 생장하지 못하는 경지입니다. 이런 산 정상의 네번째 특성이 열반에 들어 있습니다.

　나아가 또한 산 정상이 사람들의 애정이나 증오로부터 멀리 벗어나 있는 것처럼 열반은 애정과 증오로부터 멀리 벗어나 있습니다. 이런 산 정상의 다섯번째 특성이 열반에 들어 있습니다. 이러한 산 정상의 다섯 가지 특성이 열반에 들어 있다는 것입니다."

"잘 알았습니다. 존자 나가세나여! 이것은 바로 그대로라고
나는 인정합니다."

11. 열반을 실체로 증득하는 법

"존자 나가세나여! 그대는 '열반은 과거가 아니고, 미래가 아
니고, 현재가 아니며, 이미 생겨난 것도 아니고, 아직 생겨나지
않은 것도 아니고, 이제 막 생겨나는 것도 아니다'라고 말했습
니다.

존자 나가세나여! 이럴 경우 올바르게 실천하여 열반을 실제
로 증득하는 자는 그 누구라도 이미 생겨난 것(열반)을 실증하
겠습니까? 그렇지 않으면 '열반을 먼저' 생겨나게 하고 후에 그
것을 실증하겠습니까?"

"대왕이여! 올바르게 실천하여 열반을 실제로 증득하는 자는
누구라도 이미 생겨난 것(열반)을 실제로 증득하는 것이 아니
고, 열반을 먼저 생겨나게 하고 후에 그것을 실제로 증득하는
것도 아닙니다. 대왕이여! 그렇지만 저 올바르게 실천하는 자가
실제로 증득하는 그 열반의 세계는 존재합니다."

"존자 나가세나여! 이 물음을 은밀히 해명해서는 안 됩니다.
공공연하게 해명해 주십시오. 의욕을 일으켜서 그대가 배운 모
든 것을 여기에서 털어놓아 주십시오. 이 세상 사람들은 이것에
대해서 미혹하고 의심하고 의혹에 떨어져 있습니다. 이런 속마
음의 허물의 화살을 부러뜨려 주십시오."

"대왕이여! 고요하고 안락하고 깨끗하고 미묘한 이 열반의 세계는 존재하며, 올바르게 실천하는 자는 승자(勝者, 부처님)의 가르침에 의해 여러 가지 형성된 것을 파악하면서 지혜에 의해서 그것을 실제로 증득하는 것입니다.

대왕이여! 예를 들면 제자가 스승의 가르침을 따라서 지혜에 의해 학문을 실제로 증득하는 것처럼 올바르게 실천하는 자는 승자의 가르침을 따라서 지혜에 의해서 열반을 실제로 증득합니다.

'그렇다면 또한 열반은 어떻게 보아야 하겠는가'라고 당신은 물을 것입니다. 열반은 재난이 사라진 곳이며, 위험하지 않고, 두려움이 없으며, 안온하고, 고요하고, 안락하고, 환희롭고, 절묘(絶妙)하고, 청정하고, 맑고 서늘하다고 보아야 합니다.

대왕이여! 예를 들면 산처럼 높이 쌓인 장작더미에 불이 붙었다고 합시다. 그 때 어떤 남자가 맹렬하게 타오르는 불길 속에 놓여 있다가 노력하여 그 곳으로부터 도망쳐서 불이 없는 곳으로 들어가 그 곳에서 으뜸 가는 안락함을 얻는 것과 같습니다. 그와 마찬가지로 올바르게 실천하는 자는 올바른 주의노력에 의해서 세 가지 뜨거운 불길(탐욕, 성냄, 미망)을 떠난 으뜸 가는 안락한 열반을 실제로 증득합니다. 맹렬하게 타오르는 불은 세 가지 뜨거운 불길을 비유한 것이고, 불 속에 놓여 있던 남자는 올바르게 실천하는 자를 비유한 것이고, 불이 없는 곳이란 바로 열반을 비유한 말입니다.

대왕이여! 또 예를 들면 어떤 남자가 뱀이나 닭, 인간의 시체나 신체의 배설물 또는 쓰레기 구덩이 속에 들어가 있거나 또는 시체의 머리카락이 뒤엉킨 가운데에 들어 있다고 합시다. 그 때 그는 노력해서 그 곳으로부터 도망쳐 시체가 없는 곳으로 들어가서 그 곳에서 으뜸 가는 안락함을 얻을 것입니다. 그와 마찬가지로, 올바르게 실천하는 자는 올바른 주의노력에 의해서 번뇌라는 시체를 떠난 으뜸 가는 안락한 열반을 실제로 증득합니다. 시체 등은 다섯 가지 욕망의 대상을 비유한 말이고, 뒤엉킨 시체 더미 속에 들어 있는 남자는 바로 올바르게 실천하는 자를 비유한 말이며, 시체가 없는 곳이란 바로 열반을 비유한 말입니다.

대왕이여! 또 예를 들면 어떤 남자가 두려움이나 공포심 또는 동요하거나 마음이 뒤바뀌고 미혹에 헷갈려 있을 때 노력하여 그 곳으로부터 도망쳐 견고하고 강건하고 흔들리지 않는 두려움 없는 곳으로 들어가서 그 곳에서 으뜸 가는 안락함을 얻는 것과 같이, 그와 마찬가지로 올바르게 실천하는 자는 올바른 주의노력에 의해서 두려움과 공포로부터 떠난 으뜸 가는 안락한 열반을 실제로 증득합니다. 대왕이여! 이 남자가 두려움이나 공포심에 헷갈려 있는 것은 바로 태어나는 것·늙는 것·병드는 것·죽는 것에 의해서 끊임없이 생기(生起)하는 두려움을 비유한 말이고, 두려움을 품은 남자는 바로 올바르게 실천하는 자를 비유한 말이며, 두려움이 없는 곳이란 바로 열반을 비유한 말입니다.

대왕이여! 또 예를 들면 어떤 남자가 더러운 진흙탕길이나 진흙 늪에 빠져 있을 때에 노력해서 그 진흙이나 늪에서 도망쳐 청정하고 티끌 없는 땅으로 가서 그 곳에서 으뜸 가는 안락함을 얻는 것처럼, 그와 마찬가지로 올바르게 실천하는 자는 올바른 주의노력에 의해서 번뇌라는 티끌이나 진흙을 떠난 으뜸가는 안락한 열반을 실제로 증득합니다. 진흙탕길 등은 바로 이득, 존경, 명예를 비유한 말이고, 진흙 속에 빠져 있는 남자는 바로 올바르게 실천하는 자를 비유한 말이며, 청정하고 티끌 없는 땅이란 바로 열반을 비유한 말입니다.

대왕이여! 그렇다면 올바르게 실천한 자는 어떻게 열반을 실증할까요? 저 올바르게 실천한 자는 여러 가지 형성된 것의 작용(轉起)을 무상(無常)하다 등으로 파악하고, 이렇게 파악하였을 때 거기에서 태어남과 늙음·병듦·죽음을 보고, 거기에 그 어떠한 안락함이나 환희를 보지 않습니다. 처음에도 중간에도 나중에도, 그는 거기에서 그 어떤 집착할 만한 것을 보지 않습니다.

대왕이여! 예를 들면 한낮의 열기에 매우 뜨겁게 달구어져 있는 쇳덩이가 있다고 합시다. 어떤 남자가 그 쇳덩이를 잡으려고 하지만 처음이나 가운데나 끝부분의 그 어떤 부분 중에서도 손으로 잡을 만한 부분을 전혀 찾아낼 수 없을 것입니다. 그와 마찬가지로 여러 가지 형성된 것의 작용을 파악하는 자는 작용을 파악할 때에 그 곳에서 태어남을 보고, 늙음·병듦·죽음을 보고, 거기에서 그 어떠한 안락함이나 환희를 보지 않습니다. 처음에도 중간에도 마지막에도 어떠한 집착할 만한 것을 보지 않습니다. 그가 집착할 만한 것을 보지 않을 때 그의 마음에 불쾌하다는 생각이 나타나고 몸에는 열이 일어나며 그는 자신을 구호할 곳도 없고 피난할 곳도 없으며 귀의할 곳도 없는 자가 되고 온갖 생존을 싫어하게 됩니다.

　대왕이여! 예를 들면 어떤 남자가 치열하게 타오르는 거대한 불덩이 속에 들어갔다고 합시다. 그는 그 곳이 자신을 구호할 곳이 아니고 피난처가 아니며, 자신은 귀의할 곳이 없는 자가 되어 불을 싫어하게 되는 것처럼, 그는 집착할 만한 것을 보지 않을 때 그의 마음에 불쾌하다는 생각이 일어나게 되며 몸에 열이 일어나고, 그는 자신을 구호할 곳이 없고 피난할 곳이 없으며 귀의할 곳도 없는 자가 되며 온갖 생존을 싫어하게 됩니다. 그가 여러 가지 형성된 것의 작용에 있어서 두려움을 발견할 때 다음과 같은 사념(思念)이 마음에 생깁니다.

　'이 여러 가지 형성된 것의 작용은 타오르는 불길이며 맹렬하게 타오르고 있으며 괴로움이 많고 번민으로 가득 차 있다. 만일 누군가가 이런 작용이 없는 상태를 얻는다면 그것은 적정(寂靜)이며 절묘(絶妙)이다. 즉 그것은 모든 형성된 것이 고요히 멈추고, 모든 소인(素因)을 버리고 떠난 것이며, 애집(愛執)이 붕괴되고 멸하고 탐욕을 여의는 일이며, 번뇌의 지멸(止滅)이고, 열반이다'라고. 한편 이렇게 해서 그가 모든 형성된 것의 작용이 없는 상태를 얻었을 때 그의 마음은 용솟음치고 기뻐하며 크게 환희하고 만족하면서 '마침내 나는 출리(出離)를 얻었다'라고 확신합니다.

　대왕이여! 예를 들면 어떤 남자가 길을 잃고서 헤매며 어딘지 모를 땅에 들어섰다가 우연히 목적지로 통하는 길을 발견하였다면 그는 그 때 마음이 용솟음치고 기뻐하며 크게 환희하고 만족하면서 '마침내 나는 출리를 얻었다'라고 확신할 것입니다.

그는 여러 가지 형성된 것의 작용이 없는 상태에 이르는 길을 얻고자 노력하고 탐구하고 실천수행하며 많이 수행할 것입니다. 그것을 목적으로 하여 그에게 전념이 확립되고, 그것을 목적으로 하여 정진이 확립되고, 그것을 목적으로 하여 희열이 확립됩니다. 그의 마음이 끊임없이 그것에 몰두해 갈 때 작용을 초월하며 작용이 없는 상태에 들어갑니다.

대왕이여! 이것을 가리켜서 '여러 가지 형성된 것의 작용이 없는 상태에 도달하여 올바르게 실천한 자는 열반을 실증한다'라고 말합니다."

"잘 알았습니다. 존자 나가세나여! 이것은 바로 그대로라고 나는 인정합니다."

12. 언제 어디서나 실제로 증득되는 열반

"존자 나가세나여! 열반의 끝이 놓여 있는 땅은 동쪽에 있습니까? 남쪽에 있습니까? 그렇지 않으면 서쪽에 있습니까? 북쪽에 있습니까? 그렇지 않으면 위에 있는 것입니까? 아래에 있는 것입니까? 그렇지 않으면 지평선상에 있는 것입니까?"

"대왕이여! 열반의 끝이 놓여 있는 땅은 동쪽에 있는 것도 아니고, 남쪽에 있는 것도 아니고, 서쪽에 있는 것도 아니고, 북쪽에 있는 것도 아니고, 위에 있는 것도 아니고, 아래에 있는 것도 아니며 지평선상에 있는 것도 아닙니다."

"존자 나가세나여! 만일 열반의 끝이 놓여진 장소가 없다고 한다면 그렇다면 열반은 존재하지 않을 것입니다. 나아가 그 열반을 실제로 증득하는 사람들의 증득 또한 잘못된 것입니다. 그에 관한 이유를 이야기하겠습니다.

존자 나가세나여! 땅에는 곡물이 자라는 밭이 있고 향기가 풍기는 꽃이 있으며 꽃을 피우는 관목이 있으며 과실을 맺는 나무가 있고 보석을 낳는 광산이 있어서 누구든지 그 곳에 가서 그 중에서 자기가 원하는 것을 가지고 올 수 있는 것처럼, 만일 열반이 존재한다면 그 열반이 생겨나는 장소 또한 존재한다고 기대할 수 있을 것입니다.

존자 나가세나여! 그런데 나는 열반이 생겨나는 장소가 존재하지 않는다면 그에 따라 열반은 존재하지 않는다고 말하는 것입니다. 나아가 열반을 실제로 증득하는 사람들의 증득 또한 잘못인 것입니다."

"대왕이여! 열반의 끝이 놓여진 장소는 존재하지 않습니다. 그렇지만 이 열반은 존재하는 것입니다. 올바르게 실천하는 자가 올바른 주의노력에 의해서 열반을 실제로 증득하는 것입니다.

대왕이여! 예를 들면 불은 틀림없이 존재하지만 그것의 끝이 놓여진 장소는 존재하지 않습니다. 두 개의 장작을 서로 부딪칠 때에 불이 생기는 것처럼, 그와 마찬가지로 열반은 존재하지만 그것의 끝이 놓여진 장소는 존재하지 않습니다. 올바르게 실천하는 자가 올바른 주의노력에 의해서 열반을 실제로 증득하는 것입니다.

대왕이여! 또 예를 들면 '전륜성왕이 소유한다고 일컬어지는' 일곱 가지 보물, 즉 윤보·상보·마보·마니보·여보·거사

보·장군보는 존재하지만 그러한 보배의 끝이 놓여진 장소는 존재하지 않습니다. 그리고 크샤트리야 계급의 사람이 올바르게 실천한다면 그 실천력에 의해서 그는 보물들을 성취하게 됩니다. 그와 마찬가지로 열반은 존재하지만 그것의 끝이 놓여진 장소는 존재하지 않습니다. 올바르게 실천한 자가 올바른 주의노력에 의해서 열반을 실제로 증득하는 것입니다."

"존자 나가세나여! 열반의 끝이 놓여진 장소가 없다면 그렇다면 좋습니다. 하지만 올바르게 실천하는 자가 머무는 곳이며, 열반을 실제로 증득한다고 하는 그 머무는 곳은 있습니까?"

"대왕이여! 그렇습니다. 올바르게 실천하는 자가 그 곳에 머물며, 열반을 실제로 증득하는 그 머무는 곳은 있습니다."

"존자여! 그렇다면 무엇이 올바르게 실천하는 자가 머무는 곳이고, 열반을 실제로 증득하는 그 머무는 곳으로 삼는다는 말입니까?"

"대왕이여! 계행이 바로 그 머무는 곳입니다. 사람이 계행에 안주하고 올바르게 주의노력한다면 사카국(스키티야)이거나, 야바아나(그리스)이거나, 치나(支那)이거나, 비이라타(치파타, 韃靼)이거나, 아라산다(알렉산드리아)이거나, 니쿰바이거나, 카시(베나레스)이거나, 코살라이거나, 카슈미라이거나, 간다라이거나, 산 정상이거나, 범천계이거나, 그 어떠한 곳에 머물러도 올바르게 실천하는 자는 열반을 실제로 증득합니다.

대왕이여! 예를 들면 눈이 있는 사람은 그 누구라도 사카국이거나, 야바아나이거나, 치나이거나, 비이라타이거나, 아라산다이거나, 니쿰바이거나, 카시이거나, 코살라이거나, 카슈미라이거나, 간다라이거나, 산 정상이거나, 범천계이거나, 어떤 곳에 머물러도 허공을 볼 수 있습니다. 그와 마찬가지로 사람이 계행에 안주하여 올바르게 주의노력한다면 사카국이거나 야바아나이거나 나아가 그 어떠한 곳에 머물러서도 올바르게 실천하는 자는 열반을 실제로 증득합니다.

대왕이여! 또한 예를 들면 사카국이거나 야바아나이거나 나아가 그 어떠한 곳에 머물러도 동쪽이 존재하는 것처럼 사람이 계행에 안주하여 올바르게 주의노력한다면 사카국이거나 야바아나이거나 나아가 그 어떠한 곳에 머물러도 올바르게 주의노력하는 자에게 열반의 증득은 있는 것입니다."

"잘 알았습니다. 존자 나가세나여! 그대는 열반을 제시하였고, 열반의 진실한 증득을 제시하였으며, 계행의 공덕을 설하였고, 올바른 실천을 제시하였습니다. 그리하여 진리의 깃발을 세웠고, 그대에 의해 진리의 눈은 확립되었으며, 능히 전심하는 자들에 의해서 올바른 수행은 공허한 것이 아니라고 제시되었습니다. 가장 으뜸 가고 가장 훌륭한 지도자시여! 이것은 바로 그대로라고 나는 인정합니다."

별 장(別章)

추리(推理)에 관한 질문 : 붓다의 실재에 대해서

어느 때 밀린다왕은 존자 나가세나가 있는 곳에 다가갔다. 다가가서 존자 나가세나에게 인사를 하고 한쪽 옆에 앉았다. 한쪽 옆에 앉은 밀린다왕은 알기를 원하고, 듣기를 원하며, 기억하기를 원하고, 명지(明知)의 광명을 보기를 원하고, 무지를 깨뜨리기를 원하고, 명지의 광명을 일으키기를 원하고, 무지의 어두움을 멸하기를 원하여 뛰어난 용기와 노력과 사념과 정지(正知)를 일으켜서 존자 나가세나에게 다음과 같이 물었다.

"존자 나가세나여! 그대는 붓다를 본 적이 있습니까?"

"없습니다. 대왕이여!"

"그렇다면 그대의 스승은 붓다를 본 적이 있습니까?"

"없습니다. 대왕이여!"

"존자 나가세나여! 그대는 실제로 붓다를 본 적이 없고 그대의 스승 또한 붓다를 본 적이 없다고 말씀하셨습니다. 그렇다면 붓다는 실재하지 않는 것이겠습니다. 붓다는 이 세상에서는 알려져 있지 않는 것입니다."

"대왕이여! 그대의 크샤트리야 종성(種姓)의 조상이었던 옛 크샤트리야들은 실재하였습니까?"

"그렇습니다. 존자여! 거기에 어떤 의심이 있겠습니까? 나의 크샤트리야 종성의 조상들인 옛 크샤트리야들은 실재하였습니다."

"대왕이여! 그대는 일찍이 옛 크샤트리야들을 본 적이 있습니까?"

"없습니다. 존자여!"

"대왕이여! 그렇다면 그대를 가르쳤던 사제, 장군, 사법관, 대신 등은 일찍이 옛 크샤트리야들을 본 적이 있습니까?"

"없습니다. 존자여!"

"대왕이여! 그렇다면 그대도 옛 크샤트리야를 본 적이 없고 그대를 가르쳤던 사람들도 실제로 옛 크샤트리야들을 본 적이 없다고 한다면 옛 크샤트리야들은 어디에 있는 것입니까? 그렇다면 이 세상에서 옛 크샤트리야들은 알려져 있지 않는 것입니다."

"존자 나가세나여! 옛 크샤트리야들이 사용한 집기품들, 즉 하얀 우산(白傘), 왕관, 신발, 불자(拂子), 보검(寶劍), 값비싼 침구가 있으며, 그것들에 의해서 우리들은 '옛 크샤트리야는 실재하였다'라고 알며 믿는 것입니다."

"대왕이여! 그와 마찬가지로 우리들도 또한 이 세존을 알며 믿는 것입니다. '저 세존은 실재하셨다'라고 우리들이 알고 믿는 이유는 존재합니다. 그 이유란 어떤 것인가?

대왕이여! 저 지자(知者)·견자(見者)·공양 받을 가치가 있는 이·올바르게 깨달은 자이신 세존께서 사용하셨던 집기품, 즉 네 가지 전주(專注), 네 가지 바른 노력, 네 가지 신통력을 나타내는 마음의 힘, 다섯 가지 뛰어난 작용, 다섯 가지 힘, 깨달음을 얻기 위한 일곱 갈래, 여덟 갈래로 이루어진 성스러운 길이 있으며 그것들에 의해서 신들이나 인간들은 '저 세존께서 실재하셨다'라고 알고 믿는 것입니다.

대왕이여! 다음과 같은 이유에 의하여·다음과 같은 원인에 의하여·다음과 같은 이론에 의하여·다음과 같은 추리에 의하여 '저 세존은 실재하셨다'라고 알아야 하는 것이니, 즉 '수많은 사람들을 제도하시고 소인(素因)을 모두 멸하셔서 열반에 들어가신 저 으뜸 가는 분이신 붓다께서는 실재하셨다'라고, 추리에 의해서 알아야 하는 것입니다."

"존자 나가세나여! 비유를 들어 주십시오."

"대왕이여! 예를 들면 도성을 건설하는 사람이 도성을 지으려고 할 때는 제일 먼저 평평하고 요철이 없으며 모래나 자갈, 암석이 없고 적들이 공격해 올 위험에서 떠나 있으면서 결함이 없는 좋은 지역을 자세하게 시찰하고, 평평하지 않는 곳을 평평하게 하고 막대기나 가시덩굴을 없애고 그 곳에 도성을 짓는다고 합시다. 그것은 매우 좋은 땅이고, 구획을 나누어서 정연하게 측량되었으며, 해자나 보루를 팠으며, 견고한 성문·파수대·성벽이 있고, 수많은 도로· 십자로·교차로·네거리가 있으며, 청결하며 평탄한 왕도(王道)가 있으며, 상점이 정연하게 줄지어 서 있고, 유원지나 정원·연못·못·우물이 잘 갖추어져 있으며, 훌륭하게 꾸며진 많은 종류의 신전이 있고, 온갖 재앙으로부터 떠나 있습니다. 그 도시가 그 어느 곳이나 융성해졌을 때 그는 다른 지방을 향해 떠나갔다고 합시다. 그리고 훗날 그 도성은 번영하고, 활기에 넘치며 먹을 것이 풍부하고, 안온하고 번창하며, 행복하여서 재앙이 없으며, 수많은 사람이 무리를 지어 살고 있습니다.

많은 크샤트리야·바라문·바이샤·슈드라·코끼리를 타는 병사·기병(騎兵)·전차병(戰車兵)·보병·화살을 든 자·검을 든 자·기수·전령·음식물을 배급하는 자·위공을 세운 왕자·커다란 코끼리같이 힘이 있는 자·용감한 전사·무장한 병사·노예의 자식·시종의 자식·장수의 회합·요리사·이발사·목욕을 시중드는 자·대장장이·화환을 만드는 사람·금세공사·은세공사·납을 세공하는 사람·구리를 세공하는 사람·청동을 세공하는 사람·주물을 만드는 사람(眞鑄工)·철을 세공하는 사람·마니구슬을 세공하는 사람·직공(織工)·도자기를 굽는 사람·소금을 만드는 사람·가죽을 만드는 사람·수레 만드는 사람·상아를 세공하는 사람·밧줄을 만드는 사람·빗 만드는 사람·방적(紡績)하는 사람·바구니 만드는 사람·활 만드는 사람·현(弦) 만드는 사람·화살 만드는 사람·화가·염료를 만드는 사람·염색공·섬유 짜는 기술가·재봉사·환전상·직물상·향료상·장작 파는 사람·목재 파는 사람·고용인·나뭇잎을 파는 사람·과일을 파는 사람·나무뿌리를 파는 사람·쌀밥을 파는 사람·과자를 파는 사람·생선을 파는 사람·육류를 파는 사람·술 파는 사람·배우·무용가·곡예사·수공업자·직업 음유시인·장수·화장(火葬)하는 사람·꽃을 청소하는 사람·비천한 사람·사냥꾼·윤락녀·춤추는 아이·물긷는 여자·또는 다른 나라의 사카족 사람·야바아나 사람·치나 사람·비이라타 사람·웃제니 사람·바르캇챠 사람·카쉬 사람·코살라 사람·변경 사람·마가다 사람·사케타 사람·술랏타 사람·파바 사람·코툼바라 사람·마두라 사람·아라산다 사람·카슈밀라 사람·간다라 사람 등 온갖 지방 출신의 사람들이 이 도성에 살려고 와서 그 새롭고 교묘하게 구획되고 완전무결하며 아름다운 도성을 보고, 그들은 추리하여 '아아, 이 도성을 건축한 도성 건설자는 참으로 뛰어난 사람이다'라고 알 것입니다.

대왕이여! 그와 마찬가지로, 저 세존이시며·같은 이가 없고·동등한 자가 없고·비견할 자가 없고·나란한 자가 없으며·비할 자가 없고·셀 수 없고 헤아릴 수가 없고·셈을 뛰어넘었으며·헤아려 알 수 없는 덕을 갖추었고·덕을 완성한 자이며·가없는 용맹함과 가없는 위광과 가없는 힘과·부처님 힘의 완성자로서 악마와 그 군대와 싸워 이겼으며, 삿된 견해의 그물을 찢고 무지를 멸하였으며 명지(明知)를 일으켰고 진리의 횃불을 움켜잡았으며 전지자의 지혜에 도달하였고 싸움에서 패하지 않으며 승리를 거둔 사람이신 세존은 진리의 도성(法城)을 세우셨습니다.

대왕이여! 세존께서 세우신 진리의 도성은 계행을 보루로 삼고, 죄를 부끄러워하는 것을 해자로 삼으며, 명지를 성 안의 울타리로 삼고, 정진을 파수꾼으로 삼고, 신앙을 기둥으로 삼고, 전념을 문지기로 삼고, 지혜를 높은 전각으로 삼고, '경'을 도로로 삼고, '논'을 네 거리로 삼고, '율'을 법정으로 삼으며, 네 가지 전주(專注)를 길거리로 삼습니다.

대왕이여! 더구나 그 네 가지 전주라는 길거리에 다음과 같은 상점이 열려져 있습니다. 즉 꽃가게, 향료가게, 과일가게, 아가다약을 파는 가게, 약국, 감로(불사의 영약)를 파는 가게, 보석가게, 백화점입니다."

"존자 나가세나여! 세존 붓다의 꽃가게란 무엇입니까?"

"대왕이여! 저 지자(知者)이시고 견자(見者)이시며 공양 받을 가치가 있는 자, 올바르게 깨달은 자이신 세존께서는 마음통일의 대상[15]에 어떤 종류가 있는지를 설하셨습니다. 즉 덧없다는 생각, '나'가 아니라는 생각, 부정(不淨)하다는 생각, 수반해서 생기는 비참한 허물을 아는 생각, 악을 버리고 끊는다는 생각, 탐욕을 떠나는 생각, 온갖 탐욕이 모두 멸한다는 생각, 모든 세간의 일들에 즐거움을 인정하지 않는 생각, 모든 형성된 것은 덧없다고 하는 생각, 들숨과 날숨을 헤아려서 마음을 통일하는 전념(專念), 시체가 부패하여 변화해 가는 과정을 관찰하여 그 시체가 부풀어오른다는 생각, 청흑색을 띠고 있다고 아는 생각, 고름이라는 생각, 끊어지고 무너진다는 생각, 곤충들에게 먹히고 있다는 생각, 어지럽게 흩어진다는 생각, 갈래갈래 잘려져 있다는 생각, 피범벅이라는 생각, 구더기가 끓는다는 생각, 해골이라는 생각, 중생에 대해 자애롭게 여기는 생각, 가엾고 슬프게 여기는 생각, 동정의 생각, 냉정을 유지하는 생각, 죽음의 생각, 몸에 관한 전념입니다.

대왕이여! 세존 붓다께서는 이렇게 마음통일의 대상에 어떤 종류가 있는지를 설하셨습니다. 이 가운데 늙는 것과 죽는 것으로부터 벗어나고자 하는 자는 그 누구라도 이 가운데 하나의 대상을 파악해서 그것을 마음통일의 대상으로 삼음으로써 탐욕에서 해탈하고, 성냄에서 해탈하고, 미망에서 해탈하며, 거만한 마음에서 해탈하고, 삿된 견해에서 해탈하고, 윤회의 흐름을 뛰어넘고, 애집(愛執)의 흐름을 막고, 세 가지 티끌을 청정하게 하고, 온갖 번뇌를 버리고 떠나며, 티끌이 없고 때가 없으며, 청정하고 순백하며, 태어나지 않고 늙지 않으며 죽지 않고, 안락하고, 청량하고, 두려움이 없는 가장 으뜸 가는 도시인 열반이라는 도시에 들어가서 아라한의 경지에서 그 자신의 마음을 해탈하게 합니다.

대왕이여! 이것이 '세존의 꽃가게'라고 불리는 것입니다.

선업의 돈을 가지고 가게로 가라.
마음통일의 대상을 사서 그로부터 해탈하라.

이러한 시구가 있습니다."

"잘 알았습니다. 존자 나가세나여! 그렇다면 세존 붓다의 향료가게란 무엇입니까?"

"대왕이여! 저 세존께서는 계행의 구별을 설하셨습니다. 그 계행의 향을 바른 세존의 자식들은 모든 신들과 인간들을 계행의 향으로 훈습(薫習)하고, 아주 향긋한 향을 감돌게 하며, 그 향기는 사방팔방으로 순풍에나 역풍에도 향을 풍기고, 끊임없이 향을 풍기어 그 향은 널리 퍼져나가고 있습니다.

그런 계행의 구별이란 무엇인가 하면, 삼귀의의 계·오계· 팔계·십계 그리고 다섯 가지 송출법(誦出法)에 의한 계의 조 문인 자율계(自律戒)입니다. 이것이 '세존의 향료가게'라 불리는 것입니다.

대왕이여! 신 중의 신이신 세존께서는 다음과 같은 시구를 설하셨습니다.

꽃의 향은 바람에 거슬려 가지 않는다.
전단향도, 타가라향도, 말리카향도 또한 마찬가지이다.
하지만 사념이 있는 자의 향은 바람에 거슬려서도 간다.
선행을 지은 사람은
모든 방위에서 향긋한 향기를 놓는다.
전단, 타가라, 청련화, 또는 밧시키,
이러한 방향(芳香) 가운데 계의 향은 가장 으뜸이다.
타가라나 전단의 향은 모름지기 미미하고 작지만
계행을 가진 자의 향은 가장 으뜸이며 모든 신들에게까지 감돈다.

라고 말입니다."

"잘 알았습니다. 나가세나여! 그렇다면 세존의 과일가게란 무엇입니까?"

"대왕이시여! 세존께서는 갖가지 과위(果位)를 설하셨습니다. 즉 성자의 흐름에 들어간 과위, 단 한 번만 미혹한 생존으로 돌 아오는 과위, 다시는 미혹한 생존으로 돌아오지 않는 과위, 아 라한의 과위, 모든 사상(事象)은 공(空)하다고 관하는 마음통일의 과위, 모든 사상의 차별상을 떠나 있는 마음통일의 과위, 모든 것에 바라고 구하는 생각이 없는 마음통일의 과위입니다. 이 가운데 과위를 얻고자 바라는 사람은 그 누구라도 선업의 돈을 지불하고 바라던 과위, 즉 성자의 흐름에 들어간 과위이거나 또는 단 한 번만 미혹한 생존으로 돌아오는 과위, 또는 다시는 미혹한 생존으로 돌아오지 않는 과위이거나, 또는 아라한의 과위, 혹은 모든 사상(事象)은 공(空)하다고 관하는 마음통일의 과위이거나, 모든 사상의 차별상을 떠나 있는 마음통일의 과위이거나, 또는 모든 것에 바라고 구하는 생각이 없는 마음통일의 과위를 삽니다.

대왕이여! 예를 들면 어떤 사람이 일 년 동안 열매를 맺고 있는 망고나무를 소유하고 있다고 합시다. 그는 열매를 사러 오는 사람이 채 오기도 전에 이 나무에서 열매를 따는 일은 없을 것입니다. 그렇지만 사는 사람이 왔을 때 그에게서 돈을 받은 뒤에 이렇게 말할 것입니다.

'이보시오! 이 망고나무는 일 년 내내 열매를 맺고 있소. 이 나무로부터 당신이 가져가고 싶은 만큼의 열매 — 아직 익지 않았거나 너무 익은 것, 또는 솜털이 붙은 덜 익은 것이거나 또는 딱딱하고 익지 않은 것이거나 또는 익은 것을 가져가시오.'

저 열매를 사러 온 사람은 자신이 지불한 돈에 따라서 만일 아직 익지 않은 것을 바라면 아직 익지 않은 것을 가져가고, 만일 완전히 익어버린 것을 바란다면 완전히 익은 것을 가져갈 것이며, 만일 아직 솜털이 붙어 있는 반숙의 열매를 갖고 싶으면 솜털이 붙은 반숙의 열매를 가져갈 것이고, 만일 딱딱하여 익지 않은 것을 원한다면 딱딱하여 익지 않은 것을 가지고 갈 것이며, 만일 익은 것이 갖고 싶으면 익은 것을 가져갈 것입니다. 대왕이여! 그와 마찬가지로 과위를 원하는 자는 업의 대금을 지불하고 바라는 과위, 즉 성자의 흐름에 들어간 과위이거나 나아가 모든 것에 바라고 구하는 생각이 없는 마음통일의 과위를 가져갈 것입니다.

대왕이여! 이것이 '세존의 과일가게'라고 불리는 것입니다.

사람들은 업의 대금을 지불하고 불사(不死)의 과보를 얻는다.
불사의 과보를 얻은 그들은 그런 까닭에 행복해진다.

이런 게송도 설해져 있는 것입니다."

"잘 알았습니다. 나가세나여! 그렇다면 세존 붓다의 아가다약(해독제)가게란 어떤 것입니까?"

"대왕이여! 세존은 아가다약을 설하셨습니다. 저 아가다약에 의해서 저 세존은 모든 신들과 인간들의 번뇌의 독을 풀어주셨습니다. 그렇다면 그러한 아가다약이란 어떤 것인가?

대왕이여! 세존은 이러한 성스러운 네 가지 진리를 설하셨습니다. 즉 모든 것은 괴로움의 진실한 모습이라고 깨닫는 성스러운 진리, 그 괴로움의 원인은 애집(愛執)이라고 깨닫는 성스러운 진리, 애집에 기인한 괴로움을 모두 멸한 경지가 깨달음이라고 파악하는 성스러운 진리, 괴로움의 멸진에 이르는 실천의 길이야말로 진실하다고 깨닫는 성스러운 진리입니다. 이 가운데 가장 최고의 지견을 구하여 네 가지 진리의 가르침을 들은 자는 누구라도 윤회의 생으로부터 해탈하고 늙음으로부터 해탈하며, 죽음으로부터 해탈하고, 근심·슬픔·괴로움·번뇌·번민으로부터 해탈합니다.

대왕이여! 이것을 '세존의 아가다약가게'라고 부르는 것입니다.

이 세상에서 해독작용이 있는 그 어떠한 아가다약도
진리의 아가다약과 대등한 것은 존재하지 않는다.
비구들이여! 이 약을 마셔라!

이러한 시구가 설해져 있는 것입니다."

"잘 알았습니다. 나가세나여! 그렇다면 세존 붓다의 약가게란 어떤 것입니까?"

"대왕이여! 세존은 갖가지 약을 설하셨습니다. 세존께서는 저 약들에 의해서 모든 신들과 인간들을 치료하셨던 것입니다. 즉 네 가지 전주(專注), 네 가지 바른 노력, 네 가지 신통변화를 나타내는 마음의 힘, 다섯 가지 뛰어난 활동, 다섯 가지 힘, 깨달음을 얻기 위한 일곱 가지 지분, 여덟 가지 지분으로 이루어진 성스러운 길입니다.

세존은 이러한 약들에 의해서 삿된 견해를 배출하고, 삿된 사유를 배출하고, 사악한 말을 배출하고, 사악한 행위를 배출하고, 부정한 생활을 배출하고, 부정한 노력을 배출하고, 부정한 전념(專念)을 배출하고, 부정한 마음통일을 배출하고, 탐욕을 토해내게 하고, 성냄을 토해내게 하고, 미망을 토해내게 하셨으며, 거만한 마음을 토해내게 하고 잘못된 견해를 토해내게 하고, 의심을 토해내게 하셨으며, 높은 교만을 토해내게 하고, 어리석고 완고한 마음을 토해내게 하고, 자신과 남에 대해서 부끄러워할 줄 모르는 마음을 토해내게 하고 모든 번뇌를 토해내게 하십니다.

대왕이여! 이것을 '세존의 약가게'라고 부르는 것입니다.

이 세상에 존재하는 그 어떤 수많은 약들도
진리의 약과 대등한 것은 없다.
진리를 닦고 익히며 관찰하고 소인(素因)을 모두 멸하였을 때
그대들은 적멸(열반)의 경지를 얻게 되리라.

이러한 시구가 설해지고 있는 것입니다."

"잘 알았습니다. 나가세나여! 그렇다면 세존 붓다의 감로, 즉 불사(不死)의 영약(靈藥)이라는 가게는 어떤 것입니까?"

"대왕이여! 세존은 감로를 설하셨습니다. 세존은 그 감로를 이 세계에 들이부으셨습니다. 그 감로를 가지고 관정(灌頂)을 받은 신들과 인간들은 태어남·늙음·병·죽음·근심·슬픔·괴로움·번뇌·번민으로부터 해탈하였습니다.

그 감로란 어떤 것인가? 이것은 바로 신체에 관한 전념(專念)입니다.

대왕이여! 신 중에 신이신 세존은 또한 이렇게 설하셨습니다.

비구들이여! 몸에 관한 전념을 먹는 자들은 감로를 먹는 것이다.
대왕이여! 이것이 '세존의 감로가게'라 불리는 것입니다.

별장
255

붓다는 병든 사람을 보시고 감로가게를 여셨다.
그리고 나서, 비구들이여! 업의 대금을 가지고 와서
저 감로를 사서, 감로를 마셔라! 라고 말씀하셨다.

이런 시구도 있는 것입니다."

"잘 알았습니다. 나가세나여! 그렇다면 세존 붓다의 보석가
게란 어떤 것입니까?"

"대왕이여! 세존은 갖가지 보석을 설하셨습니다. 저 보석들
로 치장한 붓다의 자식들은 모든 신들과 인간들을 두루 비추고,
빛을 비추고, 환히 비추며, 비추어 어둠을 부수고, 빛나게 하며,
상하좌우로 광명을 놓습니다. 그러한 보석이란 어떤 것인가?

계의 보석, 마음통일의 보석, 지혜의 보석, 해탈의 보석, 해탈
지견의 보석, 무애자재한 이해력의 보석, 깨달음을 얻기 위한
지분의 보석입니다.

대왕이여! 세존의 계의 보석이란 어떤 것인가 하면, 계의 조
문인 스스로를 다스리는 계·여섯 가지 감각기관을 스스로 다
스리는 계·자기 생활을 청정하게 하는 계·네 가지 생활필수
용품을 올바르게 수용하는 계·사소한 계·적당한 계·커다란
계·성자의 네 가지 도에서 지켜야 할 계·네 가지 도 가운데
하나에 도달한 과위에서 지켜야 할 계입니다.

대왕이여! 이 세상의 온갖 신이나 마(魔), 범천 및 도인(사문)
이나 바라문을 포함한 사람들은 전부 계의 보석으로 장식한 사
람을 갈망하고 희구합니다.

대왕이여! 계의 보석으로 장식한 비구는 사방팔방 상하좌우

그 어느 곳이든 널리 비추고 환히 밝게 비춥니다. 그는 아래로
는 무간지옥으로부터 위로는 유정천(有頂天)의 사이에 있는 모
든 보석보다도 훨씬 더 뛰어나며, 그것들을 덮어 가리며 우뚝
섭니다. 대왕이여! 이 같은 계의 보석이 세존의 보석가게에 진
열되어 있습니다.

대왕이여! 이것을 '세존의 계의 보석가게'라고 부르는 것입니다.

이 같은 온갖 계의 보석은
붓다의 상점에 있네.
그대들은 업의 대금을 가지고
그 보석들을 사서
몸에 보석을 장식하라.

이런 시구도 있는 것입니다.

대왕이여! 세존의 마음통일의 보석이란 어떤 것인가 하면, 이
렇습니다.

성찰과 고찰의 두 작용이 있는 마음통일, 성찰작용이 없고
고찰작용만이 활동하는 마음통일, 성찰과 고찰의 두 작용이 모
두 멸한 마음통일, 모든 사상(事象)은 공하다고 관하는 마음통
일, 모든 사상의 차별상을 떠나 있는 마음통일, 모든 것에서 바
라고 구하는 마음을 두지 않는 마음통일입니다.

대왕이여! 마음통일의 보석을 장식한 비구에게는 탐욕의 성
찰 · 성냄의 성찰 · 위해(危害)를 주려고 하는 성찰 · 교만 · 거
만 · 잘못된 견해 · 의심 · 번뇌 등에 근거한 온갖 악한 성찰은

전부 비구가 전주(專注)해 가고 있는 마음통일에 닿으면 흩어지고, 붕괴되고, 무너지며, 존립하지 못하고, 정착하지 못합니다.

대왕이여! 예를 들면 연잎 위의 물방울은 흩어지고, 붕괴되고, 무너지며, 존립하지 못하고, 정착하지 못합니다. 그것은 어떤 이유에서인가 하면, 연꽃의 청정성에 의한 것입니다. 대왕이여! 그와 마찬가지로 마음통일의 보석을 장식한 비구에게는 탐욕의 성찰·성냄의 성찰·위해(危害)를 주려고 하는 성찰·교만·거만·잘못된 견해·의심·번뇌 등에 근거한 온갖 악한 성찰은 전부 비구가 전주(專注)해 가고 있는 마음통일에 닿으면 흩어지고, 붕괴되고, 무너지며, 존립하지 못하고, 정착하지 못합니다. 그것은 어떠한 이유에서인가 하면, 마음통일의 청정성에 의한 것입니다.

대왕이여! 이것이 '세존의 마음통일의 보석'이라고 불리는 것입니다. 이 같은 마음통일의 보석이 세존의 보석가게에 진열되어 있습니다.

　　마음통일의 보석의 화환을 쓴 자에게는
　　사악한 성찰이 생겨나지 않는다.
　　또한 마음은 어지럽거나 흩어지지 않는다.
　　그대들은 이것을 장식하라.

이런 시구도 있는 것입니다.

대왕이여! 세존의 지혜의 보석이란 어떤 것인가 하면, 이렇습니다.

대왕이여! 지혜란 그 지혜에 의해서 성스러운 제자가 '이것은 선(善)이다'라고 있는 그대로 깨닫고, '이것은 불선(不善, 惡)이다'라고 있는 그대로 깨달으며, '이것은 죄라고 할 만하다' '이것은 죄라고 할 만하지 않다' '이것은 실행해야 한다' '이것은 실행해서는 안 된다' '이것은 저열하다' '이것은 훌륭하다' '이것은 검다' '이것은 희다' '이것은 검기도 하고 희기도 하다'라고 있는 그대로 깨달으며, '이것은 괴로움이다'라고 있는 그대로 깨닫고, '이것은 괴로움의 발생(集)이다'라고 있는 그대로 깨달으며, '이것은 괴로움의 지멸(止滅)이다'라고 있는 그대로 깨닫고, '이것은 괴로움의 지멸에 이르는 길이다'라고 있는 그대로 깨닫는 것을 가리킵니다.

대왕이여! 이것이 '세존의 지혜의 보석'이라고 불리는 것입니다.

지혜의 보석의 화환을 쓴 자에게는
영원히 이런 인간의 생존은 펼쳐지지 않는다.
재빨리 불사(不死)의 열반을 접하여
더 이상 그는 윤회의 온갖 생존을 기뻐하지 않는다.

이런 시구도 설해졌던 것입니다.

대왕이여! 세존의 해탈의 보석이란 어떤 것인가 하면, 아라한의 지위를 '해탈의 보석'이라 부릅니다.

대왕이여! 아라한의 지위에 도달한 비구는 해탈의 보석으로 장식한 사람이라고 불립니다. 예를 들면 진주더미·마니주·황금·산호의 장식을 달고 침향(沈香)·타가라향(乳香)·타리사카향·붉은 전단향을 몸에 바르고, 나가꽃·푼나가꽃·사라꽃·사라라꽃·참파카꽃·노란 자스민꽃·아티뭇타카꽃·파탈리꽃(나팔꽃)·파란 연꽃·밧시키꽃·말리카꽃으로 장식한 어떤 사람이 이 같은 화환과 향과 보석의 장식에 의해서 다른 사람들보다도 뛰어나게 훌륭하며 저들을 널리 비추고, 빛으로 비추며, 밝고 환하게 비추고, 어둠을 비춰 주고, 광채를 내며, 빛나고 눈부시게 빛나며, 뛰어나고 저들을 모두 감싸줍니다. 그와 마찬가지로 아라한의 지위에 도달하여 '번뇌의 더러움'의 누출을 모두 멸한 자는 해탈의 보석을 장식하고, 해탈한 어떤 비구들보다도 뛰어나게 훌륭하며, 저들을 널리 비추고 빛으로 비추며, 밝고 환하게 비추고, 어둠을 비춰 주고, 광채를 내며, 빛나고 눈부시게 빛나며, 뛰어나고 저들을 모두 감쌉니다.

그것은 어떤 이유에서인가 하면, 이 장식은 모든 장식 중에서도 가장 으뜸 가기 때문입니다. 그 장식이란 바로 해탈의 장식입니다.

대왕이여! 이것이 '세존의 해탈의 보석'이라고 불리는 것입니다.

마니주 화환을 건 주인을, 재가자들은 갈망한다.
더구나 해탈의 보석으로 꾸민 화환을 건 자를
모든 신과 인간들은 갈망한다.

이러한 시구도 있는 것입니다.

대왕이여! 세존의 해탈지견의 보석이란 어떤 것인가 하면, 다음과 같습니다.

대왕이여! 관찰지(觀察智)가 '세존의 해탈지견의 보석'이라고 불립니다. 그 지(智)에 의해서 성스러운 제자는 도(道), 과(果), 열반 및 이미 버리고 끊은 번뇌, 버리고 끊지 못해 아직 남아 있는 번뇌를 관찰합니다.

저 지(智)에 의해 모든 성자가
각각의 성스러운 길에서
해야 할 것을 마쳤다고 깨달은
관찰지의 보석을 얻기 위해
승리자의 후계자들이여! 정진하라.

이런 시구가 있는 것입니다.

대왕이여! 세존의 무애자재한 이해력의 보석이란 어떤 것인가 하면, 다음과 같습니다.

대왕이여! 그것은 네 가지 무애자재한 이해력입니다. 즉 뜻에 정통하는 무애자재한 이해력, 진리의 가르침에 정통하는 무애자재한 이해력, 언어에 정통하는 무애자재한 이해력, 변설(辯舌)에 정통하는 무애자재한 이해력입니다.

대왕이여! 이들 네 가지 무애자재한 이해력을 가지고 몸을 장식한 비구는 크샤트리야의 모임이거나 바라문 자산가 또는 도인들의 모임 등 그 어떠한 모임에 가서도 그는 자신을 가지고 다가가며 미혹되고 어지럽혀지지 않으며, 공포에 사로잡히지 않고, 동요되지 않고, 두려워하지 않으며, 온 몸의 털이 곤두서는 일이 없이 사람들의 모임에 다가갑니다.

대왕이여! 예를 들면 무사나 전쟁의 용사가 다섯 가지 무기를 단단히 갖추고서 두려워하지 않고 전쟁에 나아간다고 합시다. 그는 자신에 가득 차서 이렇게 생각할 것입니다.

'만일 적이 멀리 있다고 한다면 화살을 가지고 넘어뜨리리라. 그보다도 가까이 있다면 투창을 가지고 쳐부수리라. 그보다 더 가까이 있다면 창을 가지고 쳐부수리라. 또한 그보다도 더욱 가까운 곳에 있다면 원검(圓劍)을 가지고 두 번에 절단하리라. 신변 가까이 위협을 가하며 다가온다면 단도를 가지고 깊숙이 푹 찌르리라.'

대왕이여! 그와 마찬가지로 네 가지 무애자재한 이해력의 보석으로 장식한 비구는 두려워하지 않고 사람들의 모임에 다가가서 이렇게 생각합니다.

'누군가 나에게 뜻에 정통한 무애자재한 이해력을 묻는 자가 있다면 그에 대해서 뜻을 설할 때 뜻을 가지고 하며, 이유를 설할 때 이유를 가지고 설하며, 원인을 설할 때는 원인을 가지고 설하며, 도리를 설할 때는 도리를 가지고 하여 그의 의심을 풀어 주고 의혹을 물리쳐 주며 해답을 주어서 그에 의해 그를 만족시켜 주리라.

누군가 나에게 진리의 가르침에 정통하는 무애자재한 이해력을 묻는 자가 있다면, 나는 그에 대해서 진리의 가르침을 설할 때에 진리의 가르침을 가지고 설하고, 불사(不死)를 설할 때에 불사를 가지고 설하며, 형성된 것이 아닌 존재(無爲)를 설할 때에 형성된 것이 아닌 존재를 가지고 설하며, 열반을 설할 때에 열반을 가지고 설하며, 공(空)을 설할 때에 공을 가지고 설하며,

무차별상(無差別相, 無相)을 설할 때에 무차별상을 가지고 설하며, 바라고 구함이 없는 것(無願)을 설할 때에 바라고 구함이 없는 것을 가지고 설하며, 부동(不動)을 설할 때에 부동을 가지고 설하여 그의 의심을 풀어 주고 의혹을 물리쳐 주며, 해답을 주어서 그를 만족시켜 주리라.

누군가 나에게 언어에 정통하는 무애자재한 이해력을 묻는 자가 있다면, 그에 대해서 언어를 설할 때에 언어를 가지고 설하며, 어구(語句)를 설할 때에 어구를 가지고 설하며, 불변화사(不變化詞)를 설할 때에 불변화사를 가지고 설하며, 자모(字母)를 설할 때에 자모를 가지고 설하며, 연성(連聲)[16]을 설할 때에 연성을 가지고 설하며, 자음을 설할 때에 자음을 가지고 설하며, 억양을 설할 때에 억양을 가지고 설하며, 음절을 설할 때에 음절을 가지고 설하며, 모음을 설할 때에 모음을 가지고 설하며, 개념을 설할 때에 개념을 가지고 설하며, 관용어를 설할 때에 관용어를 가지고 그의 의심을 풀어 주고 의혹을 물리쳐 주며, 해답을 주어서 그를 만족시켜 주리라.

누군가 나에게 변설(辯舌)에 정통하는 무애자재한 이해력을 묻는 자가 있다면 그에 대해서 변설을 설할 때에 변설을 가지고 설하며, 비유를 설할 때에 비유를 가지고 설하며, 특상(特相)을 설할 때에 특상을 가지고 설하며, 본질을 설할 때에 본질을 가지고 설하여 그의 의심을 풀어 주고 의혹을 물리쳐 주며, 해답을 주어서 그를 만족시켜 주리라.'

대왕이여! 이것이 세존의 무애자재한 이해력의 보석이라 불리는 것입니다.

무애자재한 이해력을 사서
그 명지(明知)를 접하는 자는
두려움 없고, 억눌리지 않으며
모든 신들과 인간들을 눈부시게 비추네.

이러한 시구가 설해져 있는 것입니다.

대왕이여! 세존의 깨달음을 얻기 위한 지분의 보석이라는 것
은 어떤 것인가 하면, 이렇습니다.

대왕이여! 이것들은 깨달음을 얻기 위한 일곱 가지 지분입니
다. 즉 전념(專念)이라는 깨달음을 얻기 위한 지분, 교법을 구별
해서 안다고 하는 깨달음을 얻기 위한 지분, 정려(精勵)라고 하
는 깨달음을 얻기 위한 지분, 희열(喜悅)이라고 하는 깨달음을
얻기 위한 지분, 심신의 평안이라고 하는 깨달음을 얻기 위한
지분, 마음통일이라고 하는 깨달음을 얻기 위한 지분, 평정이라
고 하는 깨달음을 얻기 위한 지분입니다.

대왕이여! 이러한 깨달음을 얻기 위한 일곱 가지 지분의 보
석을 지니고 장식한 비구는 온갖 어두움을 쳐부수고, 모든 신들
과 인간들을 널리 비추고, 빛나도록 비추며, 광명을 놓습니다.

대왕이여! 이것이 세존의 깨달음을 얻기 위한 지분의 보석이
라고 불리는 것입니다.

깨달음을 얻기 위한 지분의 보석이라는 화환을 건 사람에게
모든 신들과 인간들은 봉사한다.
그대들이여! 업의 대금을 가지고 그것을 사서

보석을 몸에 장식하라.

이런 시구가 있는 것입니다."

"존자 나가세나여! 세존 붓다의 백화점이란 무엇입니까?"

"대왕이여! 백화점이란, 아홉 가지 지분으로 이루어진 붓다의 말씀, 붓다의 사리와 유품, 사리나 유품을 안치하는 탑과 상가보(寶)입니다.

대왕이여! 세존께서는 백화점에 '미래에 잘 태어남의 달성'을 진열하셨고, '재보획득의 달성'을 진열하셨으며, '장수의 달성' '건강의 달성' '아름다운 용모의 달성' '지혜의 달성' '인간의 영광의 달성' '신의 영광의 달성'을 진열하셨고, 나아가 '열반의 달성'을 진열하고 계십니다. 이 가운데 각각의 달성을 바라는 사람들은 그 곳에서 업의 대금을 지불하고 각자 바라는 달성을 삽니다. 어떤 자는 계행을 가짐으로써 사고, 어떤 자는 포살을 행함으로써 삽니다. 적은 금액의 대금에 의해서도 각자 달성을 획득합니다.

대왕이여! 예를 들면 상인의 가게에서 어떤 사람이 참깨·강낭콩·콩을 적은 양의 쌀이나 강낭콩과 콩으로 교환하거나 또는 적은 액수의 대금을 지불하고서 자기가 원하는 것을 살 수 있는 것처럼, 그와 마찬가지로 세존의 백화점에서는 적은 액수의 대금을 지불하고서도 각자 달성을 획득합니다.

대왕이여! 이것이 세존의 백화점이라 불리는 것입니다.

장수와 건강과 용모와 천계에 태어나는 일과 고귀한 출생과 형성되지 않은 것인 열반과 불사(不死)는 승리자의 백화점에 있다.
적은 금액이건 많은 금액이건 업의 대금으로 입수하여
신앙의 대금으로 그것을 사서, 비구들이여! 부유해져라.

이런 시구가 설해져 있는 것입니다.

대왕이여! 세존께서 설하신 진리의 도시에는 다음과 같은 사람들이 살고 있습니다. 즉 경전에 정통한 스승, 규율에 정통한 스승, 이론해석에 정통한 스승, 설법과 전생담을 암송하는 스승, 장부경전을 암송하는 스승, 중부경전을 암송하는 스승, 상응부경전을 암송하는 스승, 중지부경전을 암송하는 스승, 소부경전을 암송하는 스승, 계행의 완성가, 마음통일의 완성가, 지혜의 완성가, 깨달음을 얻기 위한 지분을 닦아 익혀서 즐거운 자, 올바르게 관찰하는 자, 자신의 이익을 오로지 닦는 자, 삼림에 머무는 수행자, 나무 아래에 앉아 있는 수행자, 문 밖에 앉아 있는 수행자, 장작더미 위에서 잠자는 수행자, 무덤에 사는 수행자, 눕지 않고 언제나 앉아만 있는 수행자, 성자의 길을 향한 자, 성자의 길인 과위에 도달한 자, 배워야 할 것이 있는 자(아라한 이외의 자), 도과(道果)를 얻은 자, 성자의 흐름에 들어간 과위의 자, 한 번만 미혹한 생존으로 돌아오는 과위를 얻은 자, 다시는 미혹한 생존으로 돌아오지 않는 과위를 얻은 자, 아라한의 과위를 얻은 자, 세 가지 명지가 있는 자, 여섯 가지 신통력이 있는 자, 신통변화를 나타내는 자, 완전한 지혜를 달성한 자, 네 가지 전주와 네 가지 올바른 노력과 네 가지의 신통변화를 나타내는 마음의 힘과 다섯 가지의 뛰어난 작용과 다섯 가지의 힘과 깨달음을 얻기 위한 일곱 가지 지분과 여덟 가지 지분으로 이루어진 성스러운 승도(勝道)와, 네 가지 마음통일과 여덟 가지 해탈과, 색과 형태만 있는 세계와, 색과 형태의 생각이 없는 세계에 태어나서 적정(寂靜)과 안락함을 얻는 아홉 가지 마음통일에 숙달된 사람들입니다. 이러한 아라한들은 마치 대나무숲이나 갈대숲처럼 진리의 도시에 모여들며 무리를 이루고 밀집하고 운집해 있습니다. 여기에 이런 시구가 있습니다.

탐욕을 떠난 자, 성냄을 떠난 자, 미망을 떠난 자,
번뇌의 더러움의 누출이 없는 자, 애집을 떠난 자,
집착이 없는 자, 그들은 진리의 도시에 머문다.

삼림에 살고 있는 수행자, 두타의 맹세를 지키는 자,
명상하는 자, 거칠고 성긴 옷을 입은 자,
고독을 사랑하고 즐기는 자, 어진 자,
그들은 진리의 도시에 머문다.

눕지 않고 언제나 앉아만 있는 수행자, 어느 곳에서나 누운 자,
서 있거나 걸어다니면서 수행하는 자,
더러운 넝마로 만든 옷을 입은 자,
그들은 전부 진리의 도시에 머문다.

가죽옷을 제4의 옷[17]으로 하는 삼의(三衣)를 입는 자,
마음이 고요한 자, 한 자리에서 식사하는 것에 만족하는 자,

지자(智者), 그들은 진리의 도시에 머문다.

욕심이 적은 자, 사려 있는 자, 어진 자,
먹을 것을 탐하지 않는 무욕(無欲)인 자,
이익과 불리함을 분별해서 만족함을 아는 자,
그들은 진리의 도시에 머문다.

명상하는 자, 명상을 즐기는 자, 현자,
적정심(寂靜心)이 있는 자, 마음통일에 들어간 자,
아무 것도 소유하지 않는 것을 희구하는 자,
그들은 진리의 도시에 머문다.

성자의 길을 향한 자, 성자의 도과(道果)에 도달한 자,
배워야 할 것이 남아 있는 자, 도과를 얻은 자,
최상의 이익을 구하는 자,
그들은 진리의 도시에 머문다.

번뇌의 더러움을 여읜 성자의 흐름에 들어간 과위의 자,
단 한 번만 미혹한 생존으로 돌아오는 과위의 자,
두 번 다시 미혹한 생존으로 돌아오지 않는 과위의 자,
아라한의 과위에 오른 자,
그들은 진리의 도시에 머문다.

네 가지 전주(專注)를 익힌 자, 마음통일의 수행을 즐기는 자,

네 가지 올바른 노력을 오롯하게 수행하는 자,
그들은 진리의 도시에 머문다.

여섯 가지 신통력에 통달한 자,
조상이 사는 경계(사념처)를 즐기는 자,
공중을 걸어다니는 자,
그들은 진리의 도시에 머문다.

눈을 아래로 향한 자,[18] 조심스레 말하는 자,
갖가지 감각기관의 문을 지키는 자,
갖가지 감각기관을 능히 지키고 보호하는 자,
최상의 가르침을 따라서 능히 다스려진 자, 신통력에 통달한 자,
그들은 진리의 도시에 머문다.

세 가지 명지가 있는 자, 여섯 가지 신통력이 있는 자,
신족통의 힘에 통달한 자, 지혜를 완성한 자,
그들은 진리의 도시에 머문다.

대왕이여! 무릇 비구로서 한량없이 뛰어난 지혜를 움켜잡은
자, 집착이 없는 자, 비교할 수 없는 덕을 가진 자, 비교할 수 없
는 명성을 가진 자, 비교할 수 없는 힘을 가진 자, 비교할 수 없
는 영광을 가진 자, 붓다를 따라서 법륜을 굴리는 자(진리의 가르
침을 널리 설하는 붓다의 제자), 지혜를 완성한 자 등 이 같은 비구
들은 세존의 진리의 도시에서 '진리의 장군(法將)'이라 불립니다.

대왕이여! 또한 무릇 비구로서 신족통의 힘을 갖춘 자, 무애 자재한 이해력을 일으킨 자, 네 가지 두려움 없는 자신감에 도달한 자, 공중을 걸어다니는 자, 거스르기 어려운 자, 정복하기 힘든 자, 기대지 않은 채 걷는 자, 바다와 땅을 실은 대지를 뒤흔들 수 있는 자, 달과 태양을 만지는 자, 자기를 변화하는 결심과 뜻을 익힌 자, 신족통의 힘에 통달한 자 등 이 같은 비구들은 세존의 진리의 도시에서 '사제'라고 불립니다.

대왕이여! 또한 무릇 비구로서 두타의 지분을 행하는 자, 욕심이 적은 자, 만족할 줄 아는 자, 탁발에 어울리지 않은 행동 거지를 싫어하는 자, 이 집에서 저 집으로 차례로 탁발하는 자, 마치 꿀벌이 이 꽃에서 저 꽃으로 날아가 꽃을 다치지 않고 꿀을 모으는 것처럼 계행의 향기를 풍기면서도 인적이 드문 깊은 숲에 들어가 몸과 생명에 미련을 두지 않고 아라한의 지위에 도달하고 두타의 지분의 공덕을 가장 으뜸 가는 것으로 여기는 자 등 이 같은 비구들은 세존의 진리의 도시에서 '사법관'이라고 불립니다.

대왕이여! 또한 무릇 비구로서 청정하고 티끌이 없으며 더러움이 없는 자, 중생의 나고 죽는 윤회에 관한 지식에 이미 통달한 자, 천안(天眼)에 통달한 자 등 이 같은 비구들은 세존의 진리의 도시에서 '도시에 불을 켜는 자'라고 불립니다.

대왕이여! 또한 무릇 비구로서 많이 들은 자, 전승되어 온 성전(아함)에 통달한 자, 붓다께서 설하신 진리의 가르침을 암송하는 자, 상가의 규율을 암송하는 자, 아비담마의 요점을 암송하는 자, 소리글자의 청음(淸音), 탁음(濁音), 장음(長音), 단음

(短音), 중음(重音), 경음(輕音)을 구별하는 데 능숙한 자, 아홉 가지 지분의 가르침을 기억하는 자 등 이 같은 비구들은 세존의 도시에서 '진리를 수호하는 자'라고 불립니다.

대왕이여! 또한 무릇 비구로서 상가의 규율을 아는 자, 규율에 환히 통달하여 깨친 자, 규율 제정의 인연에 관한 이야기를 읽는 것에 능숙한 자, 행위의 유죄와 무죄, 죄의 경중, 죄의 사면과 그렇지 못함, 상가의 재복귀, 고백, 절복(折伏), 참회, 면죄, 방면, 사면의 문제를 결정하는 데에 뛰어난 자, 규율에 통달한 자 등 이 같은 비구들은 세존의 진리의 도시에서 '예술가'라고 불립니다.

대왕이여! 또한 무릇 비구로서 뛰어난 해탈의 쿠스마꽃 화환을 머리에 묶은 자, 뛰어나게 탁월하며 가장 높은 가치가 있는 지위에 도달한 자, 수많은 사람들에게 사랑받고 갈망을 받는 자 등 이런 비구들은 세존의 진리의 도시에서 '꽃파는 사람'입니다.

대왕이여! 또한 무릇 비구로서 네 가지 진리의 관찰에 통달한 자, 진리를 보는 자, 가르침을 아는 자, 도인(사문)의 네 가지 경지에서 의혹의 흐름을 건넌 자, 그런 경지에서 안락함을 얻은 자, 그러한 경지를 다른 실천자들과 함께 나누어 가진 자 등 이 같은 비구들은 세존의 진리의 도시에서 '과일을 파는 사람'이라고 불립니다.

대왕이여! 또한 무릇 비구로서 뛰어난 계행의 향을 바른 자, 갖가지 많은 공덕을 지니고 있는 자, 번뇌의 때에서 풍기는 악취를 없앤 자 등 이런 비구들은 세존의 진리의 도시에서 '향을 파는 사람'이라고 불립니다.

별장

대왕이여! 또한 무릇 비구로서 진리를 파악하기 원하는 자, 바람직한 이야기를 하는 자, 뛰어난 논과 뛰어난 규율에서 크게 환희하는 자, 삼림에 나아가서나 나무 아래 나아가서나 인적 끊긴 장소에 나아가서도 뛰어난 진리의 달콤한 맛을 맛보는 자, 몸과 말과 뜻에 의해서 뛰어난 진리의 감미로운 맛에 젖어든 자, 우아한 말솜씨를 지닌 자, 갖가지 가르침에 있어서 진리를 탐구하고 실천하는 자, 여기저기에서 소욕론(少欲論)과 지족론(知足論)과 고독론(孤獨論)과 불회합론(不會合論)과 노력정진론과 계행론과 마음통일론과 지혜론과 해탈론과 해탈지견론이 논해지는 곳에 가서 각각의 논의 달콤한 맛을 마시는 자 등 이 같은 비구들은 세존의 진리의 도시에서 '갈증을 호소하는 엄청나게 술이 센 사람'이라 불립니다.

대왕이여! 또한 무릇 비구로서 이른 밤부터 늦은 밤에 걸쳐 오로지 깨어 있기에 전념하는 자, 앉고 서고 걸어다님으로써 밤낮을 보내는 자, 번뇌를 털어 버리기 위해서 오로지 수행에 전념하는 자, 자신의 이익을 추구하는 자 등 이 같은 비구들은 세존의 진리의 도시에서 '도시를 경호하는 사람'이라 불립니다.

대왕이여! 또한 무릇 비구로서 아홉 가지 지분으로 이루어진 붓다의 말씀을 뜻에 있어서, 글에 있어서, 이론에 있어서, 이유에 있어서, 원인에 있어서, 예화(例話)에 있어서 가르치고 상세하게 가르치고 설명하고 상세하게 설명하는 자 등 이 같은 비구들은 세존의 진리의 도시에서 '변호사'라고 불립니다.

대왕이여! 또한 무릇 비구로서 진리의 가르침이라는 재산이나 전승된 가르침(아함), 교설, 귀로 들어온 가르침의 재산으로 풍요로운 자, 붓다께서 설하신 가르침의 진수와 특징과 특상(特相)에 통달한 자, 지자(知者), 지식이 해박한 자 등 이 같은 비구들은 세존의 진리의 도시에서 '법재관(法財官)'이라고 불립니다.

대왕이여! 또한 무릇 비구로서 지고한 가르침에 통달한 자, 마음통일의 대상을 변별하고 해석하는 데에 숙달된 자, 학덕(學德)의 완성에 도달한 자 등 이 같은 비구들은 세존의 진리의 도시에서 '저명한 법률가'라고 불립니다.

대왕이여! 세존의 도시는 이렇게 능히 구획되어 있으며, 이렇게 잘 구축되었고, 이렇게 잘 설비되었으며, 이렇게 잘 완성되었고, 이렇게 잘 정비되었고, 이렇게 잘 경비되고 있으며, 이렇게 능히 수비되고 있습니다. 그런 까닭에 적이나 적대자들이 이 도시를 정복하기가 어려운 것입니다.

대왕이여! 이런 이유에 의해서 이런 원인에 의해서, 이런 이론에 의해서, 이런 추리에 의해서, '저 세존은 실재하셨다'라고 알아야 합니다. 시구로 말하면 이렇습니다.

잘 구획되어 즐거운 도시를 보고서 사람들은
도성을 건설한 자의 위대함을 추리하여 아는 것처럼
그와 마찬가지로 구세주의 뛰어난 진리의 도시를 보고서
'저 세존은 실재하셨다'라고 사람들은 추리하여 아네.

바다의 파도를 보고서 사람들은 추리하여
'이 파도가 보이는 것처럼 저 바다는 클 것이다.'
라고 아는 것처럼

그와 마찬가지로 근심을 없앤 자이고
그 어느 곳에서 그 누구라도 그를 이겨내지 못하는 자이며
애집의 멸진에 도달하여 온갖 생존의 윤회를 해탈한 붓다를
사람들은 신들과 인간들의 진리의 파도를 보고서
추리하여 알 것이다.
'진리의 파도가 퍼져나가듯 붓다는 가장 높은 존재이시리라'라고.

높이 솟은 봉우리를 보고서 사람들은
'이 봉우리가 높이 솟은 것처럼
저 히말라야 산도 높이 솟아 있을 것이다'라고
추리하여 아는 것처럼
그와 마찬가지로 시원하게 애집의 소인(素因)이 없고,
높이 솟아서 흔들리지 않으며
고고하게 서 있는 세존의 진리의 봉우리를 보고서
사람들은 추리하여 진리의 산을 이렇게 알리라.
'저 히말라야 산처럼 대영웅이시며
가장 높은 자이신 부처님은 실재하리라'라고.

코끼리왕의 발자국을 보고 사람들은 추리하여
'이 코끼리는 크다'라고 아는 것처럼
그와 마찬가지로 현자 붓다라는 코끼리의 발자국을 보고서
'그는 가장 훌륭하시리라'라고 사람들은 추리하여 안다.

겁에 질려 떨고 있는 동물들을 보고 백수의 왕의 포효를 듣고서

'이 동물들은 두려워 떨고 있다'라고 사람들은 추리하여 안다.
그와 마찬가지로 마음이 뒤바뀌고 어지러우며 공포심을 품은
이학(異學)의 사람들을 보고서
'법왕이 진리의 우렛소리를 울려 퍼지게 하고 있다'라고
사람들은 추리하여 알리라.

대지가 고요해지고 녹색을 띠며 큰물이 있는 것을 보고서
'큰비에 의해서 조용해졌다'라고 사람들은 추리하여 안다.
그와 마찬가지로 환희하고 기뻐 즐거워하는 이 사람들을 보고서
'저들은 법의 비에 의해서 만족하고 있다'라고
추리하여 알 것이다.

대지에 먼지와 진흙탕길과 진흙이 널려 있는 것을 보고서
'물의 양이 많다'라고 사람들은 추리하여 안다.
그와 마찬가지로 먼지나 진흙에 더럽혀진 사람이
진리의 강과 진리의 바다로 실려가 방출되고 있는 것을 보고서
그리고 불사의 진리에 도달한 신들과
인간이 사는 이 대지를 보고서
'진리의 덩어리는 크다'라고 사람들은 추리하여 알리라.

가장 으뜸 가는 향을 맡고서
'이런 향이 풍기는 것은
꽃이 핀 나무가 있기 때문이리라'라고
사람들은 추리하여 아는 것처럼

별장

그와 마찬가지로 이 계행의 향기가 신들과 인간들 사이에
널리 풍기는 것은
'위없는 분이신 붓다께서 실재하고 계시기 때문이다'라고
사람들은 추리하여 알리라.

　대왕이여! 이처럼 백 가지 이유에 의해서, 천 가지 이유에 의
해서, 백 가지 원인에 의해서, 천 가지 원인에 의해서, 백 가지
이론에 의해서, 천 가지 이론에 의해서, 백 가지 비유에 의해서,
천 가지 비유에 의해서 붓다의 힘을 나타낼 수가 있습니다.
　대왕이여! 예를 들면 화환 만드는 솜씨가 아주 빼어난 사람
이 있다고 합시다. 그는 갖가지 꽃을 모아 꽃다발을 만들 때 자
기 스승의 가르침을 따라서 화환을 장식할 사람들 각각의 모습
에 응하여 온갖 아름다운 꽃다발을 만들어 낼 것입니다. 그와
마찬가지로 저 세존은 여러 가지 꽃을 모은 꽃다발과 같아서
한없는 덕과 헤아릴 수 없는 덕을 가진 분이십니다.
　이제 나는 승자의 가르침에서 화환을 만드는 사람처럼 옛 스
승들이 걸어가신 길을 따라, 나의 예지의 힘과 헤아릴 수 없이
많은 이유와 추리에 의해서 붓다의 힘을 명시할 것입니다. 그러
니 당신은 그것을 듣고자 하는 욕구를 일으켜 주십시오."
　"존자 나가세나여! 당신 이외의 다른 사람들은 이 같은 사례
나 추리를 통해 붓다의 힘을 나타내지 못합니다. 존자 나가세나
여! 당신의 가장 뛰어나고 다채로운 물음과 답에 의해서 나는
만족하였습니다."

제9장

두타의 지분에 대한 질문

왕은 보았다.

숲 속에 살고 있는 비구들이 두타의 공덕에 깊이 들어가 있는 것을. 뿐만 아니라 재가자들이 두 번 다시 미혹한 생존으로 돌아오지 않는 지위에 안주한 것을. 이 두 가지 일을 관찰하고서 커다란 의문이 왕에게 일어났다.

만일 재가자들이 진리를 깨닫는다면
출가자가 실천하는 두타의 지분은 효과가 없는 것이리라.
자, 나는 다른 논사의 학설을 논파하고,
삼장에 환히 통달해 있는 최승(最勝)의 논사에게
질문을 내어보리라.
그는 나의 의혹을 제거해 줄 것이리라.

그리하여 밀린다왕은 존자 나가세나가 있는 곳에 다가갔다. 다가가서 존자 나가세나에게 인사하고서 한쪽에 앉았다. 한쪽에 앉은 밀린다왕은 존자 나가세나에게 이렇게 말하였다.

"존자 나가세나여! 집에 머물고 있는 재가자로서 온갖 욕망을 누리고 처자가 모여 있는 집에 살며, 카시산(産) 전단향을 쓰고, 화환이나 향, 바르는 향을 몸에 바르고, 금과 은을 비축하고, 마니주·진주·황금을 박아 넣은 갖가지 관을 머리 위에 쓴 자로서, 그럼에도 불구하고 진실하고 제일의(第一義)인 열반을 실제로 증득한 사람이 있습니까?"

"대왕이여! 그런 사람들은 백 명만 있는 것이 아닙니다. 2백 명만 있는 것이 아닙니다. 3백, 4백, 5백 명이 아닙니다. 천 명이 아니고, 십만 명도 아니고, 십억 명도 아니고, 백억 명도 아니고, 만억 명도 아닙니다.

대왕이여! 열 사람, 스무 사람, 백 사람, 천 사람의 재가자가 도달한 진리의 관찰을 언급하는 일은 잠시 그만두기로 합시다. 그런데 나는 어떤 법문으로 당신에게 질문의 계기를 주어야 할까요?"

"존자께서 직접 그것을 말씀해 주십시오"

"대왕이여! 그렇다면 백, 혹은 천, 혹은 십만, 혹은 천만, 혹은 십억, 혹은 백억, 혹은 만억의 법문에 의해서 이야기하기로 합시다. 무릇 아홉 가지 지분으로 이루어진 부처님의 말씀 중에 번뇌를 근절하는 행이나 실천, 그리고 가장 훌륭한 공덕이 있는 두타의 지분에 관한 이야기는 전부 여기에 담기게 될 것입니다.

대왕이여! 예를 들면 오목하게 파인 땅이나 볼록하게 솟은 땅·평탄한 땅·평탄하지 않은 땅·낮은 땅이나 높은 땅의 지역에 내린 빗물이 전부 그 곳에서 흘러서 대해로 집중하는 것처럼 만일 말할 수 있는 자가 있다면 무릇 아홉 가지 지분의 부처님의 말씀 중에 번뇌를 근절하는 행이나 실천 그리고 가장 훌륭한 공덕이 있는 두타의 지분에 관한 이야기는 전부 여기에 담기게 될 것입니다. 대왕이여! 또한 나의 박식함과 예지에 의해서 해답의 이유에 대한 설명이 여기에 담기게 될 것입니다. 그런 까닭에 그런 사항이 잘 분석되고 다채로워지며 완전해지고 완결될 것입니다.

대왕이여! 예를 들면 매우 솜씨가 뛰어난 서사가(書寫家)가 사람의 의뢰를 받고 서사를 할 때 자신의 박식과 예지로써 서사의 이유를 설명하므로 서사를 완전하게 합니다. 이리하여 그 서사는 완성되고 완전해지며 결점이 없어지게 될 것입니다. 그와 마찬가지로 또한 나의 박식과 예지를 가지고 해답의 이유에 대한 설명을 여기에 집중할 것입니다. 그런 까닭에 그 사항이 잘 분석되고 다채로워지며 완전해지고 청정해지며 완결될 것입니다.

대왕이여! 사바티 도시(사위성)에 세존의 성스러운 제자인 5천만 명의 남자신자와 여자신자가 있었습니다만 그 가운데 35만7천 명은 '두 번 다시 미혹한 생존에 돌아오지 않는 지위'에 편안하게 머물렀습니다. 두 가지 신통변화가 행해졌을 때 2억 명의 사람이 진리의 관찰에 도달하였습니다.

또한 《라훌라에 대한 교계(敎誡)라 불리는 대경(大經)》, 《비할 바 없는 행운이라 불리는 대경》, 《평등심에 관한 법문》, 《파멸이라 불리는 경》, 《'죽기 이전에'라고 불리는 경》, 《투쟁이라 불리는 경》,《소적집경(小積集經)》,《대적집경(大積集經)》,《신속경(迅速經)》,《사리불이라 불리는 경》이 설해졌을 때, 헤아릴 수 있는 경지를 초월한 무수한 신들이 진리의 관찰에 도달하였습니다.

라자가하(왕사성)에서 세존의 성스러운 제자인 35만 명의 남자신자와 여자신자가 있었는데 그 당시 다나파라라는 큰 코끼리를 조복하였을 때에도 9억 명의 사람이 진리의 관찰에 도달하였고, 〈피안에 이르는 길의 장(章)〉의 파사나카 사당에서 집회를 열었을 때 1억4천만 명의 사람이 진리의 관찰에 도달하였습니다.

또한 인다사라 석굴에서 8억의 신들이 진리의 관찰에 도달하였고, 또한 바라나시의 선인이 모여 있는 곳인 사슴동산에서 부처님께서 최초의 설법을 하셨을 때, 1억8천만의 바라문과 헤아릴 수 없이 많은 신들이 진리의 관찰에 도달하였습니다.

또한 삼십삼천계의 판두캄발라바위산 위에서 아비담마(논장)를 설시하셨을 때 8억의 신이 진리의 관찰에 도달하였고, 또한 상캇사 성문에 신들이 하강하였을 때 일어난 세계개현(世界開顯)의 신통변화(神變)에서 3억의 경건한 사람들과 신들이 진리의 관찰에 도달하였습니다.

또한 샤카족의 수도인 카필라밧스투의 니그로다 동산에서 부처님께서 《붓다의 종성(種姓)》을 설하여 보이시고 또한 《대집회(大集會)》를 설하여 보이셨을 때 더 이상 헤아릴 수 없이 많은 인간과 신들이 진리를 관찰하였습니다.

또한 화환 만드는 사람인 수마나를 향한 설법의 집회 때, 칼라하딘나 집회 때, 장자(長者) 아난다의 집회 때, 유물론자 잠부카의 집회 때, 만두카 천자(天子)의 집회 때, 맛타쿤다리 천자의 집회 때, 유녀(遊女) 수라사의 집회 때, 유녀 실리마의 집회 때, 베짜는 사람의 딸의 집회 때, 소(小)수밧다의 집회 때, 사케타라 라는 바라문의 장례를 치를 때의 집회 때, 수나파란타라는 사람의 집회 때, 《제석천의 물음》의 집회 때, 《담을 넘는 경》의 집회 때, 《보경(寶經)》의 집회 때, 각각 8만4천 명의 사람과 신들이 진리의 관찰에 도달하였습니다.

대왕이여! 세존께서 이 세상에 계시는 동안 세존께서 머무셨던 세 곳의 장소와 열여섯 곳의 거대한 지방[19]이라면 그 어느 곳이라도 언제나 한결같이 두 사람, 세 사람, 네 사람, 다섯 사람, 백 사람, 천 사람, 십만 명의 신들과 인간들이 진실하게 제일의인 열반을 실제로 증득하였습니다. 대왕이여! 무릇 신(神)이라는 존재는 전부 재가자이지 출가자가 아닙니다. 이들과 그밖의 수만 억의 신들은, 그들이 비록 집에 머물며 온갖 욕망을 향수하는 재가자라 할지라도 진실하게 제일의인 열반을 실제로 증득하였습니다."

"존자 나가세나여! 만일 집에 살면서 온갖 욕망을 누리고 있는 재가자가 진실하며 제일의인 열반을 실제로 증득한다면, 출가자가 행하는 이러한 두타의 지분은 무엇을 위해 행하는 것이라는 말입니까? 이런 이유를 통해 볼 때 두타의 모든 지분은 반드시 해야만 할 것이 아니라는 말이 됩니다.

존자 나가세나여! 만일 주문이나 약 없이도 병이 치유된다면 구태여 몸을 쇠약하게 만드는 토하는 약이나 설사약 등이 필요하겠습니까? 만일 주먹에 의해서 적을 굴복시킬 수 있다면 구태여 검이나 칼, 창, 활, 석궁, 막대기, 쇠망치가 필요하겠습니까? 만일 마디나 굴곡, 우묵한 곳, 가시, 덩굴, 가지를 타고 나무에 오를 수 있다면 구태여 높고 튼튼한 사다리를 구할 필요가 있겠습니까? 만일 딱딱한 땅에 누워서 몸에 쾌감을 느낀다면 구태여 기분 좋은 감촉이 있는 훌륭한 침대를 구할 필요가 있겠습니까? 만일 혼자서도 위험하고 두렵고 험준하며 어려움이 있는 길을 지나갈 수 있다면 무장하고 온갖 준비를 갖춘 거대한 대상(隊商)을 구태여 구할 필요가 있겠습니까? 만일 강이나 물줄기를 자기의 실력으로 건널 수 있다면 구태여 튼튼한 교량이나 배를 구할 필요가 있겠습니까? 만일 자신의 재산으로 옷 입고 밥 먹을 수 있다면 구태여 다른 사람을 섬기거나 시중들고, 여기저기 뛰어다니면서 심부름할 필요가 있겠습니까? 만일 못을 파지 않고도 물을 얻을 수 있다면 구태여 우물이나 못, 연못을 팔 필요가 있겠습니까?

존자 나가세나여! 그와 마찬가지로 만일 집에 머물면서 온갖 욕망을 누리고 있는 재가자가 진실하며 제일의인 열반을 실증한다면, 출가자가 뛰어난 두타의 지분을 수지할 필요가 어디 있겠습니까?"

"대왕이여! 다음의 스물여덟 가지 두타의 지분에 관한 공덕은 그 지분들이 본래 갖추고 있는 진실한 공덕입니다. 이러한 공덕 때문에 두타의 지분을 수지하는 일을 모든 부처님은 추구하였고 바랐던 것입니다.

스물여덟 가지 공덕이란 어떤 것인가 하면 두타의 지분은 청정한 생활, 안락한 과보, 죄와 허물이 없는 것, 다른 사람을 괴롭히지 않는 일, 두려움 없는 일, 번거로움이 없는 일, 오로지 선(善)을 증대하는 일, 선을 소실하지 않는 일, 미혹되지 않는 일, 스스로를 보호하는 일, 바라는 것을 주는 일, 모든 중생을 제어하고 다스리며, 자기를 규율하는 이익이 있는 일, 출가생활에 있어 어울리는 것이고, 두타지분을 수지한 그는 어떤 사물에도 의존하지 않고 속박에서 벗어났으며, 탐욕을 멸하였고, 성냄을 멸하였고, 미망을 멸하였으며, 교만함을 버렸고, 삿된 생각을 끊었으며, 의혹을 넘어섰고, 게으름을 쳐부수었으며, 불쾌함을 버렸고, 두타지분은 참고 견디며 이루어야 할 것이고, 그 공덕은 다른 것에 비할 바가 없으며, 헤아려 알 수 없는 것이고, 온갖 괴로움의 멸진에 도달하는 것입니다.

대왕이여! 무릇 두타의 지분을 올바르게 실수(實修)한 사람은 한결같이 열여덟 가지 공덕을 완전하게 갖추고 있습니다.

어떤 것이 열여덟 가지 공덕인가? 그들의 행위는 지극히 청정하고, 실천도는 능히 완성되었으며, 신체적 행위나 말에 의한 행위는 능히 보호받고 있으며, 의지적 행위는 지극히 청정하고, 능히 정려(精勵)에 정진하고, 공포를 멸하였으며, 개아(個我)의 상주성과 그에 수반하는 갖가지 견해를 떠났으며, 성냄은 가라앉고, 자애(慈愛)가 마음 속에 확립되고, 먹을 것에 관한 세 가지 올바른 관찰이 완전하게 회득(會得)되며, 모든 중생들에게 존경받고, 먹을 것의 적당한 양을 알며, 한밤중에 해야 할 수행에 정진하며, 집이 없고, 쾌적한 장소라면 어느 곳에서든지 머물고, 악을 싫어하고, 고독을 즐기며, 언제나 게으름을 피지 않는 것입니다.

대왕이여! 무릇 두타의 지분을 올바르게 실수하는 자는 모두가 이러한 열여덟 가지 공덕을 완전하게 갖추고 있습니다.

대왕이여! 다음의 열 사람은 두타의 지분을 수지할 만합니다.

열 사람이란 누구인가 하면 신앙이 있고, 악에 대해서 부끄러움을 알며, 견고하고, 남을 속이지 않고, 목적을 향하고 있는 자이며, 경박하지 않고, 학습하기를 원하며, 배워야 할 사항들을 견고하게 수지하며, 선정을 많이 익히고, 자애심에 머물고 있는 사람입니다.

대왕이여! 이러한 열 사람은 두타의 지분을 수지할 만합니다.

대왕이여! 무릇 집에 머물고 온갖 욕망을 누리고 있는 재가자로서 진실하며 제일의인 열반을 실제로 증득하는 자는 모두가 전생에 열세 가지 두타의 지분을 이미 실천하여 익혔으며 열반의 진실한 증득의 기초를 이룬 자들입니다. 그들은 그 곳에서 행위와 실천을 정화하고 이제 재가자가 되어 진실하며 제일의인 열반을 실제로 증득하는 것입니다.

대왕이여! 예를 들면 매우 노련한 궁사가 있다고 합시다. 그는 제자를 향해서 우선 제일 처음으로 활터에서 활의 종류와 활을 들어올리는 방법, 쥐는 방법, 주먹 쥐는 방법, 손가락을 구부리는 방법, 발을 놓는 방법, 화살을 잡는 방법, 화살을 시위에 메기는 방법, 시위를 당기는 방법, 멈추는 방법, 과녁을 맞추는 방법, 실제로 쏠 경우에 짚으로 만든 사람모양이나 챠나카풀·풀·마른 나무·점토를 쌓아올려 만든 둔덕·방패 등의 과녁을 쏘는 방법을 가르치고 그 후에 그는 왕의 처소로 가서 실제로 수련을 완성하여 왕으로부터 준마·수레·코끼리·말·재보·

곡물·황금·금·노비·노복·처첩·마을을 하사받게 됩니다.

대왕이여! 그와 마찬가지로 무릇 집에 있으면서 온갖 욕망을 누리고 있는 재가자로서 진실하며 제일의인 열반을 실제로 증득하는 자는 모두가 전생에 열세 가지 두타의 지분을 이미 실습하였고 열반의 실증의 기초를 완성하였습니다. 그는 그 곳에서 행위와 실천을 정화하고 이제 재가자가 되었으며, 진실하고 제일의인 열반을 실제로 증득하는 것입니다.

대왕이여! 두타의 온갖 지분을 전생에 실제로 수행하지 않고서 단 한 번의 생애에서 아라한의 지위를 실제로 증득하는 일은 없습니다. 오직 가장 으뜸 가는 정려, 가장 으뜸 가는 실천, 적당한 스승과 착한 벗에 의해서 아라한의 지위를 실제로 증득하는 것입니다.

대왕이여! 또한 예를 들면 외과의사는 자신의 재산을 사례로 주거나 또는 힘껏 봉사함으로써 스승을 만나게 되고 그 후에 환자에 대한 집도·절단·소파(搔爬)·천관(穿貫)·화살 뽑아내기·상처의 세척·건조시키는 일·약을 펴 바르는 일·토하거나 설사하는 약의 조제·관유(灌油)의 처치에 대해서 하나하나 배우고 익히고서 의학을 익혀 무르익히고 실제로 행하고 숙달하며 먼 곳으로 치료를 하기 위해 나갑니다.

대왕이여! 그와 마찬가지로 무릇 집에 머물면서 온갖 욕망을 누리는 재가자로서 진실하며 제일의인 열반을 실제로 증득하는 자는 전부 전생에 열세 가지 두타의 지분을 이미 실습하였고 열반을 실제로 증득할 기초를 만들었습니다. 그들은 그 곳에서 행위와 실천을 정화하고 이제 재가자가 되어 진실하며 제일의인 열반을 실제로 증득하는 것입니다.

대왕이여! 두타의 갖가지 지분에 의해서 청정해지지 않는 자들에게 진리의 관찰이란 없습니다.

대왕이여! 예를 들면 물을 대지 않으면 씨앗이 생장하지 않는 것처럼 두타의 여러 가지 지분에 의해서 정화되지 않은 자들에게 진리의 관찰은 없습니다.

또 예를 들면 선을 행하지 않고 아름다운 행위를 하지 않은 자들이 좋은 세계에 다시 태어나는 일이 없듯이, 두타의 여러 가지 지분에 의해서 정화되지 않은 자들에게 진리의 관찰은 없습니다.

대왕이여! 두타의 지분은 대지와 같은 것입니다. 그것은 청정을 바라는 자들을 위한 안립처(安立處)이기 때문입니다.

두타의 지분은 물과 같은 것입니다. 그것은 청정을 바라는 자들을 위해 모든 번뇌의 때를 씻어버려 주기 때문입니다.

두타의 지분은 불과 같은 것입니다. 그것은 청정을 바라는 자들을 위해 모든 번뇌의 숲을 태워버리기 때문입니다.

두타의 지분은 바람과 같은 것입니다. 그것은 청정을 바라는 자들을 위해 모든 번뇌의 먼지와 때를 날려 버리기 때문입니다.

두타의 지분은 아가다약과 같은 것입니다. 그것은 청정을 바라는 자들을 위해 모든 번뇌의 병을 치유하기 때문입니다.

두타의 지분은 감로(불사의 영약)와 같은 것입니다. 그것은 청정을 바라는 자들을 위해 모든 번뇌의 독을 해소해 주기 때문입니다.

두타의 지분은 밭과 같은 것입니다. 그것은 청정을 바라는 자들을 위해 모든 사문의 공덕이라는 곡물을 자라나게 해 주기 때문입니다.

두타의 지분은 보석 마노파라(매혹)와 같은 것입니다. 그것은 청정을 바라는 자들을 위해 그들이 애호하고 간절히 바라는 모든 뛰어난 성취를 주기 때문입니다.

두타의 지분은 배와 같은 것입니다. 그것은 청정을 바라는 자들을 위해 윤회의 대양 저편 언덕에 도달하기 때문입니다.

두타의 지분은 피난처와 같은 것입니다. 그것은 청정을 바라는 자들을 위해 태어나고 늙는 공포로부터 구제하는 것이기 때문입니다.

대왕이여! 두타의 지분은 어머니와 같은 것입니다. 그것은 청정을 바라는 자들이 번뇌의 괴로움에 시달릴 때 거두어 안아주기 때문입니다.

두타의 지분은 아버지와 같은 것입니다. 그것은 청정을 바라는 자들이 선이 불어나기를 바랄 때 그들에게 사문의 모든 공덕을 생겨나게 해 주기 때문입니다.

대왕이여! 두타의 지분은 벗과 같은 것입니다. 그것은 청정을 바라는 자들을 위해 그들이 모든 사문의 공덕을 구할 때에 그들을 속이지 않기 때문입니다.

두타의 지분은 연꽃과 같은 것입니다. 그것은 청정을 바라는 자들을 위해 모든 번뇌의 때에 물들지 않기 때문입니다.

두타의 지분은 네 가지 뛰어난 향기와 같은 것입니다. 그것은 청정을 바라는 자들을 위해 번뇌의 악취를 없애 주기 때문입니다.

두타의 지분은 뛰어난 산왕(山王, 수미산)과 같은 것입니다. 그것은 청정을 바라는 자들을 위해 그를 '여덟 가지 세간의 사항'이라는 바람[20]에 의해서 동요되게 하지 않기 때문입니다.

두타의 지분은 허공과 같은 것입니다. 그것은 청정을 바라는 자들을 위해 모든 곳에서 장해를 여의고, 넓고 광대하며, 확대되며, 위대하기 때문입니다.

두타의 지분은 강과 같은 것입니다. 그것은 청정을 바라는 자들을 위해 모든 번뇌의 때를 씻어 버려 주기 때문입니다.

두타의 지분은 좋은 안내인과 같은 것입니다. 그것은 청정을 바라는 자들을 위해 윤회의 생존이라는 험난한 길과 번뇌라는 깊은 숲을 벗어나서 건너가게 해 주기 때문입니다.

두타의 지분은 거대한 대상(隊商)과 같은 것입니다. 그것은 청정을 바라는 자들을 위해 온갖 두려움이 없는 안온하고 무외(無畏)이며, 가장 훌륭하고 지극히 훌륭한 열반의 도시에 도달하게 해 주기 때문입니다.

두타의 지분은 잘 갈려져 흐림이 없는 거울과 같은 것입니다. 그것은 청정을 바라는 자들을 위해 모든 형성된 것(존재하는 것)의 자성을 보여 주기 때문입니다.

두타의 지분은 방패와 같은 것입니다. 그것은 청정을 바라는 자들을 위해 모든 번뇌의 막대기나 화살, 검을 막아 주기 때문입니다.

두타의 지분은 우산과 같은 것입니다. 그것은 청정을 바라는 자들을 위해 모든 번뇌의 비와 세 종류의 불의 열[21]을 막아 주기 때문입니다.

두타의 지분은 달과 같은 것입니다. 그것은 청정을 바라는 자들이 좋아하고 갈망하는 것이기 때문입니다.

두타의 지분은 태양과 같은 것입니다. 그것은 청정을 바라는 자들을 위해 미망의 어두움이나 암흑을 없애 주기 때문입니다.

두타의 지분은 바다와 같은 것입니다. 그것은 청정을 바라는 자들을 위해 수많은 사문의 공덕이라는 뛰어난 보석을 캐내어 찾아내게 해 주기 때문입니다.

대왕이여! 이처럼 두타의 지분은 청정을 바라는 자들을 위해 쓸모가 많으며, 모든 불안과 열뇌(熱惱)를 없애 주고, 불만을 없애 주고, 두려움을 없애 주고, 윤회의 생존을 없애 주고, 마음의 우둔함을 없애 주고, 때를 없애 주고, 근심을 없애 주고, 피로움을 없애 주고, 탐욕을 없애 주고, 성냄을 없애 주고, 미망을 없애 주고, 교만을 없애 주고, 사악한 견해를 없애 주고, 온갖 불선한 일들을 없애 주고, 명성을 가져오고, 이익을 가져오고, 행복을 가져오고, 쾌적하게 해 주고, 기쁘게 해 주며, 마음을 고요하고 안온하게 해 주고, 허물이 없고, 바람직한 안락의 과보가 있으며, 공덕의 보배창고이며, 공덕무더기이며, 공덕이 무량하여 이루 헤아릴 수 없는 것이고, 세간에서 가장 뛰어나고, 지극히 뛰어나며 가장 높은 것입니다.

대왕이여! 예를 들면 사람들이 몸을 유지하기 위해 음식을 섭취하고, 건강을 얻기 위해 약을 먹으며, 자신에게 도움이 되게 하기 위해 벗과 사귀고, 피안에 도달하기 위해 배를 사용하며, 향긋한 향이 있기 때문에 꽃이나 향을 사용하고, 공포가 없기 때문에 피난처를 이용하고, 욕망을 채우기 위해 마니보주를 사용하는 것처럼 그와 마찬가지로 모든 도인의 공덕을 주기 때문에 성스런 두타의 지분을 실습하는 것입니다.

대왕이여! 또 예를 들면 물은 씨앗을 생장하게 하기 위한 것이고, 불은 태우기 위한 것이고, 먹을 것은 체력을 기르기 위한 것이며, 덩굴은 묶기 위한 것이고, 칼은 절단하기 위한 것이고, 마실거리는 갈증을 다스리기 위한 것이고, 재물은 만족시키기 위한 것이고, 배는 저편 언덕에 도달하기 위한 것이고, 약은 병을 치유하기 위한 것이고, 수레는 편안하게 여행하기 위한 것이고, 피난처는 공포를 없애기 위한 것이고, 왕은 국토나 인민을 수호하기 위한 자이며, 방패는 몽둥이나 흙덩이 막대기나 화살 검을 막기 위한 것이고, 스승은 제자를 가르치기 위한 자이며, 어머니는 자식을 양육하기 위한 자이고, 거울은 모습을 보기 위한 것이며, 꾸미는 일은 아름답게 보이기 위한 것이고, 옷은 몸을 가리기 위한 것이고, 사다리는 오르기 위한 것이며, 저울은 양을 헤아리기 위한 것이며, 주문은 외기 위한 것이고, 무기는 공격을 막기 위한 것이고, 등불은 어두움을 깨기 위한 것이며, 바람은 열을 식혀서 없애기 위한 것이고, 학업과 기술은 생활을 영위하기 위한 것이고, 아가다약은 생명을 보호하기 위한 것이고, 광산은 보석을 산출하기 위한 것이고, 보석은 꾸미기 위한 것이고, 명령은 거스르지 않게 하기 위한 것이며, 주권은 통치를 계속하기 위한 것입니다.

대왕이여! 그와 마찬가지로 두타의 지분을 수습하는 일은 도인의 씨앗을 생장하게 하기 위한 것이고, 번뇌의 때를 태워 버리기 위한 것이고, 신통력을 기르기 위한 것이고, 전주(專注)와 자율에 의해서 자기를 계박하기 위한 것이고, 의심하여 망설이는 일이나 의혹을 완전히 쳐부수기 위한 것이고, 애집의 갈증을 풀어 주기 위한 것이고, 진리의 관찰에 의해서 평온함을 얻기 위한 것이고, 네 가지 번뇌의 격류를 건너기 위한 것이고, 번뇌의 병을 치유하기 위한 것이고, 열반의 안락함을 얻기 위한 것이고, 생로병사와 근심과 슬픔과 괴로움과 번뇌와 번민의 두려움을 없애기 위한 것이고, 도인의 공덕을 수호하기 위한 것이고, 불만족과 바르지 못한 성찰을 막기 위한 것이고, 모든 도인의 이익을 가르치기 위한 것이고, 모든 도인의 공덕을 양육하기 위한 것이고, 마음이 편안히 머물고 올바르게 관찰하며, 도(道)와 도과(道果)와 열반을 보기 위한 것이고, 전세계 모든 이들의 찬양을 받아 널리 크게 미화하는 것이고, 모든 악한 생존에로의 문을 막기 위한 것이고, 도인의 이익의 산 정상에 오르기 위한 것이고, 구부러지고 비뚤어진 사악한 마음을 내버리기 위한 것이고, 실제로 수행해야 할 것과 실제로 수행해서는 안 될 일을 능히 독송하게 하기 위한 것이고, 모든 번뇌의 적을 공격하기 위한 것이고, 무지의 암흑을 깨기 위한 것이고, 세 종류 불의 열과 열뇌를 불어 없애기 위한 것이고, 평온하고 정묘(精妙)하며 고요한 마음통일을 완성하게 하기 위한 것이고, 모든 도인의 공덕을 수호하기 위한 것이고, 깨달음의 지분의 뛰어난 보석을 산출하기 위한 것이고, 요가행자들을 장엄하기 위한 것이고, 죄나 허물이 없고 미묘하고 정묘하며 적정한 안락함을 거스르지 않기 위한 것이고, 모든 도인의 성스러운 의무에 있어 무애자재 해지기 위해서입니다. 대왕이여! 이처럼 각각의 두타의 공덕은 이러한 공덕을 증득하기 위한 것입니다.

대왕이여! 이처럼 두타의 공덕은 비교될 수 없으며, 헤아려 알 수 없으며, 다른 것과 동등하지 않고 나란히 비견될 수 없으며, 다른 것에 눌리지 않으며, 가장 으뜸 가고 가장 훌륭하며, 수승하고 탁월하고 멀고도 넓으며, 광대하고 귀중하고 두터우며, 위대합니다.

대왕이여! 무릇 사악한 탐욕을 지닌 자로서 탐욕을 본성으로 하고 사악하고 탐욕스럽고 지나치게 많이 먹으며 이익을 원하고 명성을 원하고 칭찬을 원하고 수행자로는 적당하지 않으며, 적응하지 못하고 순응하지 못하고 상응하지 않고 적당하지 않으면서 두타의 지분을 수지하는 자는 두 가지 벌을 받으며 온갖 종류로 살해당합니다.

즉 첫째는 이 세상에서 그는 경멸당하고 매도당하고 비난받고 조소를 받고 욕을 먹으며, 절교당하고 쫓겨나고 내몰리며, 추방을 받게 됩니다. 둘째로는 미래에서도 또한 뜨겁게 타오르며, 불에 타오르고 불길이 뜨겁게 일어나고 이글거리며, 불길의 화환이 있는 대무간지옥에서 수조 년 동안 거품이 끓어오르듯이 상하좌우로 굴러가면서 이 곳에서 벗어났을 때 사지는 야위고 조잡해지며 검게 타고 머리는 바래고 부풀어오르며, 온 몸이 구멍 투성이가 되었으며, 굶주리고 목이 타오르고 괴이하고 끔찍한 형체를 갖추게 되며, 귀는 손상을 입고 눈은 항상 끔벅거리며, 몸통은 상처를 입고 썩어가며, 전신에서 벌레가 꾀어 마치 바람을 향해서 타오르고 있는 불덩어리와 같으며, 배에서는 불길이 타오르며, 제 자신이 귀의할 곳이 없어서 눈물을 떨구고 슬피 울면서 동정을 구하며 절규하고, 도인의 모습을 한 대소갈아귀(大燒渴餓鬼)가 되어 대지를 떠돌면서 고통의 절규를 길게 내뱉습니다.

대왕이여! 예를 들면 왕으로서 적당하지 않고, 상응하지 않으며, 비천하고, 하천한 신분의 사람이 있다고 합시다. 그런데 어쩌다 그가 관정을 받아서 왕위에 오른다고 합시다. 그 결과 그는 손이 잘리고, 발이 잘리고, 손과 발이 잘리며, 귀가 잘리고, 코가 베이며, 귀와 코가 잘리며, 두개골이 잘려서 펄펄 끓어오른 죽을 들이붓는 형벌(粥壺刑)이나, 잘 연마한 조개처럼 자갈로 두피를 문지르는 형벌(貝剃刑), 입을 철침으로 열어서 그 속에 기름을 들이붓고 불을 붙이는 형벌(라후라의 입의 형벌), 전신을 기름형겊으로 말고서 불을 붙이는 형벌(光環刑), 손을 기름형겊으로 말고 불을 붙이는 형벌(光明手刑), 머리에서 무릎에 걸쳐 피부를 얇게 벗겨내어 발목 주변에 늘어뜨리는 형벌(뱀껍질 벗기는 형벌), 결이 고운 천처럼 벗긴 피부를 각각 머리카락으로 따서 베일을 쓴 것처럼 하는 형벌(피부를 벗겨 옷으로 만드는 형벌), 무릎과 팔꿈치를 함께 묶어서 철판 위에 구부리게 한 뒤에 철판 아래에서 불을 붙이는 형벌(山羊刑), 육구(肉鉤)로 낚아 올리는 형벌(肉鉤刑), 카하파나 동전의 크기로 몸을 절단하는 형벌(카하파나貨刑), 예리한 칼날로 몸을 상처내고 그 곳에 잿물을 붓는 형벌, 두 귓구멍을 철막대기로 관통시켜서 대지에서 돌리는 형벌, 뼈를 짓이길 정도로 두드려서 온몸을 짚으로 만든 이불처럼 만드는 형벌을 받으며, 뜨겁게 끓는 기름이 부어지거나, 개들에게 먹히거나 산 채로 꼬챙이에 찔리거나, 칼로

제9장
293

머리가 잘리거나, 온갖 다양한 형벌을 받습니다. 그것은 어째서 인가? 왕으로서 적당하지 않고 상응하지 않으며 비천하고 하천한 자가 위대한 왕권의 지위에 올랐으니 자기의 한계를 넘어섰기 때문입니다.

대왕이여! 그와 마찬가지로, 어떤 사람이 있는데 그는 사악하고 탐욕스러운 자로서 나아가 마침내 고통의 절규를 내지릅니다.

대왕이여! 또한 어떤 사람이 있는데 승가의 수행자로서 적정하고 적당하며 상응하고 탐욕이 적고 만족함을 알며, 홀로 지내면서 사람과 어울리지 않고 열심히 정진하고 전심(專心)하며 교활하지 않고 거짓되지 않으며, 먹을 것을 탐하지 않고 이득을 바라지 않고 명성을 바라지 않고 찬양을 바라지 않고 삼보에 대한 신앙을 지니고 있으며, 그 신앙에 의해서 출가하여 상가에 들어가며, 늙고 죽음의 고통을 벗어나려고 하며, 부처님의 가르침을 파악하고자 하여 두타의 지분을 수지하는 자는 두 가지 공양을 받을 자격이 있습니다.

첫째, 그는 모든 신들과 인간들의 사랑을 받고 그들의 기쁨이 되며 그들이 좋아하고 갈망합니다.

마치 양질의 수마나꽃이나 말리카꽃(아라비안 자스민) 등은 목욕하는 사람이나 기름을 바르는 사람의 사랑을 받고 기쁨이 되고 그들이 좋아하고 갈망하는 것과 같습니다. 마치 배고픈 사람이 아주 맛 좋은 음식을 좋아하는 것과 같고, 마치 목마른 사람이 청량하고 때가 없으며 감미로운 마실거리를 좋아하는 것과 같고, 마치 독이 온몸에 번진 사람이 훌륭한 약을 좋아하는 것과 같고, 마치 가장 뛰어나고 가장 으뜸 가는 준마가 끄는 수레는 서둘러 길을 떠나려고 하는 사람이 좋아하는 것과 같고, 마치 마노하라보석이나 마니보주는 이익을 바라는 자가 좋아하는 것과 같고, 마치 관정(灌頂)하고자 하는 사람은 순백하고 때가 없는 흰 일산(白傘)을 좋아하는 것과 같고, 마치 진리를 바라는 자가 으뜸 가는 아라한의 깨달음을 얻는 일을 좋아하는 것과 같습니다.

둘째 그는 네 가지 전주를 완전하게 수행하고 익히고, 네 가지 올바른 노력·네 가지 신통변화를 나타내는 마음의 힘·다섯 가지 뛰어난 작용·다섯 가지 힘·깨달음을 얻기 위한 일곱 가지 지분·여덟 가지 지분으로 이루어진 성스러운 길을 완전하게 수행하고 익혀서 마음의 안정과 올바른 관찰을 증득하고 깨달음의 실천이 무르익으며, 도인(사문)의 네 가지 경지·네 가지 무애자재한 이해력·세 가지 명지·여섯 가지 신통력·그리고 모든 도인의 의무, 그런 모든 것들을 그는 얻습니다. 그는 해탈의 순백하고 티끌 없는 흰 일산을 받쳐들고 관정을 받아 해탈의 지위에 오릅니다.

대왕이여! 예를 들면 고귀한 태생인 크샤트리야왕이 즉위 관정했을 때, 국민과 시민·지방에 사는 사람·군인·관리가 에워쌉니다. 그리고 나아가 왕을 섬기는 서른여덟 종류의 사람들과 무희들, 배우, 점술가, 축복을 내리는 사람, 도인, 바라문, 그리고 모든 이학의 무리들이 찾아옵니다. 왕은 다른 나라 사람과 형벌을 받는 사람들을 다스리면서 지상에서 항구나 보석이 묻힌 광산, 도성, 세관을 모두 자신의 소유로 합니다.

대왕이여! 그와 마찬가지로 어떤 사람이 있는데 상가의 수행자로서 적정하고, 적당하며 나아가 해탈의 순백하고 티끌 없는 흰 일산을 받쳐 들고 관정을 받아서 해탈의 지위에 오릅니다.

대왕이여! 다음의 열세 가지 두타의 지분이 있으며 그것에 의해서 정화된 사람은 열반의 대해에 들어가고, 수많은 진리의 유희에 빠지며, 물질적인 영역과 정신적인 영역에 관한 여덟 가지 마음통일에 전념하고, 갖가지 신통변화를 나타내는 기능·세간의 소리를 청정한 귀로 듣는 기능·다른 사람의 마음 속을 아는 기능·자타의 과거세의 삶의 모습을 기억해 내는 기능·세간의 존재모습을 청정한 눈으로 보는 기능·모든 번뇌를 멸하여 다시는 윤회의 생존에 돌아오지 않는 것을 깨닫는 기능을 획득하게 됩니다.

어떤 것이 열세 가지 두타의 지분인가?

첫째는 거칠고 해진 누더기로 만든 옷을 입는다고 하는 지분, 둘째는 세 가지 옷 이외에는 입지 않는다고 하는 지분, 셋째는 언제나 걸식에 의해서 음식을 얻는다고 하는 지분, 넷째는 집을 고르지 않고 차례로 걸식한다고 하는 지분, 다섯째는 한 자리에서 식사하고 끝마칠 때까지 자리에서 일어서지 않는다고 하는 지분, 여섯째는 걸식하여 주어진 음식만을 먹는다고 하는 지분, 일곱째는 식사를 한 뒤에 또다시 먹지 않는다고 하는 지분, 여덟째는 삼림에 산다고 하는 지분, 아홉째는 나무 아래에 앉는다고 하는 지분, 열째는 문 밖에 머문다고 하는 지분, 열한째는 무덤에 산다고 하는 지분, 열두째는 앉거나 눕도록 지정된 장소에 만족하여 살아간다고 하는 지분, 열셋째는 언제나 앉되 눕지 않는다고 하는 지분입니다.

대왕이여! 이러한 열세 가지 두타의 지분을 전생에 실행하였고, 실제로 익혔으며, 익혀서 수행하였고, 익히고 수련하였으며, 행하였고 언제나 행하였으며, 원만하게 수행함으로써 그는 모든 도인의 자리를 얻고, 완전하고 고요하고 안락한 마음통일이 그의 것이 됩니다.

대왕이여! 예를 들면 항구에서 무역의 이익을 얻은 부유한 선주가 큰 바다로 배를 타고 나가서 반가(갠지스 강 하류), 탓코라(北알코트지방), 치나(중국), 소비라, 술랏타(카티야와르 반도), 알라산다(알렉산드리아), 코라(콜로만데르)항구, 스반나브미(金地國, 미얀마연안지방)로 가며, 또한 배가 항해하는 곳이면 어느 곳이라도 가는 것처럼 그와 마찬가지로 이러한 열세 가지 두타의 지분을 전생에 실행하였고, 실제로 익혔으며, 익혀서 수행하였고, 익히고 수련하였으며, 행하였고 언제나 행하였으며, 원만하게 수행함으로써 그는 모든 도인의 자리를 얻고, 완전하고 고요하고 안락한 마음통일이 그의 것이 됩니다.

대왕이여! 또한 예를 들면 경작하는 사람이 제일 처음에는 밭에 해가 되는 풀이나 나무토막, 돌을 없앤 뒤에 경작하고, 그리고 씨앗을 뿌리고, 물을 잘 끌어대고, 작물을 보호하고, 수호하여 벼베기를 하고서 탈곡하여 많은 곡물을 얻으면 가난한 사람·굶주린 사람·밥을 빌러 다니는 사람·비참한 사람들이라면 누구라도 스스로 받아들이고 거두어들이는 것처럼 그와 마찬가지로 이러한 열세 가지 두타의 지분을 전생에 실행하였고, 실제로 익혔으며, 익혀서 수행하였고, 익히고 수련하였으며, 행하였고 언제나 행하였으며, 원만하게 수행함으로써 그는 모든 도인의 자리를 얻고, 완전하고 고요하고 안락한 마음통일이 그의 것이 됩니다.

대왕이여! 또한 예를 들면 고귀한 태생인 크샤트리야가 관정을 받고서 왕의 인수(印綬)[22]를 받고 죄수들을 교도(敎導)할 때 그는 지배자이고 자재력자(自在力者)이며 주권자로서, 마음대로 행동하고, 대지의 모든 것이 그의 것이 되는 것처럼 이러한 열세 가지 두타의 지분을 전생에 실행하였고, 실제로 익혔으며, 익혀서 수행하였고, 익히고 수련하였으며, 행하였고 언제나 행하였으며, 원만하게 수행함으로써 그는 승리자 붓다의 뛰어난 가르침에 있어서 지배자이며 자재력자이며 주권자이고 마음대로 행동하고 그리고 도인의 모든 공덕이 그의 것이 됩니다.

대왕이여! 장로 우파세나 반갼타풋타는 번뇌를 근절하는 두타의 지분을 원만하게 수행함으로써 사위성에서 부처님께서 정하신 상가의 약속을 하지 않고서도 자신을 따르는 회중을 이끌고서 저 독단의 사유에 들어갔으며, 또한 사람들을 길들이는 마부(調御丈夫)이신 부처님에게 다가가서 머리를 세존의 발에 대고 절하고 한쪽에 앉지 않았습니까? 그런데도 세존께서는 그 회중(會衆)이 지도를 잘 받고 있는 모습을 보고서 기쁨에 넘쳐나시고, 환희하고, 기쁨에 겨워하시며 회중과 다정하게 이야기를 주고받고, 순수하고 청정한 말로 다음과 같이 말씀하셨습니다.

'우파세나여! 실로 그대의 이 회중은 기쁨에 넘쳐 있다. 그대는 어떻게 회중을 지도하였던가?'

전지자이시며 열 가지 힘을 갖추셨고 신들을 초월한 신이신 부처님의 질문을 받자 우파세나는 있는 그대로 사실에 근거하여 세존께 다음과 같이 말씀드렸습니다.

'존자시여! 누군가 저에게 다가와서 출가 또는 도움을 청하는 자가 있으면 저는 이렇게 그에게 말했습니다. '벗이여! 나는 다름 아닌 숲 속에 살고 있는 자입니다. 언제나 걸식하는 자입니다. 거칠고 낡은 옷을 입는 자입니다. 세 가지 옷을 입는 자입니다. 만일 그대도 숲 속에 사는 자가 된다면 나는 그대를 출가시키겠습니다. 그리고 그대에게 도움을 주겠습니다'라고 말입니다. 존자시여! 만일 그가 저의 말을 승낙하고 기뻐하며 저에게 남는다면 저는 그를 출가시키고 도움을 주겠습니다. 만일 그가 기뻐하지 않고 남지 않는다면 그를 출가시키지 않고 도움을 주지 않겠습니다. 존자시여! 이처럼 저는 회중을 지도하였습니다.'

대왕이여! 그와 마찬가지로, 뛰어난 두타의 지분을 수지하는 자는 승자의 뛰어난 가르침에 있어서 지배자이며 자재력자이며 주권자이고, 마음대로 행동하고 완전하고 고요하며 안락한 마음통일이 그의 것이 됩니다.

대왕이여! 예를 들면 성장한 연꽃은 청정하고 양질의 씨앗에서 생겨나며 광택이 있고 부드러워서 사람들이 갖기를 바라며, 좋은 향기를 풍기고 있으며, 사람들의 사랑을 받고 애호를 받으며 찬미받고, 물이나 진흙에 더럽혀지지 않고, 작은 꽃잎이나 꽃실, 과피(果皮)로 아름답게 장식되어 있어 벌떼들이 모여들고, 맑고 찬 물 속에서 자라나는 것처럼, 그와 마찬가지로 이러한 열세 가지 두타의 지분을 전생에 실행하였고, 실제로 익혔으며, 익혀서 수행하였고, 익히고 수련하였으며, 행하였고 언제나 행하였으며, 원만하게 수행함으로써 성스러운 제자는 서른 가지 뛰어난 공덕을 완전하게 부여받았습니다. 무엇이 서른 가지 뛰어난 공덕인가?

(1) 마음은 애정으로 넘치고, 유연하고, 유화하며 자애심이 깊습니다. (2) 번뇌는 완전히 멸하고 꺾였으며, 끊어져 사라졌습니다. (3) 거만한 마음과 자신을 존귀하다고 생각하는 마음은 무너졌고 버려졌습니다. (4) 신앙은 흔들리지 않고 강하고 확고하며 미혹되어 있지 않습니다. (5) 원만하고 두루 갖추어졌으며 사람들이 환희하고 바라며, 고요하고 안락한 마음통일을 얻었습니다. (6) 가장 훌륭하고, 미묘하며, 동등함이 없고 청정한 향이 있는 계행을 닦고 익히고 있습니다. (7) 모든 신들과 인간들의 사랑을 받고 그들이 좋아합니다. (8) 번뇌의 더러움을 모두 멸한 성스럽고 뛰어난 사람들의 찬양을 받습니다. (9) 모든 신들과 인간들의 존경을 받고 그들의 공양을 받습니다. (10) 지혜가 있고 예지가 있으며, 현명한 사람들이 찬양하고, 높이 추켜세우며, 칭송하고, 찬탄합니다. (11) 이 세상에서나 저 세상에서나 세간에 물들지 않습니다. (12) 사소한 죄나 허물에도 두려움을 봅니다. (13) 광대하며 가장 뛰어난 성취를 바라는 사람들에게 성자의 가장 뛰어난 이익인 도과(道果)를 얻게 해 줍니다. (14) 구걸하면 광대하고 수승한 필수품을 얻는 사람이 됩니다. (15) 집이 없으며 문 밖에서 잠듭니다. (16) 지극히 뛰어난 선정에 들어서 전심합니다. (17) 번뇌의 그물을 풉니다. (18) 다섯 가지 악한 미래의 생존과 다섯 가지 번뇌의 덮개[23]를 부수고 깨고 파괴하고 단절합니다. (19) 성격은 부동합니다. (20) 생활은 뛰어나 있습니다. (21) 계율에 거스르지 않아서 죄나 허물이 없는 자가 됩니다.

(22) 윤회의 생존으로부터 해탈합니다. (23) 모든 의혹을 뛰어넘습니다. (24) 해탈로 향하는 길에 전심합니다. (25) 진리를 봅니다. (26) 부동하며 견고한 피난처(열반의 경지)에 이릅니다. (27) 일곱 가지 수축(隨逐)하는 번뇌[24]를 근절합니다. (28) 모든 번뇌의 더러움을 완전히 멸하기에 이릅니다. (29) 고요하고 안락한 마음통일에 크게 전주(專注)합니다. (30) 모든 도인이 갖추어야 할 덕을 갖춥니다. 그는 이러한 서른 가지 뛰어난 공덕을 부여받는 것입니다.

대왕이여! 장로 사리풋타는 열 가지 힘을 갖춘 자이시며 세간의 스승을 제외하고 일만세계에서 가장 높은 분이 아니셨습니까? 그도 또한 한량없고 헤아릴 수 없는 겁 동안에 선근을 쌓고 바라문 집안에 태어났으며, 기뻐할 만한 욕락과 수백 가지 뛰어난 나패(螺貝)와 재산을 버리고, 승리자이신 부처님의 가르침에서 출가하고, 그리고 이러한 열세 가지 두타의 덕에 의해서 몸과 입과 마음을 잘 다스렸고, 이제 광대무변한 공덕을 갖추어 세존 고타마의 뛰어난 가르침에서 부처님을 따라서 진리의 바퀴를 차례로 굴리는 자로서 태어났습니다.

대왕이여! 신들 중에서도 신이신 세존에 의해서 인류에게 주어진 가장 훌륭한 《에쿳타라니카야》에서 이렇게 설하고 있습니다.

'비구들이여! 여래가 굴린 위없는 진리의 바퀴를 올바르게 뒤따라 굴리는 자는 사리풋타뿐이며, 나는 그 밖의 어떤 사람도 그와 같은 자를 보지 못하였다. 비구들이여! 사리풋타는 여래가 굴린 위없는 진리의 바퀴를 올바르게 따라서 굴린다.' 이렇게 말입니다."

"잘 알았습니다. 존자 나가세나여! 무릇 아홉 가지 지분으로
이루어진 부처님의 말씀, 출세간의 행위, 그리고 이 세상에서
광대하고 가장 훌륭한 성취(열반)의 증득은 모두가 이 열세 가
지 두타의 덕에 들어갑니다."

제3편 비유이야기에 관한 질문

서 (序)

중요항목

"존자 나가세나여! 어느 정도의 지분을 갖춘 비구는 아라한
의 지위를 실제로 증득하겠습니까?"

"대왕이여! 아라한의 지위를 증득하기를 원하는 비구는 다음
의 지분을 파악해야 합니다."

〈제1장〉

1. 당나귀의 한 가지 지분을 파악해야 합니다.
2. 닭의 다섯 가지 지분을 파악해야 합니다.
3. 다람쥐의 한 가지 지분을 파악해야 합니다.
4. 암표범의 한 가지 지분을 파악해야 합니다.
5. 수표범의 두 가지 지분을 파악해야 합니다.
6. 거북의 다섯 가지 지분을 파악해야 합니다.
7. 대나무의 한 가지 지분을 파악해야 합니다.
8. 활의 한 가지 지분을 파악해야 합니다.

9. 새의 두 가지 지분을 파악해야 합니다.
10. 원숭이의 두 가지 지분을 파악해야 합니다.

〈제2장〉

11. 조롱박의 한 가지 지분을 파악해야 합니다.
12. 연꽃의 세 가지 지분을 파악해야 합니다.
13. 씨앗의 두 가지 지분을 파악해야 합니다.
14. 아름다운 사라나무의 한 가지 지분을 파악해야 합니다.
15. 배의 세 가지 지분을 파악해야 합니다.
16. 닻의 두 가지 지분을 파악해야 합니다.
17. 돛대의 한 가지 지분을 파악해야 합니다.
18. 조타수의 세 가지 지분을 파악해야 합니다.
19. 수부의 한 가지 지분을 파악해야 합니다.
20. 바다의 다섯 가지 지분을 파악해야 합니다.

〈제3장〉

21. 땅의 다섯 가지 지분을 파악해야 합니다.
22. 물의 다섯 가지 지분을 파악해야 합니다.
23. 불의 다섯 가지 지분을 파악해야 합니다.
24. 바람의 다섯 가지 지분을 파악해야 합니다.
25. 바위산의 다섯 가지 지분을 파악해야 합니다.
26. 허공의 다섯 가지 지분을 파악해야 합니다.
27. 달의 다섯 가지 지분을 파악해야 합니다.
28. 태양의 일곱 가지 지분을 파악해야 합니다.

29. 제석천 인드라의 세 가지 지분을 파악해야 합니다.
30. 전륜왕의 네 가지 지분을 파악해야 합니다.

〈제4장〉

31. 흰개미의 한 가지 지분을 파악해야 합니다.
32. 고양이의 두 가지 지분을 파악해야 합니다.
33. 쥐의 한 가지 지분을 파악해야 합니다.
34. 전갈의 한 가지 지분을 파악해야 합니다.
35. 족제비의 한 가지 지분을 파악해야 합니다.
36. 늙은 쟈칼의 두 가지 지분을 파악해야 합니다.
37. 사슴의 세 가지 지분을 파악해야 합니다.
38. 수소의 네 가지 지분을 파악해야 합니다.
39. 돼지의 두 가지 지분을 파악해야 합니다.
40. 코끼리의 다섯 가지 지분을 파악해야 합니다.

〈제5장〉

41. 사자의 일곱 가지 지분을 파악해야 합니다.
42. 원앙의 세 가지 지분을 파악해야 합니다.
43. 페나히카새의 두 가지 지분을 파악해야 합니다.
44. 집비둘기의 한 가지 지분을 파악해야 합니다.
45. 올빼미의 두 가지 지분을 파악해야 합니다.
46. 학의 한 가지 지분을 파악해야 합니다.
47. 박쥐의 두 가지 지분을 파악해야 합니다.
48. 거머리의 한 가지 지분을 파악해야 합니다.

서(序)

49. 뱀의 세 가지 지분을 파악해야 합니다.

50. 왕뱀의 한 가지 지분을 파악해야 합니다.

〈제6장〉

51. 길거미의 한 가지 지분을 파악해야 합니다.

52. 젖먹이의 한 가지 지분을 파악해야 합니다.

53. 반점이 있는 거북의 한 가지 지분을 파악해야 합니다.

54. 삼림의 다섯 가지 지분을 파악해야 합니다.

55. 나무의 세 가지 지분을 파악해야 합니다.

56. 비의 다섯 가지 지분을 파악해야 합니다.

57. 마니보주의 세 가지 지분을 파악해야 합니다.

58. 사냥꾼의 네 가지 지분을 파악해야 합니다.

59. 어부의 두 가지 지분을 파악해야 합니다.

60. 목수의 두 가지 지분을 파악해야 합니다.

〈제7장〉

61. 물병의 한 가지 지분을 파악해야 합니다.

62. 쇠의 두 가지 지분을 파악해야 합니다.

63. 우산의 세 가지 지분을 파악해야 합니다.

64. 밭의 세 가지 지분을 파악해야 합니다.

65. 아가다약(해독제)의 두 가지 지분을 파악해야 합니다.

66. 먹을 것의 세 가지 지분을 파악해야 합니다.

67. 궁사의 네 가지 지분을 파악해야 합니다.

(다음부터는 제목만 나오고 문답은 없다.)

68. 왕의 네 가지 지분을 파악해야 합니다.
69. 문지기의 두 가지 지분을 파악해야 합니다.
70. 숫돌의 한 가지 지분을 파악해야 합니다.

〈제8장〉
71. 등불의 두 가지 지분을 파악해야 합니다.
72. 공작의 두 가지 지분을 파악해야 합니다.
73. 준마의 두 가지 지분을 파악해야 합니다.
74. 술집의 두 가지 지분을 파악해야 합니다.
75. 문지방의 두 가지 지분을 파악해야 합니다.
76. 저울의 한 가지 지분을 파악해야 합니다.
77. 검의 두 가지 지분을 파악해야 합니다.
78. 물고기의 두 가지 지분을 파악해야 합니다.
79. 빗쟁이의 한 가지 지분을 파악해야 합니다.

〈제9장〉
80. 병자의 두 가지 지분을 파악해야 합니다.
81. 죽은 사람의 두 가지 지분을 파악해야 합니다.
82. 강의 두 가지 지분을 파악해야 합니다.
83. 수소의 한 가지 지분을 파악해야 합니다.
84. 길의 두 가지 지분을 파악해야 합니다.
85. 세금 걷는 사람의 한 가지 지분을 파악해야 합니다.
86. 도둑의 세 가지 지분을 파악해야 합니다.
87. 매의 한 가지 지분을 파악해야 합니다.

서(序)

88. 개의 한 가지 지분을 파악해야 합니다.
89. 의사의 세 가지 지분을 파악해야 합니다.
90. 임산부의 두 가지 지분을 파악해야 합니다.

〈제10장〉
91. 암야크의 한 가지 지분을 파악해야 합니다.
92. 수탉의 두 가지 지분을 파악해야 합니다.
93. 작은 비둘기의 세 가지 지분을 파악해야 합니다.
94. 외눈박이의 두 가지 지분을 파악해야 합니다.
95. 밭가는 이의 세 가지 지분을 파악해야 합니다.
96. 암쟈칼의 한 가지 지분을 파악해야 합니다.
97. 여과기의 두 가지 지분을 파악해야 합니다.
98. 젓가락의 한 가지 지분을 파악해야 합니다.
99. 채권자(채무징수원)의 세 가지 지분을 파악해야 합니다.
100. 시험관의 한 가지 지분을 파악해야 합니다.

〈제11장〉
101. 마부의 두 가지 지분을 파악해야 합니다.
102. 촌장의 두 가지 지분을 파악해야 합니다.
103. 재봉사의 한 가지 지분을 파악해야 합니다.
104. 선장의 한 가지 지분을 파악해야 합니다.
105. 벌꿀의 두 가지 지분을 파악해야 합니다.

제 1 장

1. 당나귀

"존자 나가세나여! 당신은 '당나귀의 한 가지 지분을 파악해야 한다'라고 말했는데 그 파악해야 할 한 가지 지분이란 어떤 것입니까?"

"대왕이여! 예를 들면 당나귀는 먼지가 쌓인 곳이거나 네거리이거나 십자로이거나 마을 입구이거나 볏단을 쌓아둔 위에서나 그 어떤 곳에서도 누우며, 드러눕는 일에 탐착하지 않는 것처럼, 그와 마찬가지로 요가수행자는 풀로 만든 자리이건 잎으로 만든 자리이건 섶나무로 만든 침상에서건 땅바닥에서건 그 어떤 곳에서건, 껍질옷을 펼쳐서 어디에서나 누워야 하며, 드러눕는 일에 탐착해서는 안 됩니다. 이것이 파악해야 할 당나귀의 한 가지 지분입니다. 대왕이여! 그에 대해서 신들 중에 신이신 세존께서는 이렇게 설하셨습니다.

'비구들이여! 이제 나의 제자들은 섶나무를 베개로 삼고 게으

름 없이 열심히 명상에 전념하고 있다.'

대왕이여! 또한 법의 장군이신 장로 사리풋타는 다음의 시를 설하셨습니다.

결가부좌하고 전념하고 있는 비구에게
무릎 높이까지 비가 내리지 않는다면
그의 생활은 안락하게 머무는 것이 되기에 충분하다.

이렇게 말입니다."

2. 닭

"존자 나가세나여! 당신은 '닭의 다섯 가지 지분을 파악해야 한다'라고 말했는데 그 파악해야 할 다섯 가지 지분이란 어떤 것입니까?"

"대왕이여! 예를 들면 닭이 적당한 시간에 맞추어 보금자리에 들어가는 것처럼, 그와 마찬가지로 요가수행자는 적당한 시간에 맞추어 탑묘의 뜰을 청소하고 음식물을 준비하게 하며, 몸의 건강에 유의하고 목욕하고, 탑묘에 예배하고, 자기보다 먼저 출가한 비구들에게 인사하기 위해 가며, 그러한 적당한 시간에 맞추어 사람이 없는 텅 비고 한적한 장소에 들어가야 합니다. 이것이 파악해야 할 닭의 첫번째 지분입니다.

대왕이여! 나아가 또한 닭이 적당한 시간에 맞추어 일어나는 것처럼, 그와 마찬가지로 요가수행자는 적당한 시간에 맞추어 탑묘의 뜰을 쓸고 음식물을 준비하게 하고, 몸에 유의하고 탑묘에 예배하며 다시 텅 비고 한적한 장소로 들어가야 합니다. 이것이 파악해야 할 닭의 두번째 지분입니다.

대왕이여! 나아가 또한 닭이 땅을 몇 번이나 파서 먹을 것을 쪼아 먹듯이, 그와 마찬가지로 요가수행자는 몇 차례나 성찰하여 음식을 먹어야 합니다. 즉 그는 놀기 위해서가 아니고, 사치하기 위해서가 아니며, 몸을 장식하기 위해서가 아니고, 모습을 아름답게 하기 위해서가 아니라 이 몸을 존속시키기 위해, 유지하기 위해, 위험한 일을 막기 위해, 또한 '이렇게 나는 예전의 괴로움의 감수를 멸하고 새로운 괴로움의 감수를 일어나지 않게 하리라. 나에게는 생활의 양식이 있고 행동에 잘못이 없으며 그리고 안락하게 머물게 되리라'라고 하여 청정한 행위를 사랑하고 보호하기 위해, 그러는 한도에서 음식을 섭취합니다. 이것이 파악해야 할 닭의 세번째 지분입니다. 대왕이여! 또한 신들 중의 신이신 세존께서는 이런 시구를 설하셨습니다.

마치 광야에서 자식의 살점을 먹는 것처럼
예를 들면 수레축에 기름을 붓는 것처럼
그와 같이 신체를 보호하고 유지하기 위해
그는 음식을 먹어야 한다.

대왕이여! 나아가 또한 닭은 눈은 있지만 밤에는 앞을 못 보는 것처럼, 그와 마찬가지로 요가수행자는 눈이 밝으면서도 맹인과 같아야 합니다. 삼림에서나 음식을 얻을 마을에서나 걸식을 위해 거리로 나가야 할 때에라도 욕망의 대상인 색과 형체·소리·냄새·맛·촉감 그 이외의 여러 가지 일들에 대해서 마치 맹인인 것처럼, 귀머거리인 것처럼, 벙어리인 것처럼 행동해야 합니다. 그러한 특징을 파악해서는 안 되며 작은 특징까지도 파악해서는 안 됩니다. 이것이 파악해야 할 닭의 네번째 지분입니다.

대왕이여! 또한 마하카챠야나는 이런 시를 설하셨습니다.

눈이 있어도 앞 못 보는 사람처럼,
귀가 있어도 듣지 못하는 사람처럼,
혀가 있어도 말 못하는 사람처럼,
힘이 있어도 무력한 사람처럼 행동해야 한다.
또한 그에게 열반의 증득이라고 하는 이익이 생길 때에는
죽은 사람처럼 고요하게 누워라.

대왕이여! 나아가 또한 닭은 흙더미·막대기·회초리·쇠몽둥이로 맞아도 자신의 집을 버리지 않는 것처럼, 요가수행자는 재봉할 때나, 정사의 새로운 보청(普請)을 할 때나, 일상의 갖가지 의무를 할 때나, 경전을 암송할 때나 다른 사람에게 경전을 암송하게 할 때나, 올바른 주의노력을 버려서는 안 됩니다. 대왕이여! 이런 올바른 주의노력, 이것이야말로 요가인이 머물러야 할 자신의 집입니다. 이것이 파악해야 할 닭의 다섯번째 지분입니다.

대왕이여! 또한 신들 중에 신이신 세존께서 '비구들이여! 무엇이 비구 자신이 실천해야 할 영역이며 조상들이 실천한 대상인가? 즉 그것은 네 가지 전주(專注)이다'라고 설하셨습니다.

대왕이여! 또한 법의 장군인 장로 사리풋타는 이렇게 시를 설하셨습니다.

예를 들면 현명한 코끼리는 자신의 코를 다치지 않고,
자신의 생명을 보호할 수단을 준비하고
먹어도 좋은 것과 먹어서는 안 될 것을 식별한다.
그처럼 게으르지 않고 정진하는 붓다의 아들은
승리자의 가장 뛰어나고 으뜸 가는 말씀인 올바른 주의노력을
다치게 해서는 안 된다.

라고 하셨던 것입니다."

3. 다람쥐

"존자 나가세나여! 당신은 '다람쥐의 한 가지 지분을 파악해야 한다'라고 말했는데 그 파악해야 할 한 가지 지분이란 어떤 것입니까?"

"대왕이여! 예를 들면 적이 공격해 올 때 다람쥐는 자신의 꼬리를 두드려서 크게 만들어 그 막대기 같은 꼬리를 가지고 적을 막는 것처럼, 그와 마찬가지로 요가수행자는 번뇌라는 적

이 공격해 올 때 '네 가지 전주'라는 막대기를 두드려서 크게
만들고 그 '네 가지 전주'의 막대기를 가지고 모든 번뇌를 막아
야 합니다. 이것이 파악해야 할 다람쥐의 한 가지 지분입니다.
　또한 장로 출라판타카는 이런 시를 노래하셨습니다.

　도인의 덕을 파괴하는 온갖 번뇌가 공격해 올 때
　네 가지 전주라는 막대기를 가지고
　그것을 되풀이해서 쳐부수어야 하리라.

이렇게 말입니다."

4. 암표범

　"존자 나가세나여! 당신은 '암표범의 한 가지 지분을 파악해
야 한다'라고 말했는데 그 파악해야 할 한 가지 지분이란 어떤
것입니까?"
　"대왕이여! 예를 들면 암표범은 일단 잉태를 하면 절대로 수
놈에게 다가가지 않는 것처럼, 그와 마찬가지로 요가수행자는
미래에 생을 맺고, 다시 태어나며, 태에 깃들고, 죽어 사라지며,
파멸하고, 괴멸하고, 멸망하며, 윤회하는 두려움과 사악하고 어
지럽게 만드는 나쁜 생존을 보고서 '나는 미래의 윤회의 생존에
생을 받지 않겠다'라고 올바르게 주의하여 결심해야 합니다. 이
것이 파악해야 할 암표범의 한 가지 지분입니다.

대왕이여! 또한 신들 중의 신이신 세존은 《숫타니파타》의 〈소먹이는 목동 다니야경〉에서 이런 시를 설하셨습니다.

수소와 같이 결박을 끊고,
코끼리와 같이 냄새나는 덩굴풀을 밟아 뭉개며,
나는 더 이상 모태에 들어가지 않으리라.
그러므로 신이여! 만일 비를 내리려거든 비를 내리시오.

라고 말입니다."

5. 수표범

"존자 나가세나여! 당신은 '수표범의 두 가지 지분을 파악해야 한다'라고 말했는데 그 파악해야 할 두 가지 지분이란 어떤 것입니까?"

"대왕이여! 예를 들면 수표범이 삼림의 무성한 풀이나 밀림 또는 암석군(巖石群)에 몸을 숨기고서 사슴을 사로잡는 것처럼, 그와 마찬가지로 요가수행자는 인적이 멀리 떨어진 곳, 즉 삼림이나 나무 아래·산이나 동굴·암굴·무덤이나, 숲·문 밖·볏단을 쌓은 곳·고요하며 소음이 없고 인기척이 없으며 사람들에게 시달림을 받지 않고 지낼 수 있고 홀로 앉아서 사유하기에 적당한 곳을 수용해야 합니다.

대왕이여! 요가수행자는 인적을 멀리 떠난 곳을 수용하면 오래지 않아 여섯 가지 신통에서 자재력을 얻을 것입니다. 이것이 파악해야 할 수표범의 첫번째 지분입니다. 대왕이여! 또한 법 (부처님의 가르침)을 송출한 장로들은 이런 시를 설하셨습니다.

예를 들면 수표범이 숨어 있다가 사슴을 사로잡는 것처럼
그와 같이 올바른 요가수행자이신 부처님의 자식이라면
삼림에 들어가서 가장 으뜸 가는 과보(아라한의 지위)를 획득하리라.

대왕이여! 나아가 또한 수표범은 어떤 맹수를 죽이더라도 왼쪽 옆구리를 땅에 대고 쓰러진 것은 먹지 않는 것처럼, 그와 마찬가지로 요가수행자는 대나무를 보시받았다고 해서, 잎을 보시받았다고 해서, 꽃을 보시받았다고 해서, 과일을 보시받았다고 해서, 목욕을 보시받았다고 해서, 세안용 점토를 보시받았다고 해서, 이 닦는 나뭇가지를 보시받았다고 해서, 입을 헹굴 물을 보시받았다고 해서, 아첨에 의해, 아무렇게나 말을 지껄이는 일에 의해, 비위 맞추는 말에 의해, 이리저리 심부름하느라 뛰어 다니는 일에 의해, 가문의 관상을 보는 점에 의해, 별자리점에 의해, 손이나 발바닥의 점에 의해, 또는 부처님께서 꾸짖으셨던 그 밖의 다른 옳지 못한 생활에 의해서나 그러한 것에 의해서 얻은 음식물은 먹어서는 안 됩니다. 이것이 파악해야 할 수표범의 두번째 지분입니다.
대왕이여! 또한 법의 장군인 장로 사리풋타는 이런 시를 설하셨습니다.

말로 능숙하게 설명하여 내가 얻은 맛 좋은 우유죽을,
만일 내가 먹었다면 이러한 나의 생활은 비난받으리.
설령 나의 장간막(腸間膜)이 밖으로 튀어나왔다 해도,
생명을 버릴지언정,
비구가 지켜야 할 생활법을 결코 깨지는 않으리라.

라고 말입니다."

6. 거북

"존자 나가세나여! 당신은 '거북의 다섯 가지 지분을 파악해야 한다'라고 말했는데 그 파악해야 할 다섯 가지 지분이란 어떤 것입니까?"

"대왕이여! 예를 들면 물에 사는 거북이 물 속에서만 주거지를 만드는 것처럼, 그와 마찬가지로 요가수행자는 모든 호흡하는 자, 살아 있는 자 내지 인간을 위해서 그들의 이익을 원하고 자비를 동반한 광대하고 풍부하고 무량하며 원한이 없는 마음으로 모든 자를 포함한 세계에 확충시켜서 살아가야 합니다. 이것이 파악해야 할 거북의 첫번째 지분입니다.

대왕이여! 나아가 또한 거북은 물에 떠다닐 때에 머리를 들어올리지만 만일 누군가에게 발견되면 '저들이 두 번 다시 나를 보지 못하게 해야겠다'라고 생각하여 그 자리에서 이내 아래로 들어가 깊이 잠수합니다. 대왕이여! 그와 마찬가지로 요가수행자는 온갖 번뇌가 엄습했을 때 '모든 번뇌가 두 번 다시 나를 발견하지 못하게 하리라'라고 생각하고 마음통일의 대상의 정수(精髓) 속에 침잠하여[25] 깊이 가라앉습니다. 이것이 파악해야 할 거북의 두번째 지분입니다.

대왕이여! 나아가 또한 거북은 물 속에서 나와서 몸을 따뜻하게 하는 것처럼, 그와 마찬가지로 요가수행자는 앉는 일, 서는 일, 눕는 일, 걸어다니는 일로부터 뜻을 분리시켜서 '올바른 노력'을 닦고 익히는 일에 뜻을 따뜻하게 합니다. 이것이 파악해야 할 거북의 세번째 지분입니다.

대왕이여! 나아가 또한 거북은 땅을 파서 다른 동물에게서 멀리 떠나 거처를 만드는 것처럼, 그와 마찬가지로 요가수행자는 이익과 존경과 명성을 버리고 사람이 살지 않는 깊은 산이나 숲, 동굴, 암굴, 조용하고 소음이 없고 멀리 떨어진 곳에 깊이 가라앉으며 고독한 주처를 만들어야 합니다. 이것이 파악해야 할 거북의 네번째 지분입니다.

대왕이여! 또한 장로 우파세나 반감타풋타는 이런 시를 설하셨습니다.

> 인적을 떠나 소음이 없고
> 맹수가 오가는 앉거나 누울 곳을
> 비구는 홀로 앉아 사유하기 위해서
> 수용해야 하리라.

대왕이여! 나아가 또한 여기저기를 기어다니는 거북은 만일 누군가가 보거나 또는 소리를 듣게 된다면 머리와 사지를 자신의 딱딱한 등 안으로 움츠려 넣고 몸을 지키기 위해 움직이지 않고 침묵하고서 가만히 있는 것처럼, 요가수행자는 모든 곳에서 색과 형체·소리·냄새·맛·촉감의 모든 사상(事象)이 감각기관의 대상으로서 엄습해 올 때 여섯 가지 감각기관의 문에서 자율의 문을 닫고 뜻을 거둬들여서 감각기관을 지키고 보호하며, 정념정지(正念正知)로써 도인의 본분을 지키면서 머물러야 합니다. 이것이 파악해야 할 거북의 다섯번째 지분입니다.

대왕이여! 또한 신들 중의 신이신 세존께서는 저 훌륭한 《상윳타니카야》 가운데 〈거북의 비유의 경〉에서 이런 시를 설하셨습니다.

마치 거북이 사지를 자신의 딱딱한 등 속으로 움츠려 넣듯이
비구는 뜻의 성찰작용을 거두어들이며
그 어떤 것에도 의존하지 말고 다른 사람을 괴롭히지 않으며
완전한 열반을 얻어서 어떤 사람도 비난하지 않는다.

이렇게 말입니다."

7. 대나무

"존자 나가세나여! 당신은 '대나무의 한 가지 지분을 파악해야 한다'라고 말했는데 그 파악해야 할 한 가지 지분이란 어떤

것입니까?"

"대왕이여! 예를 들면 대나무는 바람이 부는 쪽으로 따르며, 다른 쪽을 따르지 않는 것처럼, 그와 마찬가지로 요가수행자는 세존 붓다께서 설하신 아홉 가지 지분으로 이루어진 스승의 가르침을 수순하고 계율에 따르며 죄와 허물이 없는 행위에서 몸을 확립하고, 그로써 도인의 본분을 탐구해야 합니다. 이것이 파악해야 할 대나무의 한 가지 지분입니다.

대왕이여! 또한 장로 라후라는 이런 시를 설하셨습니다.

아홉 가지 지분으로 이루어진 부처님 말씀을
언제나 수순하며,
계율을 따르고 죄와 허물없는 행위에 몸을 확립하여
그로써 나는 사악한 생존을 건너뛰었네.

라고 말입니다."

8. 활

"존자 나가세나여! 당신은 '활의 한 가지 지분을 파악해야 한다'라고 말했는데 그 파악해야 할 한 가지 지분이란 어떤 것입니까?"

"대왕이여! 예를 들면 교묘하게 만들어져 균형이 잘 잡힌 활은 끝에서 끝까지 균등하게 서서히 굽어져 있고, 딱딱하게 굳어져 있지 않은 것처럼, 그와 마찬가지로 요가수행자는 장로이거나 갓 들어온 수행자·중년·같은 연배인 사람들에 대해서 서로 잘 따르고 화합해야 하며, 어리석게 완고하거나 불손해서는 안 됩니다. 이것이 파악해야 할 활의 한 가지 지분입니다.

대왕이여! 또한 신들 중에서 신이신 세존께서는 《비드라 푼나카 본생이야기》에서 이런 시를 설하셨습니다.

어진 이는 활처럼 서서히 굽어지며
대나무처럼 굽어지는 쪽을 따르되
거스르는 일이 없다면
그는 왕궁에 머물게 되리라.

라고 말입니다."

9. 새

"존자 나가세나여! 당신은 '새의 두 가지 지분을 파악해야 한다'라고 말했는데 그 파악해야 할 두 가지 지분이란 어떤 것입니까?"

"대왕이여! 예를 들면 새는 생각을 매어두고 고려하고 조심하고 경계하면서 행동하는 것처럼, 그와 마찬가지로 요가수행자는 생각을 매어두고 고려하고 조심하며 경계하여 사념(思念)을 확립하고 여섯 가지 감각기관을 지키고 보호하며 행동해야 합니다. 이것이 파악해야 할 새의 첫번째 지분입니다.

대왕이여! 나아가 또한 새는 무언가 먹을 것을 발견하면 무리들과 서로 나누어서 먹는 것처럼, 그와 마찬가지로 요가수행자는 올바른 방법으로 얻은 올바른 소득, 그것이 설령 발우 한 그릇뿐일지라도 그 같은 소득을 계행을 지니고 청정한 행위를 하는 자들과 함께 나누지 않는다면 먹어서는 안 됩니다. 이것이 파악해야 할 새의 두번째 지분입니다.

대왕이여! 또한 법의 장군이신 장로 사리풋타는 이런 시를 설하셨습니다.

만일 사람들이 나에게 먹을 것을 공양한다면
고행자인 나는 그것을 얻는 대로
모든 고행자들과 나누어서
그런 뒤에 먹으리라.

라고 말입니다."

10. 원숭이

"존자 나가세나여! 당신은 '원숭이의 두 가지 지분을 파악해야 한다'라고 말했는데 그 파악해야 할 두 가지 지분이란 어떤 것입니까?"

"대왕이여! 예를 들면 원숭이는 거처를 얻고자 할 때에 고요하며 어느 곳이나 가지가 무성하고 동시에 피난처가 될 만한 아주 커다란 수목에 거처를 구하는 것처럼, 그와 마찬가지로 요가수행자는 부끄러워할 줄 알고, 온순하며 계행을 지니고, 착한 성격을 지니며, 전승되어 온 수많은 성전을 듣는 자, 진리의 가르침을 수지하는 자, 사람들의 사랑을 받으며 위엄이 있고, 존경을 받으며, 걸맞은 말을 하고 나직하게 말을 하며, 사람들을 가르치고 능숙하게 가르치고 가르쳐 보이며, 지도하고 격려하고 환희하게 하는 이 같은 선우(善友)인 스승에게 머물러야 합니다. 이것이 파악해야 할 원숭이의 첫번째 지분입니다.

대왕이여! 나아가 또한 원숭이는 나무 위로 올라가 서거나 앉으며, 혹은 만약 잠들면 그 장소에서 밤을 보내는 것처럼, 그와 마찬가지로 요가수행자는 숲을 마주 보아야 하며, 숲 속에서 서고 돌아다니거나 앉거나 눕거나 잠들어야 하며, 그 곳에서 네 가지 전주(專注)를 닦고 익혀야 합니다. 이것이 파악해야 할 원숭이의 두번째 지분입니다.

대왕이여! 또한 법의 장군인 장로 사리풋타는 이런 시구를 설하셨습니다.

걷거나 서거나
앉거나 눕거나
비구는 숲 속에서 빛나야 하리라.
숲가의 생활은 성자들의 찬양을 받는다.

라고 말입니다."

제1장
325

중요한 항목을 시구로 정리하면 다음과 같다.

당나귀와 닭과 다람쥐와 암표범과 수표범과
거북과 대나무와 활과 새와 원숭이이다.

제 2 장

1. 조롱박

"존자 나가세나여! 당신은 '조롱박의 한 가지 지분을 파악해야 한다'라고 말했는데 그 파악해야 할 한 가지 지분이란 어떤 것입니까?"

"대왕이여! 예를 들면 조롱박은 풀이나 막대기 덩굴풀 그 어느 것에라도 덩굴손에 의해서 휘감기며, 풀과 같은 것의 위에서 생장하는 것처럼, 그와 마찬가지로 아라한의 지위에까지 더욱 올라가려고 하는 요가수행자는 자신의 뜻을 마음통일의 대상에 의지하고, 아라한의 지위에까지 더욱 나아가야 합니다. 이것이 파악해야 할 조롱박의 한 가지 지분입니다. 대왕이여! 또한 법의 장군인 장로 사리풋타는 이런 시를 설하셨습니다.

예를 들면 조롱박이 풀이나 막대기, 덩굴풀에라도
덩굴손에 의해서 휘감겨

그 위에서 성장하는 것처럼
아라한의 과위를 원하는 붓다의 아들은
뜻을 마음통일의 대상에 의지하고
배워야 할 것이 없는 과위에까지 더욱 나아가야 하리라.

이렇게 말입니다."

2. 연꽃

"존자 나가세나여! 당신은 '연꽃의 세 가지 지분을 파악해야 한다'라고 말했는데 그 파악해야 할 세 가지 지분이란 어떤 것입니까?"

"대왕이여! 예를 들면 연꽃은 물 속에서 나고 물 속에서 성장하지만 물에 오염되지 않는 것처럼, 그와 마찬가지로 요가수행자는 그에게 보시하는 집, 수행자의 무리, 이득, 명성, 존경, 숭배, 그리고 받아서 쓰는 필수품 등 이 모든 것들에 오염되지 않아야 합니다. 이것이 파악해야 할 연꽃의 첫번째 지분입니다.

대왕이여! 나아가 또한 연꽃은 수면에서 나와서 서는 것처럼, 그와 마찬가지로 요가수행자는 모든 세계를 무찔러 이기며 초월해 나와서 출세간의 사항에서 안립해야 합니다. 이것이 파악해야 할 연꽃의 두번째 지분입니다.

대왕이여! 나아가 또한 연꽃은 미풍에 의해서도 흔들리는 것처럼, 그와 마찬가지로 요가수행자는 사소한 번뇌에서도 자신을 제어해야 하며, 사소한 죄나 허물에서도 두려움을 보고 안립해야 합니다. 이것이 파악해야 할 연꽃의 세번째 지분입니다.

　대왕이여! 또한 신들 중에 신이신 세존께서는 이렇게 설하셨습니다.

　사소한 허물에서도 두려움을 보고 배워야 할 일들을
　수지하고 학습하라.

이렇게 말입니다."

3. 씨앗

　"존자 나가세나여! 당신은 '씨앗의 두 가지 지분을 파악해야 한다'라고 말했는데 그 파악해야 할 두 가지 지분이란 어떤 것입니까?"

　"대왕이여! 예를 들면 씨앗은 아무리 적더라도 기름진 밭에 뿌려지고 신이 적당하게 비를 내려준다면 열매를 풍요롭게 맺는 것처럼, 그와 마찬가지로 요가수행자는 실천한 계행이 모든 도인의 과위를 불러올 수 있도록 이렇게 올바르게 실천해야 합니다. 이것이 파악해야 할 씨앗의 첫번째 지분입니다.

　대왕이여! 나아가 또한 씨앗은 잘 일구어진 밭에 뿌려지면 급속하게 성장하는 것처럼, 그와 마찬가지로 요가수행자는 뜻을 잘 포착하고 한적한 곳에서 정화하고, 뜻을 네 가지 전주(專

注)라는 훌륭한 밭에 놓는다면 그 뜻은 급속하게 증대됩니다. 이것이 파악해야 할 씨앗의 두번째 지분입니다.

　대왕이여! 또한 장로 아누룻다는 이런 시구를 설하셨습니다.

　예를 들면 잘 일구어진 밭에 씨앗을 심으면
　그 열매가 풍성하게 맺혀 경작자를 흡족하게 하리라.
　그처럼 요가행자의 마음이 한적한 곳에서 정화된다면
　네 가지 전주의 밭에서 그 열매는 급속하게 증대되리라.

이렇게 말입니다."

4. 아름다운 사라나무

　"존자 나가세나여! 당신은 '아름다운 사라나무의 한 가지 지분을 파악해야 한다'라고 말했는데 그 파악해야 할 한 가지 지분이란 어떤 것입니까?"

　"대왕이여! 예를 들면 아름다운 사라나무는 땅 속에 백 큐피트(43m∼53m)나 또는 그 이상으로도 깊이 뿌리를 뻗는 것처럼, 그와 마찬가지로 요가수행자는 네 가지 도인의 과위, 네 가지 무애자재한 이해력, 여섯 가지 신통력 및 모든 도인의 본분을 한적한 곳에서 완성해야 합니다. 이것이 파악해야 할 아름다운 사라나무의 한 가지 지분입니다.

　대왕이여! 또한 장로 라후라는 이런 시구를 설하셨습니다.

아름다운 사라나무라 불리는 식물은
땅 속에서 백 큐피트나 깊이 뿌리를 뻗는다.
때가 되어 성숙하면 그 나무는 위로 뻗쳐서
하루에 백 큐피트나 성장하는 것처럼
대왕이여! 그와 같이 나는 아름다운 사라나무처럼,
한적한 곳 내부에 있으면서 진리의 가르침에 의해서 증대되노라.

이렇게 말입니다."

5. 배

"존자 나가세나여! 당신은 '배의 세 가지 지분을 파악해야 한다'라고 말했는데 그 파악해야 할 세 가지 지분이란 어떤 것입니까?"

"대왕이여! 예를 들면 배는 여러 종류의 목재를 모으고 결합하여 수많은 사람들을 태워 건네는 것처럼, 그와 마찬가지로 요가수행자는 올바른 행위·계행·덕·온갖 의무라고 하는 여러 종류의 지켜야 할 사항을 모으고 결합함으로써 여러 신들과 인간들을 열반의 피안으로 건네야 합니다. 이것이 파악해야 할 배의 첫번째 지분입니다.

대왕이여! 나아가 또한 배는 온갖 파도가 태산처럼 일어나 성난 듯이 흘러가며 널리 퍼지고 소용돌이를 일으키며 마구 솟아올라도 그것을 견디는 것처럼, 그와 마찬가지로 요가수행자는 온갖 종류의 번뇌라는 성난 파도, 이익, 숭배, 명성, 공양, 예배, 다른 집에서 비난받거나 찬양받는 일, 괴로움과 즐거움, 존경, 경멸이라고 하는 온갖 병을 일으키는 독의 성난 파도에도 견디어야 합니다. 이것이 파악해야 할 배의 두번째 지분입니다.

대왕이여! 나아가 또한 배는 헤아릴 수 없고 끝이 보이지 않으며, 기슭이 없고, 동요하지 않고 바닥이 깊으며 엄청난 소음이 있고, 티미·티밍갈라·마칼라 어군(魚群)의 서식처인 광대한 바다를 운항하는 것처럼, 그와 마찬가지로 요가수행자는 열두 가지 특성을 세 차례에 걸쳐 설함(三轉十二行相)으로써 네 가지 진리를 관찰하고 통달하는 일에서 뜻을 마음대로 행하게 해야 합니다. 이것이 파악해야 할 배의 세번째 지분입니다.

대왕이여! 또한 신들 중의 신이신 세존께서는 훌륭한 《상윳타니카야》의 〈진리에의 상응〉에서 이렇게 설하셨습니다.

비구들이여! 너희들이 성찰할 때
'이것은 괴로움이다'라고 성찰하라.
'이것은 괴로움의 원인이다'라고 성찰하라.
'이것은 괴로움의 지멸(止滅)이다'라고 성찰하라.
'이것은 괴로움의 지멸에 이르는 길이다'라고 성찰하라.

이렇게 말입니다."

6. 닻

"존자 나가세나여! 당신은 '닻의 두 가지 지분을 파악해야 한다'라고 말했는데 그 파악해야 할 두 가지 지분이란 어떤 것입니까?"

"대왕이여! 예를 들면 닻은 수면에 수많은 파도가 소용돌이치고, 미친 듯이 솟아오르며, 격동하는 거대한 바다에서 배를 고정시키고 안정시켜서 배가 방향을 잃고 사방팔방으로 헤매고 다니지 않게 하는 것처럼, 그와 마찬가지로 요가수행자는 탐욕과 성냄과 미망의 파도나 성찰작용의 강대한 충격에서 마음을 고정시켜야 하며, 사방팔방으로 마음이 방향을 잃고 헤매고 다니지 않게 해야 합니다. 이것이 파악해야 할 닻의 첫번째 지분입니다.

대왕이여! 나아가 또한 닻이 뜨지 않고 가라앉으며, 백 큐피트의 물 속에서도 배를 고정시키고 안정시키는 것처럼, 그와 마찬가지로 요가수행자는 이득과 명성, 존경과 숭배, 예배와 공양, 존숭, 또한 최고의 이득과 최고의 명성에서도 마음이 떠다녀서는 안 되며, 오직 몸을 보존하고 유지할 정도로만 마음을 안정시켜야 합니다. 이것이 파악해야 할 닻의 두번째 지분입니다. 대왕이여! 또한 법의 장군인 장로 사리풋타는 이런 시구를 설하셨습니다.

예를 들면 닻이 바닷속에서
떠다니지 않고 가라앉듯이
그처럼 수행자는 이득이나 존숭을 받을 때에도

떠다녀서는 안 되며 가라앉아야 한다.

이렇게 말입니다."

7. 돛대

"존자 나가세나여! 당신은 '돛대의 한 가지 지분을 파악해야 한다'라고 말했는데 그 파악해야 할 한 가지 지분이란 어떤 것입니까?"

"대왕이여! 예를 들면 돛대가 배를 묶어 두는 밧줄과 활대의 밧줄과 돛을 소유하고 있는 것처럼, 그와 마찬가지로 요가수행자는 정념과 정지를 완전하게 갖추어야 합니다. 길을 갈 때, 돌아올 때, 앞을 바라볼 때, 주변을 둘러볼 때, 팔을 구부릴 때, 팔을 펼 때, 대의(大衣)와 발우와 옷을 입거나 지닐 때, 식사할 때, 물을 마실 때, 음식을 씹을 때, 맛을 볼 때, 대소변을 볼 때, 걷고 있을 때, 서 있을 때, 앉아 있을 때, 잠들 때, 깨어 있을 때, 말하고 있을 때, 침묵하고 있을 때 그 어느 때라도 정지(正知)를 지녀야 합니다. 이것이 파악해야 할 돛대의 한 가지 지분입니다.

대왕이여! 또한 신들 중의 신이신 세존께서 이렇게 설하셨습니다.

비구들이여! 비구는 정념정지로써 머물러야 하리라.

이것은 너희들에 대한 나의 교계(教誡)이다.

이렇게 말입니다."

8. 조타수

"존자 나가세나여! 당신은 '조타수의 세 가지 지분을 파악해야 한다'라고 말했는데 그 파악해야 할 세 가지 지분이란 어떤 것입니까?"

"대왕이여! 예를 들면 조타수가 밤이나 낮이나 언제나 변함없고 게으르지 않으며 충실하게 임무를 다하여서 배를 운항시키는 것처럼, 그와 마찬가지로 요가수행자는 마음을 다스리고 밤이나 낮이나 언제나 변함없으며 게으르지 않고 올바른 주의 노력에 의해서 마음을 다스려야 합니다. 이것이 파악해야 할 조타수의 첫번째 지분입니다.

대왕이여! 또한 신들 중의 신이신 세존께서는 《담마파다》에서 이런 시구를 설하셨습니다.

불방일(不放逸)을 즐기는 자여!
자기의 마음을 잘 지키고 보호하라.
윤회의 험한 길에서 자기를 이끌어내어라.
마치 진흙 속에 빠진 코끼리처럼.

이렇게 말입니다.

대왕이여! 나아가 또한 조타수가 대해의 그 어떠한 선한 것이나 악한 것, 그 모든 것을 알고 있는 것처럼, 그와 마찬가지로 요가수행자는 선과 불선, 죄나 허물, 죄나 허물이 없는 것, 열등한 것과 뛰어난 것, 흑백의 반대하는 사항을 식별해야 합니다. 이것이 파악해야 할 조타수의 두번째 지분입니다.

대왕이여! 나아가 또한 조타수는 '그 누구라도 계기를 조작해서는 안 된다'라고 말하고 계기에 봉인하는 것처럼, 그와 마찬가지로 요가수행자는 '어떠한 악하고 불선한 성찰도 마음에 일어나서는 안 된다'라고 말하며 마음에 자율(自律)의 봉인을 해야 합니다. 이것이 파악해야 할 조타수의 세번째 지분입니다.

대왕이여! 또한 신들 중의 신이신 세존께서는 저 훌륭한 《상윳타니카야》에서 이렇게 설하셨습니다.

비구들이여! 악하고 불선한 성찰을 일으키지 말라.
즉 욕망의 성찰작용과 성냄의 성찰작용과
가해(加害)의 성찰작용의 세 가지이다.

이렇게 말입니다."

9. 수부

"존자 나가세나여! 당신은 '수부의 한 가지 지분을 파악해야 한다'라고 말했는데 그 파악해야 할 한 가지 지분이란 어떤 것입니까?"

"대왕이여! 예를 들면 수부가 '나는 고용인이다. 이 배 위에서 일하고 있다. 나는 이 배 덕분에 먹을 것과 임금을 받고 있다. 나는 게을러서는 안 된다. 나는 게으르지 않게 이 배를 운항해야 한다'라고 생각하는 것처럼, 그와 마찬가지로 요가수행자는 '나는 이 사대요소로 만들어진 몸을 끊임없이 항상 사유하고 게으르지 않고 정진하며 정념을 확립하고 정념정지로써 명상에 전주(專注)하며, 마음통일을 얻어서 태어나고 늙고 병들고 죽음과 근심과 슬픔과 괴로움과 번뇌와 번민에서 해탈하고자 생각하는 까닭에 나는 게을러서는 안 된다'라고, 이렇게 생각해야 합니다. 이것이 파악해야 할 수부의 한 가지 지분입니다.

대왕이여! 또한 법의 장군인 장로 사리풋타는 이런 시구를 설하셨습니다.

이 몸을 사유하라.
거듭 거듭 숙지하라.
몸의 참 모습을 보고서
괴로움을 멈추어라.

이렇게 말입니다."

10. 바다

"존자 나가세나여! 당신은 '바다의 다섯 가지 지분을 파악해야 한다'라고 말했는데 그 파악해야 할 다섯 가지 지분이란 어떤 것입니까?"

"대왕이여! 예를 들면 바다는 시체와 함께 머물지 않는 것처럼, 그와 마찬가지로 요가수행자는 탐욕과 성냄과 미망과 교만과 사악한 견해와 참회하지 않는 일과, 번뇌와 질투와 인색함과 아첨과 다른 사람을 속이는 일과, 거짓말과 사악함과 악행 등등의 번뇌의 티끌과 함께 살아서는 안 됩니다. 이것이 파악해야 할 바다의 첫번째 지분입니다.

대왕이여! 나아가 또한 바다는 진주, 마니주, 유리, 나패(螺貝), 보석, 산호, 수정 등의 갖가지 보석을 쌓아두고 있고 소장하고 있고 몰래 감추고 있으며 외부에 흩뿌리지 않는 것처럼, 그와 마찬가지로 요가수행자는 네 가지 성자의 길, 네 가지 성자의 길의 과위, 네 가지 선(四禪), 여덟 가지 해탈, 네 가지 정(四定), 여덟 가지 마음통일, 올바른 관찰, 여섯 가지 신통의 갖가지 공덕의 보석을 획득하고 그것들을 몰래 감추어야 하며 외부로 흩뿌려서는 안 됩니다. 이것이 파악해야 할 바다의 두번째 지분입니다.

대왕이여! 나아가 또한 바다는 거대한 생물과 함께 사는 것처럼, 그와 마찬가지로 요가수행자는 선한 벗이며 청정한 행을 하는 자, 즉 욕심이 적은 자, 만족할 줄 아는 자, 두타를 설하는 자, 번뇌를 근절하는 데 열심인 자, 올바른 행을 완전하게 갖춘 자, 부끄러워할 줄 알고, 상냥하며, 위엄이 있고, 존중받으며, 적당한 것을 말하며, 나직하게 말하며, 죄를 책망하고, 악을 비난하고, 교계하고, 교수하며, 능숙하게 가르치고, 교시하고, 지도하고, 격려하고, 환희하게 하는 자에게서 머물러야 합니다. 이것이 파악해야 할 바다의 세번째 지분입니다.

대왕이여! 나아가 또한 바다는 맑고 신선한 물이 가득 찬 강가, 야무나, 아티라바티, 사라브, 마히 등의 시방의 강물과 나아가 하늘에서 내리는 비로 가득 찰지라도 자기의 해안을 넘치지 않는 것처럼, 그와 마찬가지로 요가수행자는 이득과 존숭, 명성, 예배, 경배, 공양의 획득으로 인해 설령 목숨을 잃는 원인이 될지라도 고의로 배워야 할 사항을 범해서는 안 됩니다. 이것이 파악해야 할 바다의 네번째 지분입니다.

대왕이여! 또한 신들 중의 신이신 세존께서는 이렇게 설하셨습니다.

'대왕이여! 마치 대해에는 상주하는 법칙이 있고 해안을 넘어 넘치지 않는 것처럼, 내가 제자들에게 제정한 배워야 할 사항을 나의 제자들은 설령 목숨을 잃는 원인이 될지라도 그것을 범해서는 안 됩니다.'

대왕이여! 나아가 또한 바다는 온갖 강물, 즉 강가·야무나·아티라바티·사라브·마히 및 하늘에서 내리는 비에 의해서도 가득 차지 않는 것처럼, 그와 마찬가지로 요가수행자는 총설, 질문, 청문, 기억, 결정, 아비담마, 비나야, 심원한 붓다의 가르침(經), 말의 분석, 말의 접속, 말의 연성(連聲), 말의 해명, 아홉 가지 지분으로 이루어진 승리자의 뛰어난 가르침을 듣더라

제2장
339

도 듣는 데 싫증을 내어서는 안 됩니다. 이것이 파악해야 할 바다의 다섯번째 지분입니다.

대왕이여! 또한 신들 중의 신이신 세존께서는 《수타소마 본생이야기》에서 이런 시를 말씀하셨습니다.

마치 불이 풀이나 장작을 태울 때
싫증내지 않는 것처럼, 또한 바다가
강물에 의해서 가득 차 넘치지 않는 것처럼
왕들 중에서도 가장 훌륭한 자여! 그처럼 현자는
붓다가 잘 설한 진리의 가르침을 듣는 데에
싫증내는 일이 없도다.

이렇게 말입니다."

중요한 항목을 시구로 정리하면 다음과 같다.

조롱박과 연꽃과 씨앗과 아름다운 사라나무와 배와
닻과 돛대와 조타수와 수부와 바다,
이것을 제2장이라고 한다.

제 3 장

1. 땅

"존자 나가세나여! 당신은 '땅의 다섯 가지 지분을 파악해야 한다'라고 말했는데 그 파악해야 할 다섯 가지 지분이란 어떤 것입니까?"

"대왕이여! 예를 들면 땅은 좋아하는 것과 좋아하지 않는 것, 즉 장뇌(樟腦)·침향(沈香)·타갈라향·전단향·울금향 등을 널리 뿌려도, 또는 담즙·가래·고름·피·땀·지방·침·눈물·관절활액(關節滑液)·대변·소변 등을 널리 뿌려도 언제나 한결같은 것처럼, 그와 마찬가지로 요가수행자는 좋아하는 것과 좋아하지 않는 것, 즉 이익과 불리·명성과 불명예·비난과 찬양·즐거움과 괴로움을 받더라도 어느 경우에서건 언제나 한결같아야 합니다. 이것이 파악해야 할 땅의 첫번째 지분입니다.

대왕이여! 나아가 또한 땅은 장식을 하거나 꾸미는 일이 없고 자기의 향으로 넘쳐나고 있듯이, 그와 마찬가지로 요가수행자는 장식을 떠나고 자기의 계행의 향으로 넘쳐나게 해야 합니다. 이것이 파악해야 할 땅의 두번째 지분입니다.

대왕이여! 나아가 또한 땅은 틈이 없고 구멍이 없으며, 공동(空洞)이 없고, 중후하고 치밀하게 자기를 뻗쳐나가게 하듯이, 그와 마찬가지로 요가수행자는 계행에 있어서 틈이 없고, 결함이 없고, 구멍이 없으며, 공동이 없고, 중후하고 치밀하게 자기를 뻗어나가게 해야 합니다. 이것이 파악해야 할 땅의 세번째 지분입니다.

대왕이여! 나아가 또한 땅은 마을·도시·지방·수목·산·강·저수지·연못·짐승·새·사람·남자·여자의 무리를 싣고 있어도 지치지 않는 것처럼, 그와 마찬가지로 요가수행자는 사람들을 교계하고, 교수하고, 능숙하게 가르치고, 교시하고, 지도하고, 격려하고, 환희하게 하여도 설법할 때에 지친다고 하는 느낌을 가져서는 안 됩니다. 이것이 파악해야 할 땅의 네번째 지분입니다.

대왕이여! 나아가 또한 땅은 사랑과 증오를 떠나 있는 것처럼, 그와 마찬가지로 요가수행자는 사랑과 증오를 떠나 땅과 같은 마음을 가지고 살아야 합니다. 이것이 파악해야 할 땅의 다섯번째 지분입니다.

대왕이여! 또한 신심 있는 쭐라수밧타 부인은 자신이 속한 상가의 도인을 찬양할 때에 이런 시구를 말하였습니다.

만일 내가 분노한 마음에서 도인 가운데 한 사람을
도끼로 팔을 자르거나
또는 내가 기뻐서 어떤 한 사람에게

향을 뿌릴지라도
나에 대한 증오심이 없고
또는 나에 대한 애정이 없다면
그는 땅과 같은 부동의 마음을 지닌 사람이다.
이 같은 사람이야말로 우리의 도인이다.

이렇게 말입니다."

2. 물

"존자 나가세나여! 당신은 '물의 다섯 가지 지분을 파악해야 한다'라고 말했는데 그 파악해야 할 다섯 가지 지분이란 어떤 것입니까?"

"대왕이여! 예를 들면 물은 우물이나 웅덩이 속에서 견고하고 부동하며 어지럽지 않고 자성이 청정한 것처럼, 그와 마찬가지로 요가수행자는 거짓말·수다·점치는 일·속이는 일을 떠나 그 행위는 견고하고 부동하며 어지럽지 않고 자성이 청정해야 합니다. 이것이 파악해야 할 물의 첫번째 지분입니다.

대왕이여! 나아가 또한 물은 언제나 맑고 서늘한 본성이 있는 것처럼, 그와 마찬가지로 요가수행자는 모든 중생에 대해서 관용과 측은한 마음과 친절함으로 넘쳐나며, 그의 이익을 헤아리고 가련한 생각을 해야 합니다. 이것이 파악해야 할 물의 두번째 지분입니다.

대왕이여! 나아가 또한 물은 부정한 것을 깨끗하게 해 주듯이, 그와 마찬가지로 요가수행자는 마을이나 숲에서 화상과 스승이나 스승과 대등한 자들을 향해 어떤 곳에서나 말다툼하지 않고, 또한 그와 같은 기회를 만들어서는 안 됩니다. 이것이 파악해야 할 물의 세번째 지분입니다.

대왕이여! 나아가 또한 물은 수많은 사람들이 좋아하는 것처럼, 그와 마찬가지로 요가수행자는 소욕지족하며, 세속에서 멀리 떠나 홀로 앉아서 사유하며, 언제나 모든 세간 사람들이 좋아해야 합니다. 이것이 파악해야 할 물의 네번째 지분입니다.

대왕이여! 나아가 또한 물은 그 누구에게게라도 불이익을 주지 않는 것처럼, 그와 마찬가지로 요가수행자는 다른 사람에 대해서 싸움이나 말다툼, 논쟁, 논의, 애타게 함, 불유쾌한 감정을 일으키게 하는 사악한 행위를 몸과 입과 마음으로 행해서는 안 됩니다. 이것이 파악해야 할 물의 다섯번째 지분입니다.

대왕이여! 또한 신들 중의 신이신 세존은 《캉하 본생이야기》에서 이런 시구를 설하셨습니다.

제석천 인드라여! 모든 중생의 주인이여!
만일 나의 소원을 이루어지게 해 준다면
제석천 인드라여! 언제 어느 곳 그 누구라도,
나로 인해서 마음이나 몸이 다치지 않게 하여라.
제석천 인드라여! 이것이 나의 소원 중의 소원이다.

이렇게 말입니다."

3. 불

"존자 나가세나여! 당신은 '불의 다섯 가지 지분을 파악해야 한다'라고 말했는데 그 파악해야 할 다섯 가지 지분이란 어떤 것입니까?"

"대왕이여! 예를 들면 불은 풀이나 장작, 나뭇가지, 잎을 태우는 것처럼, 그와 마찬가지로 요가수행자는 마음에 들거나 또는 마음에 들지 않는 대상을 경험하는 안과 밖(주관적, 객관적)의 번뇌를 모든 지혜의 불로 태워야 합니다. 이것이 파악해야 할 불의 첫번째 지분입니다.

대왕이여! 나아가 또한 불은 동정심 없고 측은한 마음이 없는 것처럼, 그와 마찬가지로 요가수행자는 모든 번뇌에 대해서 동정심을 품거나 측은한 마음을 베풀어서는 안 됩니다. 이것이 파악해야 할 불의 두번째 지분입니다.

대왕이여! 나아가 또한 불은 추위와 찬 기운을 막아 주듯이, 그와 마찬가지로 요가수행자는 정려의 열과 불을 일으켜서 번뇌를 막아야 합니다. 이것이 파악해야 할 불의 세번째 지분입니다.

대왕이여! 나아가 또한 불은 사랑과 증오에서 벗어나 있으면서 온기를 일으키는 것처럼, 그와 마찬가지로 요가수행자는 사랑과 증오로부터 벗어난 불과 같은 마음을 가지고 살아가야 합니다. 이것이 파악해야 할 불의 네번째 지분입니다.

대왕이여! 나아가 또한 불은 어둠을 깨고 광명을 비추는 것처럼, 그와 마찬가지로 요가수행자는 무지의 암흑을 깨고 지혜의 광명을 밝게 비추어야 합니다. 이것이 파악해야 할 불의 다섯번째 지분입니다.

대왕이여! 또한 신들 중의 신이신 세존께서는 자신의 아들인 라훌라를 교계하실 때에 이렇게 말씀하셨습니다.

라훌라여! 불과 같이 수행하고 익혀라.
라훌라여! 불과 같이 수행하고 익힌다면
너에게 아직 일어나지 않은 착하지 않은 일들은
일어나지 않을 것이고,
또한 이미 일어난 착하지 않은 일들은
너의 마음을 사로잡거나 존재하지 못할 것이다.

이렇게 말입니다."

4. 바람

"존자 나가세나여! 당신은 '바람의 다섯 가지 지분을 파악해야 한다'라고 말했는데 그 파악해야 할 다섯 가지 지분이란 어떤 것입니까?"

"대왕이여! 예를 들면 바람은 아름다운 꽃이 핀 숲 속에서 부는 것처럼, 그와 마찬가지로 요가수행자는 해탈의 뛰어난 쿠스마꽃이 핀 마음통일을 위한 대상의 숲 속에서 즐거워야 합니다. 이것이 파악해야 할 바람의 첫번째 지분입니다.

대왕이여! 나아가 또한 바람은 식물이나 수목더미를 흔드는 것처럼, 그와 마찬가지로 요가수행자는 번뇌의 숲 속으로 가서 온갖 형성된 것을 나누어 가르고 온갖 번뇌를 뒤흔들어야 합니다. 이것이 파악해야 할 바람의 두번째 지분입니다.

대왕이여! 나아가 또한 바람은 공중을 가는 것처럼, 그와 마찬가지로 요가수행자는 출세간의 일들 속에서 뜻을 향하게 해야 합니다. 이것이 파악해야 할 바람의 세번째 지분입니다.

대왕이여! 나아가 또한 바람은 향기를 갖고 있는 것처럼, 그와 마찬가지로 요가수행자는 자기 계행의 절묘한 향기를 지녀야 합니다. 이것이 파악해야 할 바람의 네번째 지분입니다.

대왕이여! 나아가 또한 바람은 집이 없고 머무는 곳이 없는 것처럼, 그와 마찬가지로 요가수행자는 집이 없고 머무는 곳이 없으며, 세속과 친하지 않고 모든 것에 있어서 해탈한 자이어야 합니다. 이것이 파악해야 할 바람의 다섯번째 지분입니다.

대왕이여! 또한 신들 중의 신이신 세존께서는 《숫타니파타》에서 이런 시를 설하셨습니다.

친밀한 관계 속에서 공포가 생기며,
가정생활에서 더러운 먼지가 생긴다.
친밀함도 없고 가정생활도 하지 않는다면
이것이 실로 성자의 깨달음이다.

이렇게 말입니다."

5. 바위산

"존자 나가세나여! 당신은 '바위산의 다섯 가지 지분을 파악해야 한다'라고 말했는데 그 파악해야 할 다섯 가지 지분이란 어떤 것입니까?"

"대왕이여! 예를 들면 바위산은 부동하고 동요하지 않고 진동하지 않는 것처럼, 그와 마찬가지로 요가수행자는 존경이나 경멸·존중이나 경시·공경이나 불경·명성이나 불명성·비난과 찬양·즐거움과 괴로움·좋아하는 것과 좋아하지 않는 것, 이 모든 것에 대해서 또한 색과 소리·냄새·맛·촉감·법 등 탐욕을 일으키게 하는 것에 대해서 탐욕을 내지 않고, 성내게 하는 대상에 대해서 성내지 않으며, 미망의 대상에 대해서 무지 몽매해서는 안 됩니다. 그리고 동요해서는 안 되고 흔들려서도 안 되나니 마치 부동의 바위산과 같아야 합니다. 이것이 파악해야 할 바위산의 첫번째 지분입니다.

대왕이여! 또한 신들 중의 신이신 세존께서는 이런 시를 설하셨습니다.

마치 견고한 바위가 바람에 흔들리지 않는 것처럼
그렇게 현자들은 비난과 찬양 속에 있어도 흔들리지 말아라.

대왕이여! 나아가 또한 바위산은 매우 견고하여 어떠한 것과도 섞이지 않는 것처럼, 그와 마찬가지로 요가수행자는 처신하는 것을 견고하게 하여 세속의 사람들과 섞여서는 안 되며 어떠한 사람들과도 어울려서는 안 됩니다. 이것이 파악해야 할 바위산의 두번째 지분입니다.

대왕이여! 또한 신들 중의 신이신 세존께서는 이런 시를 설하셨습니다.

모든 재가자나 출가자 그 어떤 이들과도 어울리지 말고,
집이 없이 편력하고 욕심이 적은 사람,
나는 그를 바라문이라고 부른다.

대왕이여! 나아가 또한 바위산에는 씨앗이 자라지 않는 것처럼, 그와 마찬가지로 요가수행자는 자기 마음 속에 번뇌의 종자가 자라나게 해서는 안 됩니다. 이것이 파악해야 할 바위산의 세번째 지분입니다.

대왕이여! 또한 장로 수부티는 이런 시를 설하셨습니다.

탐욕을 동반한 마음이 나에게 생겼다면
나는 스스로 그것을 관찰하여 조복하리라.
'그대는 탐욕을 일으키게 하는 것에 대해 욕심을 내고
분노를 일으키는 대상에 대해서 화를 내며,
미망의 대상에 대해서 무지몽매하다.
그대는 숲에서 떠나가라.
이 숲은 청정하고 때 없는 고행자들의 거처이다.
그대여! 청정을 더럽히지 말라. 숲에서 떠나가라.'

대왕이여! 나아가 또한 바위산이 높이 솟은 것처럼, 그와 마찬가지로 요가수행자는 지혜에 의해서 높이 솟아야 합니다. 이것이 파악해야 할 바위산의 네번째 지분입니다. 대왕이여! 또한 신들 중의 신이신 세존께서는 이런 시구를 설하셨습니다.

현자가 불방일에 의해서 방일을 털어버릴 때,
그는 지혜의 높은 궁전에 올라 근심 없는 자가 되어
근심 있는 자를 내려다본다.
마치 바위산 위에 올라선 자가 땅에 서 있는 자를 대하는 것처럼
견고한 자(현자)는 어리석은 자들을 내려본다.

대왕이여! 나아가 또한 바위산은 높이 들먹거리지도 않고 낮게 가라앉지도 않는 것처럼, 그와 마찬가지로 요가수행자는 높이 들리거나 낮게 가라앉아서는 안 됩니다. 이것이 파악해야 할 바위산의 다섯번째 지분입니다.
대왕이여! 또한 신앙심이 있는 츌라수밧타 부인이 자신이 속한 상가의 도인을 찬양할 때에 이런 시구를 설하였습니다.

세간의 사람들은 이득에 의해서 높이 들먹거리고
손실에 의해서 낮게 가라앉는다.
이득과 손실에 있어서 동등하게 바라보는 자,
이런 자가 나의 도인이다.

이렇게 말입니다."

6. 허공

"존자 나가세나여! 당신은 '허공의 다섯 가지 지분을 파악해야 한다'라고 말했는데 그 파악해야 할 다섯 가지 지분이란 어떤 것입니까?"

"대왕이여! 예를 들면 허공은 어떠한 곳에서도 손에 잡히지 않는 것처럼, 그와 마찬가지로 요가수행자는 어떠한 곳에서도 번뇌에 사로잡혀서는 안 됩니다. 이것이 파악해야 할 허공의 첫번째 지분입니다.

대왕이여! 나아가 또한 허공은 선인(仙人)이나 고행자, 살아 있는 모든 영혼이나 새들이 날아다닐 수 있는 것처럼, 그와 마찬가지로 요가수행자는 '모든 형성된 존재는 무상하다. 괴롭다. 무아이다'라고 하여 모든 형성된 것에 있어서 마음을 움직이게 해야 합니다. 이것이 파악해야 할 허공의 두번째 지분입니다.

대왕이여! 나아가 또한 허공은 전율케 하는 것인 것처럼, 그와 마찬가지로 요가수행자는 모든 생존에서 생을 맺는 일에 대해서 두려워하고 전율해야 하며, 윤회의 생존에 대해 마음으로 기뻐해서는 안 됩니다. 이것이 파악해야 할 허공의 세번째 지분입니다.

대왕이여! 나아가 또한 허공은 한없고 그 양을 헤아려 알 수 없는 것처럼, 그와 마찬가지로 요가수행자는 그 계행이 한없고 그 지혜가 헤아려 알 수 없는 자가 되어야 합니다. 이것이 파악해야 할 허공의 네번째 지분입니다.

대왕이여! 나아가 또한 허공은 어떤 사물에도 부착하지 않고 염착(染着)되지 않으며 의존하지 않고 방해되지 않는 것처럼, 그와 마찬가지로 요가수행자는 집이나 단체·이득이나 거처· 출가생활의 장해물·생활필수품·온갖 번뇌·온갖 곳에 부착 해서는 안 되고, 염착해서는 안 되며, 의존해서도 안 되고 방해 받아서도 안 됩니다. 이것이 파악해야 할 허공의 다섯번째 지분 입니다.

대왕이여! 또한 신들 중의 신이신 세존은 자신의 아들인 라 훌라를 교계하실 때 이렇게 설하셨습니다.

라훌라여! 마치 허공이 어느 곳에도 의존하지 않는 것처럼 라훌라여! 그와 마찬가지로 너는 허공처럼 수행하여야 한다. 라훌라여! 허공처럼 수행한다면 너에게 아직 일어나지 않은, 뜻에 맞는 것이거나 뜻에 맞지 않는 촉감은
너의 마음을 사로잡거나 영원히 존재할 수 없을 것이다.

이렇게 말입니다."

7. 달

"존자 나가세나여! 당신은 '달의 다섯 가지 지분을 파악해야 한다'라고 말했는데 그 파악해야 할 다섯 가지 지분이란 어떤 것입니까?"

"대왕이여! 예를 들면 백분(白分, 보름달이 되는 2주일)에 떠오

르는 달은 점점 불어나고 커지는 것처럼, 그와 마찬가지로 요가수행자는 올바른 행위, 계행, 덕, 의무의 실천, 전승성전의 증득, 홀로 앉아 사유하는 일, 네 가지 전주, 여섯 가지 감각기관의 문을 수호하는 일, 음식의 적당한 양을 아는 일, 밤에 잠들지 않고 깨어 있으면서 수행하는 일에 대한 정진을 더욱 증대해 가야 합니다. 이것이 파악해야 할 달의 첫번째 지분입니다.

대왕이여! 나아가 또한 달은 위대한 주(主)인 것처럼, 그와 마찬가지로 요가수행자는 위대한 뜻과 서원의 주인이어야 합니다. 이것이 파악해야 할 달의 두번째 지분입니다.

대왕이여! 나아가 또한 달은 밤에 운행하는 것처럼, 그와 마찬가지로 요가수행자는 멀리 떠나서 삼림 등의 한적하고 고요한 곳에 머물러야 합니다. 이것이 파악해야 할 달의 세번째 지분입니다.

대왕이여! 나아가 또한 달은 천궁을 기치로 내걸 듯, 그와 마찬가지로 요가수행자는 계행을 기치로 해야 합니다. 이것이 파악해야 할 달의 네번째 지분입니다.

대왕이여! 나아가 또한 달은 떠오를 때 사람들의 소망과 바람을 담듯이, 그와 마찬가지로 요가수행자는 보시를 공양올리는 자의 소원과 바람을 받으며 그들의 집에 가야 합니다. 이것이 파악해야 할 달의 다섯번째 지분입니다.

대왕이여! 또한 신들 중의 신이신 세존은 저 훌륭한 《상윳타니카야》에서 이렇게 설하셨습니다.

비구들이여! 달과 같이 여러 시주자의 집으로 가라.

몸의 행동을 삼가고, 마음의 작용을 삼가라.
언제나 기세등등하는 일이 없이 그들의 집에서는
처음 온 사람과 같이 행동하라.

이렇게 말입니다."

8. 태양

"존자 나가세나여! 당신은 '태양의 일곱 가지 지분을 파악해야 한다'라고 말했는데 그 파악해야 할 일곱 가지 지분이란 어떤 것입니까?"

"대왕이여! 예를 들면 태양은 모든 물을 증발시키는 것처럼, 그와 마찬가지로 요가수행자는 모든 번뇌를 남김없이 말려 버려야 합니다. 이것이 파악해야 할 태양의 첫번째 지분입니다.

대왕이여! 나아가 또한 태양은 암흑을 쳐부수는 것처럼, 그와 마찬가지로 요가수행자는 온갖 탐욕의 어둠, 성냄의 어둠, 미망의 어둠, 교만의 어둠, 사악한 견해의 어둠, 번뇌의 어둠, 모든 악행의 어둠을 쳐부수어야 합니다. 이것이 파악해야 할 태양의 두번째 지분입니다.

대왕이여! 나아가 또한 태양은 언제나 운행하는 것처럼, 그와 마찬가지로 요가수행자는 언제나 올바르게 주의노력해야 합니다. 이것이 파악해야 할 태양의 세번째 지분입니다.

대왕이여! 나아가 또한 태양은 둥근 빛둘레를 지니는 것처럼,

그와 마찬가지로 요가수행자는 마음통일의 대상이라는 빛둘레를 지녀야 합니다. 이것이 파악해야 할 태양의 네번째 지분입니다.

대왕이여! 나아가 또한 태양은 사람들의 커다란 집단을 따뜻하게 데우면서 운행하는 것처럼, 그와 마찬가지로 요가수행자는 올바른 행위, 계행, 덕, 의무의 실천, 네 가지 선(禪), 여덟 가지 해탈, 네 가지 정(定), 여덟 가지 마음통일, 다섯 가지 뛰어난 작용, 다섯 가지 힘, 깨달음을 얻기 위한 일곱 가지 지분, 네 가지 전주, 네 가지 올바른 노력, 네 가지 신통변화를 나타내는 마음의 힘에 의해서 모든 신들과 인간들을 데워야 합니다. 이것이 파악해야 할 태양의 다섯번째 지분입니다.

대왕이여! 나아가 또한 태양은 라후(일식이나 월식을 만드는 魔)를 두려워하며 운행하는 것처럼, 그와 마찬가지로 요가수행자는 악행이나 악한 생존, 거친 길, 업의 과보, 나락으로 떨어지는 일, 번뇌의 그물에 얽히고, 사악한 견해의 뒤얽힘에 묶이며, 악한 길로 나아가고 악한 길을 밟아가서 태어나는 자들을 보고, 무시무시한 전율과 두려움을 가지고 자기의 마음으로 두려워해야 합니다. 이것이 파악해야 할 태양의 여섯번째 지분입니다.

대왕이여! 나아가 또한 태양은 착한 사람과 악한 사람을 밝게 비추어 드러내는 것처럼, 그와 마찬가지로 요가수행자는 다섯 가지 뛰어난 작용, 다섯 가지 힘, 깨달음을 얻기 위한 일곱 가지 지분, 네 가지 전주, 네 가지 올바른 노력, 네 가지 신통변화를 나타내는 마음의 힘, 세간에 관한 사상(事象), 출세간에 관한 사상을 드러내야 합니다. 이것이 파악해야 할 태양의 일곱번째 지분입니다.

대왕이여! 또한 장로 반기사는 이런 시구를 설하셨습니다.

마치 또한 태양이 떠오를 때 청정한 것과 부정한 것,
선과 악의 색과 형체를 중생에게 드러내 보여 주는 것처럼
그와 같이 진리를 파악하는 비구는 무지에 가려진 사람들에게
진리를 파악하기 위한 갖가지 방편의 길을 드러내어 보여 준다.
마치 떠오르는 태양처럼.

이렇게 말입니다."

9. 제석천 인드라

"존자 나가세나여! 당신은 '제석천 인드라의 세 가지 지분을
파악해야 한다'라고 말했는데 그 파악해야 할 세 가지 지분이란
어떤 것입니까?"
"대왕이여! 예를 들면 제석천 인드라에게는 오로지 안락함만
이 존재하는 것처럼, 요가수행자는 오로지 멀리 떠남(遠離)의
안락함을 즐겨야 합니다. 이것이 파악해야 할 제석천 인드라의
첫번째 지분입니다.
대왕이여! 나아가 또한 제석천 인드라는 신들을 보고서 그들을
거두어들이고 크게 환희케 하는 것처럼, 그와 마찬가지로 요가수
행자는 착한 법에 대해서 게으르지 않고 우둔하지 않고 고요한
마음을 거두어야 하며, 그 마음을 환희하게 해야 하며, 떨쳐 일으

켜 세워야 하며, 용맹하게 정진하게 해야 하며, 정려하게 해야 합
니다. 이것이 파악해야 할 제석천 인드라의 두번째 지분입니다.

　　대왕이여! 나아가 또한 제석천 인드라에게는 즐겁지 않은 일
이 생겨나지 않듯이, 요가수행자는 한적하고 고요한 곳에서 즐
겁지 않다는 마음을 일으켜서는 안 됩니다. 이것이 파악해야 할
제석천 인드라의 세번째 지분입니다.

　　대왕이여! 또한 장로 수부티는 이런 시구를 설하셨습니다.

　　위대한 영웅이여! 나는 그대의 가르침에서 출가한 이래,
　　나에게 애욕을 수반한 마음이 일어난 때를 기억하지 못한다.

이렇게 말입니다."

10. 전륜왕

　　"존자 나가세나여! 당신은 '전륜왕의 네 가지 지분을 파악해
야 한다'라고 말했는데 그 파악해야 할 네 가지 지분이란 어떤
것입니까?"

　　"대왕이여! 예를 들면 전륜왕은 네 종류의 섭화(攝化, 四攝
事)[26]에 의해서 사람들을 구제하는 것처럼, 그와 마찬가지로 요
가수행자는 네 종류의 상가 사람들(사부대중)의 마음을 구제해
주고 위로하고 기쁘게 해 주어야 합니다. 이것이 파악해야 할
전륜왕의 첫번째 지분입니다.

대왕이여! 나아가 또한 전륜왕의 영토 안에 도적이 활약하고 있지 못하는 것처럼, 그와 마찬가지로 요가수행자는 마음 속에 격렬한 탐욕의 성찰작용, 성냄의 성찰작용, 남을 해치려고 하는 성찰작용을 일으켜서는 안 됩니다. 이것이 파악해야 할 전륜왕의 두번째 지분입니다.

대왕이여! 또한 신들 중의 신이신 세존은 이런 시구를 설하셨습니다.

무릇 성찰작용이 고요히 멸한 경지를 즐기며,
언제나 정념(正念)으로 부정관(不淨觀)을 익히는 자,
그 사람이야말로 마왕의 속박을 없애리라.
그는 그것을 끊어 버리리라.

대왕이여! 나아가 또한 전륜왕은 매일 바다를 빙 둘러서 대지를 순행하며, 선량한 사람과 사악한 사람을 찾아내고 있는 것처럼, 그와 마찬가지로 요가수행자는 몸의 행위·말의 행위·뜻의 행위를 매일 관찰해야 합니다. '나는 이 세 가지 행위의 바탕에서 아무런 허물없이 하루를 보내었는가?'라고. 이것이 파악해야 할 전륜왕의 세번째 지분입니다.

대왕이여! 나아가 또한 신들 중의 신이신 세존께서는 저 훌륭한 《에쿠탈라니카야》에서 이렇게 설하셨습니다.

어떻게 나는 낮과 밤을 보내야 하는지
출가자는 끊임없이 관찰해야 한다.

대왕이여! 나아가 또한 전륜왕에게는 안팎의 수호가 능히 가해지고 있는 것처럼, 요가수행자는 안팎의 번뇌의 생기(生起)에 대해서 수호하기 위해 정념의 문지기를 두어야 합니다. 이것이 파악해야 할 전륜왕의 네번째 지분입니다.

대왕이여! 또한 신들 중의 신이신 세존께서는 이렇게 설하셨습니다.

비구들이여! 성스런 제자는 정념을 문지기로 하여
불선을 버리고, 선을 닦고 익히며
죄와 허물을 버리고, 죄와 허물이 없기를 닦아 익히며,
자기를 청정하게 유지한다.

이렇게 말입니다."

중요한 항목을 시구로 정리하면 다음과 같다.

땅과 물과 불과 바람과 바위산과
허공과 달과 태양과 제석천 인드라와 전륜왕이다.

제 4 장

1. 흰개미

"존자 나가세나여! 당신은 '흰개미의 한 가지 지분을 파악해
야 한다'라고 말했는데 그 파악해야 할 한 가지 지분이란 어떤
것입니까?"

"대왕이여! 예를 들면 흰개미는 지붕을 만들고 자신을 감싸
서 먹이를 구하러 나가는 것처럼, 요가수행자는 계와 규율의 지
붕을 만들어 마음을 감싸고 걸식하러 나가야 합니다. 대왕이여!
왜냐하면 계와 규율의 지붕에 의해서 요가수행자는 모든 두려
움을 초월하고 있는 자가 되기 때문입니다. 이것이 파악해야 할
흰개미의 한 가지 지분입니다.

대왕이여! 또한 장로 우파세나 반감타풋타는 이런 시구를 설
하셨습니다.

요가행자는 마음에 계와 규율의 지붕을 만들어서

세간에 물들지 않고
두려움으로부터도 완전하게 해탈해 있다.

이렇게 말입니다."

2. 고양이

"존자 나가세나여! 당신은 '고양이의 두 가지 지분을 파악해
야 한다'라고 말했는데 그 파악해야 할 두 가지 지분이란 어떤
것입니까?"

"대왕이여! 예를 들면 고양이는 동굴이나 굴, 또는 다락방 안
에 가서도 쥐를 찾아다니는 것처럼, 그와 마찬가지로 요가수행
자는 마을에 갈 때나 숲에 갈 때, 나무 아래에 갈 때나 또한 한적
하고 조용한 곳에 가서라도 언제나 변함없이 게으름을 피지 말
것이며, 신지념(身至念, 몸에 관한 마음, 專注)의 먹이를 찾고 구해
야 합니다. 이것이 파악해야 할 고양이의 첫번째 지분입니다.

대왕이여! 나아가 또한 고양이는 가까운 곳에서만 먹이를 찾
아다니는 것처럼, 요가수행자는 이들 '일체 존재에 대한 집착을
일으키는 다섯 가지 구성요소'에 있어서 저들의 생기(生起)와
지멸(止滅)을 관찰하여 머물러야 합니다. 즉 '그와 같은 것이 색
과 형태이다. 그와 같은 것이 색과 형태의 집합이다. 그와 같은
것이 색과 형태의 소멸이다. 그와 같은 것이 감수작용이다. 그
와 같은 것이 감수작용의 집합이다. 그와 같은 것이 감수작용의

소멸이다. 그와 같은 것이 표상작용이다. 그와 같은 것이 표상작용의 집합이다. 그와 같은 것이 표상작용의 소멸이다. 그와 같은 것이 형성작용이다. 그와 같은 것이 형성작용의 집합이다. 그와 같은 것이 형성작용의 소멸이다. 그와 같은 것이 식별작용이다. 그와 같은 것이 식별작용의 집합이다. 그와 같은 것이 식별작용의 소멸이다'라고 하는 것입니다. 이것이 파악해야 할 고양이의 두번째 지분입니다.

대왕이여! 또한 신들 중에 신이신 세존께서는 이런 시구를 설하셨습니다.

이 곳에서 아득하게 떨어진 미래 윤회의 생존을 구해서는 안 된다.
유정천의 세계는 그대에게 있어 어떤 쓸모가 있을까?
현재 세간에서 나의 몸이라 불리고 있는
자신의 신체에 대해서 알아라.

이렇게 말입니다."

3. 쥐

"존자 나가세나여! 당신은 '쥐의 한 가지 지분을 파악해야 한다'라고 말했는데 그 파악해야 할 한 가지 지분이란 어떤 것입니까?"
"대왕이여! 예를 들면 쥐가 여기저기를 돌아다닐 때 먹이를 구하러 다니는 것처럼, 요가수행자는 이곳저곳을 돌아다닐 때에 올바르게 주의노력하기를 구하는 자이어야 합니다. 이것이 파악해야 할 쥐의 한 가지 지분입니다.

대왕이여! 또한 장로 우파세나 반감타풋타는 이런 시구를 설하셨습니다.

진리를 우두머리로 하고 명상에 전주하는 정관자(正觀者)는
언제나 고요하고 바른 생각으로
모든 욕망에 집착하지 않고 머문다.

이렇게 말입니다."

4. 전갈

"존자 나가세나여! 당신은 '전갈의 한 가지 지분을 파악해야 한다'라고 말했는데 그 파악해야 할 한 가지 지분이란 어떤 것입니까?"

"대왕이여! 예를 들면 전갈은 꼬리를 무기로 삼고 있으며, 꼬리를 쳐들고 다니는 것처럼, 그와 마찬가지로 요가수행자는 지혜를 무기로 삼아야 하고, 지혜를 높이 쳐들고 살아가야 합니다. 이것이 파악해야 할 전갈의 한 가지 지분입니다.

대왕이여! 또한 장로 우파세나 반감타풋타는 이런 시구를 설하셨습니다.

지혜의 검을 움켜쥐고 살아가는 정관자는
모든 두려움으로부터 완전히 해탈하였으니,
그는 윤회의 온갖 생존에 있어서 쉽게 무너지지 않는 자이다.

이렇게 말입니다."

5. 족제비

"존자 나가세나여! 당신은 '족제비의 한 가지 지분을 파악해야 한다'라고 말했는데 그 파악해야 할 한 가지 지분이란 어떤 것입니까?"

"대왕이여! 예를 들면 족제비는 뱀에게 다가갈 때 약(해독제)을 몸에 바르고 뱀을 잡으려고 다가가는 것처럼, 그와 마찬가지로 요가수행자는 성냄과 적대감정이 많고 말씨름이나 논쟁, 이론(異論), 반론을 제멋대로 일삼는 세간 사람들에게 다가갈 때 자비의 약을 자신의 마음에 펴 발라야 합니다. 이것이 파악해야 할 족제비의 한 가지 지분입니다.

대왕이여! 또한 법의 장군인 장로 사리풋타는 이런 시구를 설하셨습니다.

그러므로 자신의 벗에게나 적에게나
평등하게 자애의 수행을 해야 한다.
자애심을 가지고 모든 세계에 충만하게 해야 한다.

이것이 모든 부처님의 가르침이다.

이렇게 말입니다."

6. 늙은 쟈칼

"존자 나가세나여! 당신은 '늙은 쟈칼의 두 가지 지분을 파악해야 한다'라고 말했는데 그 파악해야 할 두 가지 지분이란 어떤 것입니까?"

"대왕이여! 예를 들면 늙은 쟈칼은 먹을 것을 얻으면 혐오하지 않고 먹고 싶은 만큼만 먹는 것처럼, 요가수행자는 먹을 것을 얻으면 혐오하지 않고 몸을 부양할 정도만 먹어야 합니다. 이것이 파악해야 할 늙은 쟈칼의 첫번째 지분입니다.

대왕이여! 또한 장로 마하캇사빠는 이런 시구를 설하셨습니다.

나는 눕거나 앉는 곳에서 떠나 걸식을 위해 마을에 들어갔다.
식사하고 있는 나환자 한 사람에게 정중하게 다가갔다.
그는 썩어 문드러진 손으로 나에게 한 줌의 밥을 공양하였다.
한 줌의 밥을 내 발우에 집어 넣는 그 순간
그의 손가락도 그 자리에서 떨어졌다.
담장 아래에 기대어 나는 한 줌의 밥을 먹었다.
먹고 있을 때나 다 먹고 난 뒤에나
나에게 혐오감은 존재하지 않았다.

대왕이여! 나아가 또한 늙은 쟈칼은 먹이를 얻으면 '맛이 있을까, 맛이 없을까?' 하고 생각하지 않듯이, 그와 마찬가지로 요가수행자는 음식을 얻으면 '맛이 있을까, 맛이 없을까? 충분할까, 충분하지 않을까?' 하고 생각하지 않고 얻은 것에만 만족해야 합니다. 이것이 파악해야 할 늙은 쟈칼의 두번째 지분입니다.

대왕이여! 또한 장로 우파세나 반감타풋타는 이런 시구를 설하셨습니다.

거친 식사에도 만족하라. 다른 많은 달콤한 맛을 구하지 말라.
온갖 달콤한 맛을 구하는 자는
그 마음이 온갖 선정을 닦기를 즐거워하지 않는 자이다.
주어진 것에만 만족한다면
그는 도인의 지위를 완전하게 얻으리라.

이렇게 말입니다."

7. 사슴

"존자 나가세나여! 당신은 '사슴의 세 가지 지분을 파악해야 한다'라고 말했는데 그 파악해야 할 세 가지 지분이란 어떤 것입니까?"

"대왕이여! 예를 들면 사슴은 낮에는 삼림 속에서 행동하고, 밤에는 노천에서 지내는 것처럼, 그와 마찬가지로 요가수행자는 낮에는 삼림 속에서, 밤에는 노천에서 살아가야 합니다. 이것이 파악해야 할 사슴의 첫번째 지분입니다.

대왕이여! 또한 신들 중의 신이신 세존께서는 〈몸의 털이 곤두서는 법문〉에서 이렇게 말씀하셨습니다.

'사리풋타여! 그 때의 나는 몹시 춥던 겨울철, 보름 전의 제8일에서 보름 후 제8일까지 눈 내리는 기간 동안 밤에는 노천에서 머물고 낮에는 숲 속에 살았으며, 여름철 최후의 달에는 낮에는 노천에서 지내고 밤에는 숲에서 지냈다.'

대왕이여! 나아가 또한 사슴은 창이나 화살이 날아올 때면 그것들을 피하여 달아나고 몸에 접근하지 못하게 하는 것처럼, 그와 마찬가지로 요가수행자는 갖가지 번뇌가 엄습해올 때 그것들을 피하고 달아나며 마음에 다가서게 해서는 안 됩니다. 이것이 파악해야 할 사슴의 두번째 지분입니다.

대왕이여! 나아가 또한 사슴은 사람들을 발견하면 '저들은 나를 보지 말아야 할텐데'라고 빌면서 사람들을 발견한 그 장소에서 달아나는 것처럼, 그와 마찬가지로 요가수행자는 다툼이나 논쟁, 말싸움, 이론을 습관으로 일삼는 자, 파계자, 게으른 자, 교제하기를 즐기는 자들을 발견하면 '저들이 나를 보지 말고 나도 저들을 보지 말기를'이라고 빌면서 그들을 발견한 장소에서 달아나야 합니다. 이것이 파악해야 할 사슴의 세번째 지분입니다.

대왕이여! 법의 장군인 장로 사리풋타는 이런 시구를 설하셨습니다.

악한 마음 품은 자, 게으른 자, 노력하지 않는 자,
성스러운 말씀을 듣지 않는 자, 올바른 행을 하지 않는 자는
어디에서건 나와 만나서는 안 된다.

이렇게 말입니다."

8. 수소

"존자 나가세나여! 당신은 '수소의 네 가지 지분을 파악해야
한다'라고 말했는데 그 파악해야 할 네 가지 지분이란 어떤 것
입니까?"

"대왕이여! 예를 들면 수소는 자신의 집을 버리고 가지 않는
것처럼, 그와 마찬가지로 요가수행자는 '이 몸은 무상하고 부패
하고 마멸되고 파괴되며 흩어지고 괴멸하는 것이다'라고 관찰
하고서 자신의 몸을 버려서는 안 됩니다. 이것이 파악해야 할
수소의 첫번째 지분입니다.

대왕이여! 나아가 또한 수소는 짐을 실으면 즐거움과 고통으
로 그 짐을 나르는 것처럼, 요가수행자는 즐거움과 괴로움을 가
지고 생명이 다할 때까지 숨쉬기를 마칠 때까지 청정한 행위를
해야 합니다. 이것이 파악해야 할 수소의 두번째 지분입니다.

대왕이여! 나아가 또한 수소는 갈증에 괴로워할 때 욕구하여
물을 마시는 것처럼, 요가수행자는 스승이나 화상의 가르침을
욕구하고 사랑하고 사모하며 신앙심을 품고서 갈망하면서 받아

들여야 합니다. 이것이 파악해야 할 수소의 세번째 지분입니다.

　대왕이여! 나아가 또한 수소는 누군가에게 실려 가면서도 제 스스로도 짐을 싣고 가는 것처럼, 그와 마찬가지로 요가수행자는 장로나 새로 들어온 비구나 중년의 비구 및 재가신자가 교계교화 할 때에는 머리를 땅에 대고 경례하고 받아들여야 합니다. 이것이 파악해야 할 수소의 네번째 지분입니다.

　대왕이여! 또한 법의 장군인 장로 사리풋타는 이런 시구를 설하셨습니다.

　태어나서 일곱 살이 되어 오늘 출가한 자라도
　설령 어린아이인 그가 나를 가르치고자 하더라도
　나는 머리를 조아려 땅에 대고 경례하여
　그 가르침을 받아들이리라.
　그를 보자마자 깊고 깊은 욕구심과 사랑과
　사모하는 마음을 가지고 받들리라.
　거듭 그를 존경하며
　스승의 자리에 세우리라.

이렇게 말입니다."

9. 돼지

"존자 나가세나여! 당신은 '돼지의 두 가지 지분을 파악해야 한다'라고 말했는데 그 파악해야 할 두 가지 지분이란 어떤 것입니까?"

"대왕이여! 예를 들면 돼지는 타는 듯한 여름철이 다가오면 물에 다가가듯이, 그와 마찬가지로 요가수행자는 분노로 인하여 마음이 어지럽고 뒤바뀌고 혼란스럽고 끓어오르게 되면, 청량하고 감로의 맛을 지녔으며 미묘한 자심(慈心)의 수행에 다가가야 합니다. 이것이 파악해야 할 돼지의 첫번째 지분입니다.

대왕이여! 나아가 또한 돼지는 진흙물에 다가가면 코로 땅을 파서 물구덩이를 만들고, 물웅덩이 속에 가로눕듯이, 그와 마찬가지로 요가수행자는 신체를 게으름 속에 두고서 그리고 마음 통일을 위한 대상의 한가운데에 들어가서 누워야 합니다. 이것이 파악해야 할 돼지의 두번째 지분입니다.

대왕이여! 또한 장로 핀드라 바라드바쟈는 이런 시구를 설하셨습니다.

> 정관자(正觀者)는 몸의 참모습을 보면서 사색하되
> 다만 홀로 지내고 다른 이와 함께 하지 않으며
> 인식영역의 한 가운데에 눕는다.

이렇게 말입니다."

10. 코끼리

"존자 나가세나여! 당신은 '코끼리의 다섯 가지 지분을 파악해야 한다'라고 말했는데 그 파악해야 할 다섯 가지 지분이란 어떤 것입니까?"

"대왕이여! 예를 들면 코끼리는 길을 갈 때 실제로는 땅을 부수는 것처럼, 요가수행자는 신체를 사유하고 모든 번뇌를 부수어야 합니다. 이것이 파악해야 할 코끼리의 첫번째 지분입니다.

대왕이여! 나아가 또한 코끼리는 온 몸을 돌려서 앞을 보고 곧바로 보며, 사방팔방을 흘깃흘깃 보지 않는 것처럼, 그와 마찬가지로 요가수행자는 온 몸을 기울여서 앞을 보아야 하며, 사방팔방을 흘깃흘깃 보아서는 안 되며, 위를 쳐다보아서도 안 되고 아래를 내려다보아서도 안 되며, 멍에의 폭만큼의 거리(눈앞을 말함)를 보아야 합니다. 이것이 파악해야 할 코끼리의 두번째 지분입니다.

대왕이여! 나아가 또한 코끼리는 일정하게 잠드는 곳이 없고 먹이를 찾으러 나갈 때면 같은 장소를 유리한 거처로 삼지 않으며, 또한 고정되거나 확정된 거처를 갖고 있지 않는 것처럼, 그와 마찬가지로 요가수행자는 일정한 침소가 있어서는 안 되며, 거처 없이 걸식하러 다녀야 합니다. 만일 정관자가 쾌적한 장소에 존재하는, 즐겁게 수행하기에 적당한 임시로 지은 오두막집이나 나무 아래 동굴이나 또는 산등성을 보면 그 곳만을 거주지로 삼아야 하며, 고정되고 확정된 거주지로 삼아서는 안 됩니다. 이것이 파악해야 할 코끼리의 세번째 지분입니다.

대왕이여! 나아가 또한 코끼리는 청정하고 때가 없고 시원한 물로 가득 차 있고, 동시에 노란 연꽃·파란 연꽃·붉은 연꽃·흰 연꽃으로 뒤덮인 광대한 연못으로 뛰어들어가서 코끼리가 수영을 하는 것처럼, 그와 마찬가지로 요가수행자는 청정하고 때가 없고 맑으며 혼탁하지 않는 훌륭한 진리의 물로 가득 찼고, 해탈의 쿠스마꽃으로 뒤덮인 네 가지 전주(專注)의 큰 연못으로 뛰어들어가서 형성된 온갖 존재를 지혜로써 뿌리치고 제거하며, 요가행자의 진리의 놀이를 해야 합니다. 이것이 파악해야 할 코끼리의 네번째 지분입니다.

대왕이여! 나아가 또한 코끼리는 바른 생각(正念)을 가지고 발을 들어올리고 바른 생각을 가지고 발을 내리는 것처럼, 그와 마찬가지로 요가수행자는 정념정지를 가지고 발을 들어올려야 하며 정념정지를 가지고 발을 내려야 하며, 길을 갈 때에나 돌아올 때에도 팔을 구부리거나 펼 때에도 그 어떤 곳에서도 그는 정념정지이어야 합니다. 이것이 파악해야 할 코끼리의 다섯번째 지분입니다.

대왕이여! 또한 신들 중의 신이신 세존께서는 저 훌륭한《상윳타니카야》에서 이런 시구를 설하셨습니다.

몸을 자제하는 일은 좋은 일이고
말을 자제하는 일은 좋은 일이며,
뜻을 자제하는 일은 좋은 일이다.
어느 곳에서나 자제하는 일은 좋은 일이다.
어느 곳에서나 자제하는 자는

부끄러움을 아는 자,
보호받고 있는 자라고 세간에서 일컫는다.

이렇게 말입니다."

중요항목을 시구로 정리하면 다음과 같다.

흰개미와 고양이와 쥐와 전갈과 족제비와
쟈칼과 사슴과 수소와 돼지와 코끼리의 열 가지이다.

제 5 장

1. 사자

"존자 나가세나여! 당신은 '사자의 일곱 가지 지분을 파악해야 한다'라고 말했는데 그 파악해야 할 일곱 가지 지분이란 어떤 것입니까?"

"대왕이여! 예를 들면 사자는 실로 뒤섞이지 않고 티끌이 없고 청정하고 결백하듯이, 그와 마찬가지로 요가수행자는 뒤섞이지 않고 티끌이 없고 청정하고 결백한 마음을 지니고 죄를 짓고 난 뒤의 후회하는 일을 멀리 떠나야 합니다. 이것이 파악해야 할 사자의 첫번째 지분입니다.

대왕이여! 나아가 또한 사자는 네 개의 다리로 쏜살같이 달려가는 것처럼, 요가수행자는 네 가지 신통변화를 나타내는 마음의 힘을 가지고 걸어가야 합니다. 이것이 파악해야 할 사자의 두번째 지분입니다.

대왕이여! 나아가 또한 사자는 화려하고 광택 있는 털을 가진 동물인 것처럼, 요가수행자는 화려하고 광택이 있는 계행이라는 털을 지녀야 합니다. 이것이 파악해야 할 사자의 세번째 지분입니다.

대왕이여! 나아가 또한 사자는 설령 목숨을 잃을 경우에도 그 어떤 것에나 굴복하지 않는 것처럼, 그와 마찬가지로 요가수행자는 설령 의복이나 보시받은 음식, 앉거나 누울 자리, 병들었을 때 쓸 약의 네 가지 필수용품을 얻지 못할 경우에도 그 어떤 사람에 대해서도 굴복해서는 안 됩니다. 이것이 파악해야 할 사자의 네번째 지분입니다.

대왕이여! 나아가 또한 사자는 차례로 나아가서 먹고, 어떠한 장소에서든 먹을 것이 떨어져 있는 곳에서는 원하는 만큼만 먹고 맛 좋은 살점을 찾아다니지 않는 것처럼, 그와 마찬가지로 요가수행자는 차례로 나아가서 걸식하는 자이어야 합니다. 그리고 맛 좋은 음식을 보시할 집들을 찾아다녀서는 안 되며, 이전에 갔던 집을 버려 두고 이 집 저 집으로 다가가서는 안 되며, 먹을 것을 찾아다녀서는 안 되고, 어떤 장소에서라도 한 줌의 음식을 얻은 그 장소에서 몸을 부양하기에 족할 정도의 양을 먹어야 하며, 맛 좋은 음식을 찾아다녀서는 안 됩니다. 이것이 파악해야 할 사자의 다섯번째 지분입니다.

대왕이여! 나아가 또한 사자는 저장되었던 것을 먹지 않고 자신의 먹이를 먹으면 두 번 다시 그 곳에 다가가지 않는 것처럼, 요가수행자는 비축되었던 것을 먹어서는 안 됩니다. 이것이 파악해야 할 사자의 여섯번째 지분입니다.

대왕이여! 나아가 또한 사자는 먹을 것을 얻지 못하여도 근심하지 않고 설령 먹을 것을 얻어도 마음에 집착하지 않으며, 욕심을 부리지 않고 삿된 마음 없이 먹는 것처럼, 그와 마찬가지로 요가수행자는 먹을 것을 얻지 못하여도 근심해서는 안 되며, 먹을 것을 얻어도 마음에 집착해서는 안 되며, 탐욕을 일으키지 말고 삿된 마음을 내지 말며 맛에 대한 탐욕에 의해서 일어나는 죄와 허물을 보고서 출리(出離, 해탈의 길)를 깨달으며 먹어야 합니다. 이것이 파악해야 할 사자의 일곱번째 지분입니다.

대왕이여! 또한 신들 중의 신이신 세존께서는 뛰어난 《상윳타니카야》에서 장로 마하깟사파를 칭찬하시며 이렇게 설하셨습니다.

비구들이여!
이 카사파는 걸식으로 얻은 그 어떤 보시식에도 만족하고,
또한 그 어떤 보시식에도 만족하는 것을 칭찬하며,
또한 보시식을 얻기 위해 부당하고 부정한 행위를 하지 않고,
또한 보시식을 얻지 못하여도 근심하지 않고,
보시식을 얻지 못하여도 마음에 집착하지 않으며,
탐욕을 일으키지 않고 삿된 마음이 없으며
맛에 대한 탐욕으로 생기는 죄와 허물을 보고
출리를 깨달으면서 먹는다.

이렇게 말입니다."

2. 원앙

"존자 나가세나여! 당신은 '원앙의 세 가지 지분을 파악해야 한다'라고 말했는데 그 파악해야 할 세 가지 지분이란 어떤 것입니까?"

"대왕이여! 예를 들면 원앙은 생명이 끝날 때까지 아내를 버리지 않는 것처럼, 요가수행자는 생명이 끝날 때까지 올바른 주의노력을 버려서는 안 됩니다. 이것이 파악해야 할 원앙의 첫번째 지분입니다.

대왕이여! 나아가 또한 원앙은 세바라풀이나 파나카풀(수초의 일종)을 먹이로 삼으며 그것에 만족하고 그 만족에 의해서 체력이나 용모가 쇠퇴하지 않는 것처럼, 그와 마찬가지로 요가수행자는 그 어떤 것이라도 얻으면 그것에 만족해야만 합니다. 대왕이여! 더구나 또한 어떤 것이라도 얻어서 그것에 만족하면 요가수행자는 계행에서 쇠퇴하지 않고, 마음통일에서 쇠퇴하지 않고, 지혜에서 쇠퇴하지 않고, 해탈에서 쇠퇴하지 않고, 해탈에 의해 얻은 지견에서 쇠퇴하지 않고, 모든 선한 것에서 쇠퇴하지 않습니다. 이것이 파악해야 할 원앙의 두번째 지분입니다.

대왕이여! 나아가 또한 원앙은 중생들을 해치지 않듯이, 요가수행자는 작대기를 버리고 칼을 버리고 부끄러움을 알고 자애심이 있으며, 모든 중생이나 생령(生靈)에게 이익을 주고 가엾게 여겨야 합니다. 이것이 파악해야 할 원앙의 세번째 지분입니다.

대왕이여! 신들 중의 신이신 세존께서는 《원앙의 본생이야기》에서 이런 시구를 설하셨습니다.

스스로 살해하지 않고, 남을 시켜서 살해하게 하지 않으며,

스스로 이기지 않고 남을 시켜서 이기게 하지 않으며,

모든 중생을 해치지 않기 때문에

그 누구라도 그를 원망하지 않는다.

라고 말입니다."

3. 페나히카새

"존자 나가세나여! 당신은 '페나히카새의 두 가지 지분을 파악해야 한다'라고 말했는데 그 파악해야 할 두 가지 지분이란 어떤 것입니까?"

"대왕이여! 예를 들면 페나히카새는 자기 남편의 질투 때문에 새끼를 기르지 않는 것처럼, 요가수행자는 자신의 뜻 속에 번뇌가 생겼을 때 질투해야 하며, 네 가지 전주에 의해서 올바른 자제라고 하는 동굴에 번뇌를 넣고, 뜻의 문에서 신지념(身 至念, 몸에 관한 마음의 專注)을 닦고 익혀야 합니다. 이것이 파악해야 할 페나히카새의 첫번째 지분입니다.

대왕이여! 나아가 또한 페나히카새는 삼림에서 먹을 것을 구하며 낮을 보낸 뒤 밤에는 자기를 지키기 위해서 자기가 속해 있는 무리에 들어가는 것처럼, 그와 마찬가지로 요가수행자는 번뇌의 결박에서 해탈하기 위해 홀로 원리(遠離, 고독한 장소)를 수용해야 하며, 그 곳에서 즐거움을 얻지 못한다면, 그는 비난

의 두려움에서 자신을 지키기 위해 승가로 돌아가 승가의 보호를 받으며 지내야 합니다. 이것이 파악해야 할 페나히카새의 두 번째 지분입니다.

대왕이여! 또한 사바세계의 주인 범천은 세존에게서 이런 시구를 들었습니다.

홀로 떨어져 있는, 앉거나 누울 곳을 수용하라.
번뇌의 결박에서 해탈하기 위해 가야만 하리라.
만일 그 곳에서 즐거움을 얻지 못한다면
정념을 지니고 스스로를 지키며
승가 속에서 머물러야 하리라.

이렇게 말입니다."

4. 집비둘기

"존자 나가세나여! 당신은 '집비둘기의 한 가지 지분을 파악해야 한다'라고 말했는데 그 파악해야 할 한 가지 지분이란 어떤 것입니까?"

"대왕이여! 예를 들면 집비둘기는 다른 사람의 집에 있을 때는 그 집의 어떤 물건에도 눈을 빼앗기지 않고 무관심하며 새의 생각에 매우 강하게 빠져드는 것처럼, 요가수행자는 다른 사람의 집에 가면 그 집 안에서 부인이나 남자의 침대나 의자·

옷·장식품·재보·오락품 또는 갖가지 먹을 거리에 눈을 빼앗겨서는 안 되며 무관심해야 하며, 도인이라는 생각을 눈앞에 일으켜야 합니다. 이것이 파악해야 할 집비둘기의 한 가지 지분입니다.

대왕이여! 또한 신들 중의 신이신 세존께서는 《소(小)나라다 본생이야기》에서 이런 시구를 설하셨습니다.

다른 사람의 집에 들어갔다면
마실 것과 먹을 것에 대해서
적당한 양을 먹고 적당한 양을 마시며
그러한 빛깔과 형태에 마음이 흔들려서는 안 된다.

이렇게 말입니다."

5. 올빼미

"존자 나가세나여! 당신은 '올빼미의 두 가지 지분을 파악해야 한다'라고 말했는데 그 파악해야 할 두 가지 지분이란 어떤 것입니까?"

"대왕이여! 올빼미는 새와 다투고, 밤에 새떼가 있는 곳에 가서 새를 죽이듯이, 그와 마찬가지로 요가수행자는 무지와 싸워야 합니다. 홀로 은밀하게 앉아서 무지를 분쇄해야 하며 근절해야만 합니다. 이것이 파악해야 할 올빼미의 첫번째 지분입니다.

대왕이여! 나아가 또한 올빼미는 능히 홀로 조용히 생각을 하는 것처럼, 그와 마찬가지로 요가수행자는 홀로 앉아 사유하기를 즐기며, 홀로 앉아 사유하기를 기뻐해야 합니다. 이것이 파악해야 할 올빼미의 두번째 지분입니다.

대왕이여! 또한 신들 중의 신이신 세존께서는 저 훌륭한 《상윳타니카야》에서 이렇게 설하셨습니다.

비구들이여! 여기에 홀로 앉아 사유하기를 즐기고,
홀로 앉아 사유하기를 기뻐하는 비구는
'이것은 괴로움이다'라고 있는 그대로 깨닫고,
'이것은 괴로움의 집합이다'라고 있는 그대로 깨닫고,
'이것은 괴로움의 지멸이다'라고 있는 그대로 깨닫고,
'이것은 괴로움의 지멸에 이르는 길이다'라고 있는 그대로 깨닫는다.

이렇게 말입니다."

6. 학

"존자 나가세나여! 당신은 '학의 한 가지 지분을 파악해야 한다'라고 말했는데 그 파악해야 할 한 가지 지분이란 어떤 것입니까?"

"대왕이여! 예를 들면 학은 울음을 울어서 사람들에게 안전한지 위험한지를 알려 주듯이, 요가수행자는 다른 사람들에게 진리를 가르쳐 보이고 죄의 괴로움에 떨어지는 생존은 두려운 것이라고 가르쳐 보여야 하며, 열반은 평온하다고 가르쳐 보여야 합니다. 이것이 파악해야 할 학의 한 가지 지분입니다.

대왕이여! 또한 장로 핀드라 바라드바쟈는 이런 시구를 설하셨습니다.

지옥에서는 겁에 질려 두려움에 떨고
열반에는 광대한 안락이 있으니
이들 두 가지 일들을
요가수행자는 사람들에게 가르쳐 보여야 하리라.

이렇게 말입니다."

7. 박쥐

"존자 나가세나여! 당신은 '박쥐의 두 가지 지분을 파악해야 한다'라고 말했는데 그 파악해야 할 두 가지 지분이란 어떤 것입니까?"

"대왕이여! 예를 들면 박쥐는 집 안에 들어가서 빙빙 날아다니다 밖으로 나오는데 그 곳에 언제까지라도 머물러 있지 않듯이, 요가수행자는 마을에 걸식하러 들어가서 차례로 집들을 방문하여 보시식을 얻으면 재빨리 그 자리에서 떠나야 하며, 그곳에 언제까지라도 머물러 있어서는 안 됩니다. 이것이 파악해야 할 박쥐의 첫번째 지분입니다.

대왕이여! 나아가 또한 박쥐는 다른 사람의 집에 머물 때는 그 집에 손해를 주지 않는 것처럼, 그와 마찬가지로 요가수행자는 이 집 저 집에 다가갈 때면 끈질기게 먹을 것을 빌거나 몇 차례나 보시식을 달라는 표시를 한다거나 반복해서 규율에 어긋나는 신체상의 죄를 지으며, 필요 이상으로 떠들고 또는 그 집 사람들의 즐거움이나 괴로움에 무관심을 보여서 그들에게 어떤 후회의 생각을 일으키게 해서는 안 되며, 또한 그들에게 본업을 저버리게 해서도 안 되며, 모든 일들에 있어서 그들의 번영을 바라야만 합니다. 이것이 파악해야 할 박쥐의 두번째 지분입니다.

대왕이여! 또한 신들 중의 신이신 세존께서는 저 훌륭한 《디가니카야》의 〈위대한 인물의 훌륭한 서른 두 가지 특징에 관한 경〉에서 이런 시구를 설하셨습니다.

신앙에서, 계행에서,
전승성전을 듣는 일에서, 지혜에서,
보시에서, 진리에서, 많은 착한 일에서,
재보에서, 곡식에서, 또한 밭에서, 부지(敷地)에서,
아이들에서, 처첩에서, 또한 네 발 달린 동물에서,
친척에서, 벗에서,
또한 인연 있는 자들에게서, 체력에서,
용모와 행복의 둘 다에서도
다른 사람들이 부디 그것들을 소실하지 않기를 바라며,

나아가 다른 사람들의 이익과 번영을 희망해야 한다.

이렇게 말입니다."

8. 거머리

"존자 나가세나여! 당신은 '거머리의 한 가지 지분을 파악해야 한다'라고 말했는데 그 파악해야 할 한 가지 지분이란 어떤 것입니까?"

"대왕이여! 예를 들면 거머리는 착 달라붙는 곳이라면 어느 곳에라도 강하게 달라붙어서 피를 빨아먹는 것처럼, 그와 마찬가지로 요가수행자는 마음이 머물게 된 바로 그 모든 대상을 색(色)에 의해서, 형태에 의해서, 방향에 의해서, 장소에 의해서, 한계에 의해서, 특징에 의해서 또는 특상(特相)에 의해서, 강하게 마음에 그 이미지를 확립시켜서 그 대상에 의해서 해탈의 좋은 맛을 마셔야만 합니다. 이것이 파악해야 할 거머리의 한 가지 지분입니다.

대왕이여! 또한 장로 아누룻다는 이런 시구를 설하셨습니다.

청정한 마음을 가지고 대상에 확립해서
그 마음에 의해서 해탈의 좋은 맛을 마셔야만 한다.

이렇게 말입니다."

9. 뱀

"존자 나가세나여! 당신은 '뱀의 세 가지 지분을 파악해야 한다'라고 말했는데 그 파악해야 할 세 가지 지분이란 어떤 것입니까?"

"대왕이여! 예를 들면 뱀은 배로 기어가는 것처럼, 요가수행자는 지혜에 의해서 가야만 합니다. 요가수행자가 지혜에 의해서 갈 때 마음은 바른 이치의 길을 가며, 그릇된 출가자의 외적 특징을 버리고, 올바른 특징[27]을 몸에 갖추어야 합니다. 이것이 파악해야 할 뱀의 첫번째 지분입니다.

대왕이여! 나아가 또한 뱀이 앞으로 나아갈 때 약초를 피해가듯이, 요가수행자는 악행을 피해서 가야만 합니다. 이것이 파악해야 할 뱀의 두번째 지분입니다.

대왕이여! 나아가 또한 뱀은 사람들을 보면 괴로워하고 근심하여서 도망칠 길을 궁리하듯이, 그와 마찬가지로 요가수행자는 옳지 못한 성찰을 이모저모 궁리하여 만족스럽지 못한 마음이 생기면, '오늘 나는 게으르게 지냈다. 나는 다시 오늘이라고 하는 날을 얻을 수 없다'라고 말하며 괴로워하고 근심하여 도망칠 길을 궁리해야만 합니다. 이것이 파악해야 할 뱀의 세번째 지분입니다. 대왕이여! 또한 《바랏티야왕의 본생이야기》에서 두 명의 킨나라(사람머리를 가진 새)에 관해서 이런 시구를 설하셨습니다.

사냥꾼이여! 우리들은 서로 생각을 품으면서
본의 아니게도 어느 날 밤에 헤어졌다.

그 때 하룻밤을 유감스럽게 생각하면서
'그날 밤은 다시 오지 않으리라'라며 우리들은 걱정하였다.[28]

이렇게 말입니다."

10. 왕뱀

"존자 나가세나여! 당신은 '왕뱀의 한 가지 지분을 파악해야
한다'라고 말했는데 그 파악해야 할 한 가지 지분이란 어떤 것
입니까?"

"대왕이여! 예를 들면 왕뱀은 몸이 크고 길어서 설령 며칠
동안 아무것도 먹지 못하여 매우 비참해져 있으며 배불리 먹을
것을 먹지 못하였더라도 배에 먹을 것을 채우는 일이 없고, 몸
을 부양할 정도의 먹이로만 살아가듯이, 그와 마찬가지로 요가
수행자는 걸식행을 따르며, 다른 사람의 보시식을 받아서 다른
사람의 보시에 기대를 걸어 자진해서 무엇인가를 갖는 일을 삼
가기 때문에 배부르게 먹을 것을 얻기가 어렵습니다. 그런데 도
리를 알고 있는 선남자는 네다섯 움큼의 음식을 얻지 못하면
물로 배를 채워야 합니다. 이것이 파악해야 할 왕뱀의 한 가지
지분입니다.

대왕이여! 또한 법의 장군인 장로 사리풋타는 이런 시구를
설하셨습니다.

물기 있는 음식이건, 마른 음식이건,
먹을 때에는 도에 지나치게 포식해서는 안 된다.
비구는 공복(空腹)이어야 하며 적당한 양을 먹어서,
정념을 가지고 유행하라.
네다섯 움큼의 음식을 얻지 못했다면
물을 마셔라.
오로지 수행에 정진하는 비구에게 있어
이것은 안락하게 머물기에 충분하다.

이렇게 말입니다."

중요항목을 시구로 정리하면 다음과 같다.

사자와 원앙과 페나히카새와 집비둘기와
올빼미와 학과 박쥐와 거머리와 뱀과 왕뱀,
이것을 제5장이라 부른다.

제6장

1. 길거미

"존자 나가세나여! 당신은 '길거미의 한 가지 지분을 파악해야 한다'라고 말했는데 그 파악해야 할 한 가지 지분이란 어떤 것입니까?"

"대왕이여! 예를 들면 길거미는 길 위에 거미줄을 치는데 만일 그 그물에 벌레나 파리나 개미라도 걸려든다면 그것을 잡아서 먹는 것처럼, 그와 마찬가지로 요가수행자는 여섯 가지 감각기관의 문에 네 가지 전주의 그물을 펼쳐서 만일 그 곳에 번뇌라는 파리가 잡혀든다면 그 자리에서 죽여야만 합니다. 이것이 파악해야 할 길거미의 한 가지 지분입니다.

대왕이여! 또한 장로 아누룻다는 이런 시구를 설하셨습니다.

마음을 여섯 가지 감각기관의 문에서
가장 으뜸 가고 훌륭한 네 가지 전주에 의해서 제어하여라.

만일 온갖 번뇌가 그 곳에 잡혀든다면
정관자(正觀者)는 그것들을 죽여야만 한다.

이렇게 말입니다."

2. 젖먹이

"존자 나가세나여! 당신은 '젖먹이의 한 가지 지분을 파악해
야 한다'라고 말했는데 그 파악해야 할 한 가지 지분이란 어떤
것입니까?"

"대왕이여! 예를 들면 젖먹이는 자신의 이익에 고집하여 젖
을 달라고 우는 것처럼, 그와 마찬가지로 요가수행자는 자신의
이익에 고집해야 하며, 모든 일에 있어서 즉 총설(總說)·질
문·수행에 쓸모 있는 올바른 준비적인 행동·원리(遠離)의 생
활·스승과 함께 거주하는 일·착한 벗과 사귀는 일에 있어서
진리를 움켜잡는 지혜를 닦고 익혀야 합니다. 이것이 파악해야
할 젖먹이의 한 가지 지분입니다.

대왕이여! 또한 신들 중의 신이신 세존께서는 저 훌륭한 《디
가니카야》의 〈부처님의 위대한 죽음에 관한 경〉(대반열반경)에서
이렇게 설하셨습니다.

아난다여! 자, 그대들은 자신의 이익을 얻기 위해서 노력하여라.
자신의 이익에 전념하여라. 자신의 이익에 게으르지 말고

열심히 오로지 노력하여 정진하여라.

이렇게 말입니다."

3. 반점 있는 거북

"존자 나가세나여! 당신은 '반점 있는 거북의 한 가지 지분을 파악해야 한다'라고 말했는데 그 파악해야 할 한 가지 지분이란 어떤 것입니까?"

"대왕이여! 예를 들면 반점 있는 거북(뭍에서 사는 거북)은 물을 두려워하는 까닭에 물을 피해서 기어다니며, 더구나 거북은 그 물을 피하는 까닭에 수명이 줄어들지 않는 것처럼, 그와 마찬가지로 요가수행자는 방일에서 두려움을 보아야 하며, 방일하지 않는 것에 뛰어난 공덕이 있다고 보아야만 하고, 더구나 그는 그런 두려움을 보는 까닭에 도인의 지위가 줄어들지 않으며 열반에 다가가는 것입니다. 이것이 파악해야 할 반점 있는 거북의 한 가지 지분입니다.

대왕이여! 또한 신들 중의 신이신 세존께서는 《담마파다》(법구경)에서 이런 시구를 설하셨습니다.

방일하지 않는 것을 즐기고,
방일에서 두려움을 보는 비구는
도인의 지위에서 결코 물러서는 일이 없으며

열반을 곧바로 향하여 머문다.

이렇게 말입니다.”

4. 삼림

“존자 나가세나여! 당신은 ‘삼림의 다섯 가지 지분을 파악해
야 한다’라고 말했는데 그 파악해야 할 다섯 가지 지분이란 어
떤 것입니까?”

“대왕이여! 예를 들면 삼림은 실로 깨끗하지 못한 사람을 숨
기는 것처럼, 요가수행자는 다른 이의 죄나 허물을 숨겨 주어야
만 하며 드러내어서는 안 됩니다. 이것이 파악해야 할 삼림의
첫번째 지분입니다.

나아가 또한 삼림에는 거대한 군중이 일체 없는 것처럼, 요가
수행자에게는 탐욕과 성냄과 미망과 교만과 사악한 견해의 그
물과 온갖 번뇌가 텅 비어 하나도 없어야 합니다. 이것이 파악
해야 할 삼림의 두번째 지분입니다.

나아가 또한 삼림은 사람들로부터 멀리 떨어져 사람들의 방
해를 받는 일이 없는 것처럼, 요가수행자는 온갖 악하고 불선한
일들이나 성자가 아닌 사람들로부터 멀리 떨어져야 합니다. 이
것이 파악해야 할 삼림의 세번째 지분입니다.

나아가 또한 삼림은 고요하고 청정한 것처럼, 요가수행자는
고요하고 청정해야만 하며, 청량하여 거만한 마음을 버리고 위

선을 버려야만 하는 것입니다. 이것이 파악해야 할 삼림의 네번째 지분입니다.

나아가 또한 삼림은 성스러운 사람들에 의해서 수용되는 것처럼, 요가수행자는 성스러운 사람들과 어울려야만 합니다. 이것이 파악해야 할 삼림의 다섯번째 지분입니다.

대왕이여! 또한 신들 중의 신이신 세존께서는 저 훌륭한 《상윳타니카야》에서 이런 시구를 설하셨습니다.

비구는 멀리 떠난 자, 성자, 오로지 노력하는 자
마음통일을 하는 자, 열심히 정진하는 자
그리고 현자와 언제나 함께 머물러야 한다.

이렇게 말입니다."

5. 나무

"존자 나가세나여! 당신은 '나무의 세 가지 지분을 파악해야 한다'라고 말했는데 그 파악해야 할 세 가지 지분이란 어떤 것입니까?"

"대왕이여! 예를 들면 나무는 꽃과 열매를 맺는 것처럼 그와 마찬가지로 요가수행자는 해탈의 꽃과 도인의 과위라는 열매를 맺어야만 합니다. 이것이 파악해야 할 나무의 첫번째 지분입니다.

나아가 또한 나무는 그 아래로 다가온 사람들에게 그늘을 드리워 주는 것처럼, 그와 마찬가지로 요가수행자는 그의 곁으로 다가온 사람들에게 물질적인 대접이나 정신적인 대접으로써 환대해야만 합니다. 이것이 파악해야 할 나무의 두번째 지분입니다.

대왕이여! 나아가 또한 나무는 자기가 드리우는 그늘에 차별을 두지 않는 것처럼, 요가수행자는 모든 중생에 대해서 차별을 지어서는 안 됩니다. 도적이나 살생자, 적대자를 향해서나, 자기 자신을 향해서도 '부디 이들 중생은 원한이 없고 분노가 없고 재앙이 없으며 행복하게 자신을 지킬지어다!'라고 말하여 평등한 자애심을 수행해야만 합니다. 이것이 파악해야 할 나무의 세번째 지분입니다.

대왕이여! 또한 법의 장군인 장로 사리풋타는 이런 시구를 설하셨습니다.

살인을 기도했던 데바닷다를 향해서나
도적 앙굴리마라를 향해서나
다나파라(코끼리)나 사랑하는 아들인 라훌라를 향해서나
성자(부처님)는 모든 자들을 향해서 평등하다.

라고 말입니다."

6. 비

"존자 나가세나여! 당신은 '비의 다섯 가지 지분을 파악해야 한다'라고 말했는데 그 파악해야 할 다섯 가지 지분이란 어떤 것입니까?"

"대왕이여! 예를 들면 비는 이미 생겨난 먼지나 티끌을 가라 앉히는 것처럼, 그와 마찬가지로 요가수행자는 이미 생겨난 번 뇌의 먼지를 가라앉혀야 합니다. 이것이 파악해야 할 비의 첫번 째 지분입니다.

나아가 또한 비는 지상에서 열을 식혀 주는 것처럼, 그와 마 찬가지로 요가수행자는 자애심의 수행에 의해서 신들과 인간들 을 청량하게 해 주어야 합니다. 이것이 파악해야 할 비의 두번 째 지분입니다.

나아가 또한 비는 모든 씨앗을 성장하게 해 주는 것처럼, 요 가수행자는 모든 중생들에게 신앙을 일으키게 하고, 그 신앙의 씨앗을 세 가지 도달, 즉 사후에 신으로 태어나는 도달, 또는 인간으로 태어나는 도달, 내지는 제일의(第一義)인 열반의 안락 함의 도달에서 성장하게 해 주어야 합니다. 이것이 파악해야 할 비의 세번째 지분입니다.

대왕이여! 나아가 또한 비는 계절에 맞추어 내려서 지상에서 자라나는 초목이나 덩굴풀, 관목이나 약초, 숲의 나무들을 지켜 주는 것처럼, 그와 마찬가지로 요가수행자는 올바른 주의노력 을 일으켜서 그 올바른 주의노력에 의하여 도인의 의무를 지켜 야만 합니다. 왜냐하면 모든 선한 일들은 올바른 주의노력을 근 본으로 하여 일어나기 때문입니다. 이것이 파악해야 할 비의 네 번째 지분입니다.

나아가 또한 비가 내릴 때 그것은 강이나 저수지, 연못, 동굴,

갈라진 틈, 못, 웅덩이, 우물을 빗물로 가득 채우는 것처럼 그와 마찬가지로 대왕이여! 요가수행자는 전승성전의 교설에 의해서 진리의 비를 내려 진리의 증득을 바라는 사람들의 마음을 채워야만 합니다. 이것이 파악해야 할 비의 다섯번째 지분입니다.

대왕이여! 또한 법의 장군인 장로 사리풋타는 이런 시구를 설하셨습니다.

설령 십만 요쟈나(70만 마일)의 거리일지라도
진리를 깨달을 수 있는 사람들을 본다면
그 순간 그 곳으로 다가가서
위대한 무니(대성자)께서는 그를 깨우치신다.

이렇게 말입니다."

7. 마니보주

"존자 나가세나여! 당신은 '마니보주의 세 가지 지분을 파악해야 한다'라고 말했는데 그 파악해야 할 세 가지 지분이란 어떤 것입니까?"

"대왕이여! 예를 들면 마니보주는 오로지 청정하기만 한 것처럼, 그와 마찬가지로 요가수행자는 오로지 청정한 생활을 영위해야만 합니다. 이것이 파악해야 할 마니보주의 첫번째 지분입니다.

나아가 또한 마니보주는 어떠한 것과도 섞이지 않는 것처럼, 그와 마찬가지로 요가수행자는 악한 사람이나 악한 벗들과 어울려서는 안 됩니다. 이것이 파악해야 할 마니보주의 두번째 지분입니다.

대왕이여! 나아가 또한 마니보주는 양질의 보석과 결합되는 것처럼, 그와 마찬가지로 요가수행자는 가장 훌륭한 태생의 사람들과 함께 머물러야만 합니다. 성자의 도를 향한 사람, 성자의 도과(道果)에 도달한 사람, 배워야 할 것이 있는 사람의 도과를 얻고 있는 사람, 성자의 흐름에 들어간 과위의 사람, 단 한 번만 미혹한 생존으로 돌아올 과위를 얻은 사람, 다시는 미혹한 생존으로 돌아오지 않는 과위를 얻은 사람, 아라한의 지위에 오른 사람, 세 가지 명지(明知)가 있는 사람, 여섯 가지 신통력이 있는 사람, 이 같은 도인이라는 마니보주와 함께 살아가야만 합니다. 이것이 파악해야 할 마니보주의 세번째 지분입니다.

대왕이여! 또한 신들 중의 신이신 세존께서는 《숫타니파타》에서 이런 시구를 설하셨습니다.

스스로는 깨끗한 사람이 되고, 서로 배려하는 마음을 가지고,
청정한 사람들과 함께 머물러라.
그래서 함께 친구가 되어 총명해져서
고뇌를 영원히 멸하게 하여라.

이렇게 말입니다."

8. 사냥꾼

"존자 나가세나여! 당신은 '사냥꾼의 네 가지 지분을 파악해야 한다'라고 말했는데 그 파악해야 할 네 가지 지분이란 어떤 것입니까?"

"대왕이여! 예를 들면 사냥꾼은 부지런하여 잠이 적은 것처럼, 그와 마찬가지로 요가수행자는 잠이 적어야만 합니다. 이것이 파악해야 할 사냥꾼의 첫번째 지분입니다.

나아가 또한 사냥꾼은 사로잡으려는 마음을 사슴에게 결부시키는 것처럼, 그와 마찬가지로 요가수행자는 마음통일의 대상에게 마음을 결부시켜야만 합니다. 이것이 파악해야 할 사냥꾼의 두번째 지분입니다.

나아가 또한 사냥꾼은 사냥을 할 올바른 시간을 아는 것처럼, 그와 마찬가지로 요가수행자는 홀로 앉아 사유할 올바른 때를 알아야 합니다. 즉 '지금은 홀로 앉아 사유에 들어갈 만한 시간이다. 지금은 홀로 앉아 들어갔던 사유로부터 나와야 할 시간이다'라고 말입니다. 이것이 파악해야 할 사냥꾼의 세번째 지분입니다.

대왕이여! 나아가 또한 사냥꾼은 사슴을 발견하면 그 순간 '이것을 생포하리라'라고 생각하면서 흐뭇하게 미소를 띠는 것처럼, 그와 마찬가지로 요가수행자는 마음통일의 대상을 향해 크게 기뻐해야만 하며, '나는 이 이상의 성자의 지위로 오를 수 있으리라'라고 하며 흐뭇하게 미소를 띠어야만 합니다. 이것이 파악해야 할 사냥꾼의 네번째 지분입니다.

대왕이여! 또한 장로 모갈라쟌은 이런 시구를 설하셨습니다.

오로지 명상에 전념하는 비구는
하나의 도과를 얻고서부터 마음통일의 대상을 향해서
점점 환희를 일으켜야 한다.
'나는 이 이상의 지위로 나아가게 되리라'라고 말하며.

이렇게 말입니다."

9. 어부

"존자 나가세나여! 당신은 '어부의 두 가지 지분을 파악해야 한다'라고 말했는데 그 파악해야 할 두 가지 지분이란 어떤 것입니까?"

"대왕이여! 예를 들면 어부는 낚시를 가지고 물고기를 낚아 올리는 것처럼, 그와 마찬가지로 요가수행자는 지혜를 가지고 지금까지보다 더 높은 도인의 과위를 낚아 올려야만 합니다. 이 것이 파악해야 할 어부의 첫번째 지분입니다.

나아가 또한 어부는 작은 물고기를 죽여서 미끼로 삼아서 커다란 어획물을 얻는 것처럼, 그와 마찬가지로 요가수행자는 작은 세간의 재산을 내버려야만 합니다. 대왕이여! 세간의 재산을 내버린 뒤에라야 요가수행자는 위대한 도인의 도과를 얻게 되는 것입니다. 이것이 파악해야 할 어부의 두번째 지분입니다.

대왕이여! 또한 장로 라훌라는 이런 시구를 설하셨습니다.

세간의 재물을 버리고
공(空)이라는 것과, 특상(特相)이 없다는 것과,
바라고 구할 것이 없다는 세 가지 해탈과
네 가지 도과와 여섯 가지 신통력을 얻으라.

이렇게 말입니다."

10. 목수

"존자 나가세나여! 당신은 '목수의 두 가지 지분을 파악해야
한다'라고 말했는데 그 파악해야 할 두 가지 지분이란 어떤 것
입니까?"

"대왕이여! 예를 들면 목수가 먹줄을 따라서 나무를 자르는
것처럼, 그와 마찬가지로 요가수행자는 승리자인 부처님의 가
르침을 따라서 계행의 땅에 안립하고, 신앙의 손으로 지혜의 톱
을 들고서 번뇌를 잘라야만 합니다. 이것이 파악해야 할 목수의
첫번째 지분입니다.

대왕이여! 나아가 또한 목수는 목재의 부드러운 부분을 없애
고 중심의 단단한 부분을 취하는 것처럼, 그와 마찬가지로 요가
수행자는 상주론(常住論)과 단멸론(斷滅論), 영혼과 신체의 동일
론, 영혼과 신체의 상위론, 자타가 모두 가장 으뜸이라고 하는
논, 만들어지지 않은 것은 쓸모 없다고 하는 논, 인간의 행위는
무익하다고 하는 논, 청정한 행위에 전념하지 않는다는 논, 중

생이 무너져서 새로운 중생이 출현한다는 논, 온갖 형성된 존재는 상주하다는 논, 행위의 주체가 행위의 과보를 받는다는 논, 행위의 주체와 그 행위의 과보를 받는 자가 상위하다는 논, 업의 과보에 관한 잘못된 견해, 작용의 결과에 관한 잘못된 견해 등 이 같은 온갖 삿된 집착의 길을 떠나서 온갖 형성된 존재의 참모습인 제일의(第一義)의 공성(空性), 즉 활동하지 않으며 실체가 없고 필경에는 공인 것을 얻어야만 합니다. 이것이 파악해야 할 목수의 두번째 지분입니다.

　대왕이여! 또한 신들 중의 신이신 세존께서는 《숫타니파타》에서 이런 시구를 설하셨습니다.

　　그대의 쌀겨를 불어 없애고, 또한 더러움도 없애라.
　　그리하여 본래 도인(사문)이 아닌데도 도인이라고
　　생각하고 있는 쌀겨(사악한 비구)까지도 쫓아버려라.
　　옳지 못한 욕망을 지녔고, 옳지 못한 행위를 하며,
　　악한 생활을 하는 저들을 털어내 버려라.
　　스스로는 청정한 자가 되며, 서로 배려하는 마음을 지니고
　　청정한 사람들과 함께 머물도록 하라.

이렇게 말입니다."

　중요항목을 시구로 정리하면 다음과 같다.

　길거미와 젖먹이와 거북과 삼림과 나무와,
　비와 마니보주와 사냥꾼과 어부와 목수이다.

제 7 장

1. 물병

"존자 나가세나여! 당신은 '물병의 한 가지 지분을 파악해야한다'라고 말했는데 그 파악해야 할 한 가지 지분이란 어떤 것입니까?"

"대왕이여! 예를 들면 물병은 그것이 가득 차면 소리를 내지않는 것처럼, 그와 마찬가지로 요가수행자는 전승성전·진리의증득·진리를 설하여 보여 주는 법문·도인의 지위에 통달하여 기쁨 등의 소리를 내어서는 안 되며, 그러한 통달한 것에 의해서 거만한 마음을 일으켜서는 안 되며, 존귀하다는 모습을 보여서는 안 됩니다. 그는 거만한 마음, 자기가 존귀하다는 생각을 버려야만 하며, 정직하고 수다스럽게 지껄이지 말며, 다른사람을 업신여겨서는 안 됩니다. 이것이 파악해야 할 물병의 한가지 지분입니다.

대왕이여! 또한 신들 중의 신이신 세존께서는 《숫타니파타》에서 이런 시구를 설하셨습니다.

　부족한 자는 소리를 내지만
　가득 찬 자는 완전히 고요하다.
　어리석은 자는 빈 병과 같으며
　어진 자는 물이 가득 찬 못과 같다.

이렇게 말입니다."

2. 쇠

　"존자 나가세나여! 당신은'쇠의 두 가지 지분을 파악해야 한다'라고 말했는데 그 파악해야 할 두 가지 지분이란 어떤 것입니까?"
　"대왕이여! 예를 들면 잘 연마된 쇠는 무거운 짐을 운반할 수 있는 것처럼, 그와 마찬가지로 요가수행자는 올바른 주의노력에 의해서 결심한 것을 운반합니다. 이것이 파악해야 할 쇠의 첫번째 지분입니다.
　대왕이여! 나아가 또한 쇠는 한번 흡수한 물을 밖으로 토해내지 않는 것처럼, 그와 마찬가지로 요가수행자는 '저 위대한 세존께서는 올바르게 깨달으신 분이시다. 진리는 잘 설해졌다. 승가는 그 진리를 능히 실천하였다'라고 하는 신앙이 한번 생기면 그는 두 번 다시 그 신앙을 토해내어서는 안 됩니다. 또한 '색은 무상하다. 감수작용은 무상하다. 표상작용은 무상하다, 갖가지 형성된 것은 무상하다, 식별작용은 무상하다'라고 하는 지혜가 한번 생기면 그는 다시는 그것을 토해내어서는 안 됩니다. 이것이 파악해야 할 쇠의 두번째 지분입니다.

대왕이여! 또한 신들 중의 신이신 세존은 이런 시구를 설하셨습니다.

지혜의 통찰력에서 정화되어, 성스러운 진리에서
성자의 지위가 결정되어 앞으로 나아간 사람,
그는 두려움을 품지 않고, 한 부분만이 아니라,
모든 것에 걸쳐서 아라한의 가장 높은 경지에 도달하리라.

이렇게 말입니다."

3. 우산

"존자 나가세나여! 당신은 '우산의 세 가지 지분을 파악해야 한다'라고 말했는데 그 파악해야 할 세 가지 지분이란 어떤 것입니까?"

"대왕이여! 예를 들면 사람들은 우산을 머리 위에 펼치고 길을 가는 것처럼, 그와 마찬가지로 요가수행자는 온갖 번뇌의 머리 위를 가야만 합니다. 이것이 파악해야 할 우산의 첫번째 지분입니다.

나아가 또한 우산은 윗부분이 자루로 지탱되고 있는 것처럼

그와 마찬가지로 요가수행자는 올바른 주의노력의 자루를 지지
대로 삼아야 합니다. 이것이 파악해야 할 우산의 두번째 지분입
니다.

대왕이여! 나아가 또한 우산은 바람이나 열기, 구름, 비를 막
아 주는 것처럼, 그와 마찬가지로 요가수행자는 갖가지 견해를
지닌 수많은 도인이나 바라문의 망상의 바람, 탐욕과 성냄과 미
망이라는 세 가지 불의 열기, 번뇌의 비를 막아야 합니다. 이것
이 파악해야 할 우산의 세번째 지분입니다.

대왕이여! 또한 법의 장군인 장로 사리풋타는 이런 시구를
설하셨습니다.

예를 들면 또한 넓고 크고, 구멍이 없고,
견고하고 단단한 우산은,
바람이나 열기와 엄청난 비를 막아 주듯이,
그처럼 부처님의 아들도 또한
계행의 우산을 지니고 청정해져서
번뇌의 비와 세 가지 불의 열기를 막는다.

이렇게 말입니다."

4. 밭

"존자 나가세나여! 당신은 '밭의 세 가지 지분을 파악해야 한

다'라고 말했는데 그 파악해야 할 세 가지 지분이란 어떤 것입니까?"

"대왕이여! 예를 들면 밭에는 관개수로가 완비되어 있는 것처럼, 그와 마찬가지로 요가수행자는 올바르게 실천하는 자가 해야만 하는 온갖 종류의 의무라는 관개수로를 완비해야 합니다. 이것이 파악해야 할 밭의 첫번째 지분입니다.

나아가 또한 밭은 두렁을 완비하고 있으며, 또한 그 두렁에 의해서 물이 흘러나가지 못하게 지켜서 곡물을 무르익게 하는 것처럼, 그와 마찬가지로 요가수행자는 계행과, 죄나 허물에 대한 부끄러움이라는 두렁을 완비해야 하며, 또한 그 계행과 부끄러움의 두렁에 의해서 도인의 과위를 지키고 도인의 네 가지 도과를 파악해야만 합니다. 이것이 파악해야 할 밭의 두번째 지분입니다.

대왕이여! 나아가 또한 밭이 생산능력을 완비하고 있으면 경작자를 흐뭇하게 해 주며 설령 종자가 보잘것 없더라도 수확량이 많으며, 종자를 많이 뿌렸을 경우에는 많은 수확물을 거둘 수 있는 것처럼, 그와 마찬가지로 요가수행자는 성과를 이루어 내는 능력을 완비하여 광대한 열매를 주는 자이어야 합니다. 그는 자신에게 보시하는 사람들을 이처럼 흐뭇하게 해 주어야 합니다. 주어진 것이 적더라도 그 공덕의 과보는 많으며, 주어진 것이 많다면 더더욱 많은 과보가 있는 것과 같습니다. 이것이 파악해야 할 밭의 세번째 지분입니다.

대왕이여! 또한 계율에 정통한 스승인 장로 우팔리는 이런 시구를 설하셨습니다.

그대들이여! 마치 밭과도 같이,
광대한 성과를 주는 자가 되어라.
씨앗을 뿌린 자에게 광대한 열매를 주는 것,
이것이 실로 뛰어난 밭이기 때문이다.

이렇게 말입니다."

5. 아가다약

"존자 나가세나여! 당신은 '아가다약(해독제)의 두 가지 지분을 파악해야 한다'라고 말했는데 그 파악해야 할 두 가지 지분이란 어떤 것입니까?"

"대왕이여! 예를 들면 아가다약에는 작은 벌레가 끼지 않는 것처럼, 그와 마찬가지로 요가수행자는 자신의 뜻에 번뇌가 깃들게 해서는 안 됩니다. 이것이 파악해야 할 아가다약의 첫번째 지분입니다.

나아가 또한 아가다약을 씹어 먹었거나 그 약에 닿았거나 그약을 눈으로 보았거나 먹었거나 삼켰거나 잘 씹어서 먹었거나 또는 맛을 보기만 하여도 온 몸에 퍼진 온갖 독을 능히 막아 주는 것처럼, 그와 마찬가지로 요가수행자는 탐욕과 성냄, 미망, 교만, 옳지 못한 견해의 온갖 독을 막아야 합니다. 이것이 파악해야 할 아가다약의 두번째 지분입니다.

대왕이여! 또한 신들 중의 신이신 세존께서는 이런 시구를 설하셨습니다.

온갖 형성된 것의 실상의 참뜻을 보고자 하는 요가행자는,
마치 아가다약으로 독을 푸는 것처럼
온갖 번뇌의 독을 풀어라.

이렇게 말입니다."

6. 먹을 것

"존자 나가세나여! 당신은 '먹을 것의 세 가지 지분을 파악해
야 한다'라고 말했는데 그 파악해야 할 세 가지 지분이란 어떤
것입니까?"

"대왕이여! 예를 들면 먹을 것은 모든 중생의 기둥인 것처럼,
그와 마찬가지로 요가수행자는 모든 중생에게 있어 도(道)의
문을 열어 주는 기둥이 되어야 합니다. 이것이 파악해야 할 먹
을 것의 첫번째 지분입니다.

나아가 또한 먹을 것은 중생의 체력을 증진시켜 주는 것처럼,
그와 마찬가지로 요가수행자는 복덕을 증진시켜야 합니다. 이
것이 파악해야 할 먹을 것의 두번째 지분입니다.

나아가 또한 먹을 것은 모든 중생이 바라고 원하는 것인 것
처럼, 그와 마찬가지로 요가수행자는 모든 세간 사람들이 바라
고 원하는 자이어야 합니다. 이것이 파악해야 할 먹을 것의 세

번째 지분입니다.

　대왕이여! 또한 장로 마하목갈라나는 이런 시구를 설하셨습니다.

　　자기를 조절함에 의해서, 수련에 의해서,
　　계행에 의해서, 실천에 의해서,
　　요가행자는 모든 세간 사람들이 바라고 구하는 자가 되어야 한다.

이렇게 말입니다.”

7. 궁사

　“존자 나가세나여! 당신은 ‘궁사의 네 가지 지분을 파악해야 한다’라고 말했는데 그 파악해야 할 네 가지 지분이란 어떤 것입니까?”

　“대왕이여! 예를 들면 궁사는 활을 쏠 때 두 발을 땅에 굳건하게 받치고 무릎을 펴며, 화살다발을 허리관절 부위에 두고 몸을 긴장시키고 두 손을 들어서 활과 화살의 접촉점에 두고 주먹을 굳게 쥐고 손가락 사이를 벌리지 않으며, 목을 늘여서 한쪽 눈과 입을 닫고 과녁을 정한 뒤 ‘쏘아야겠다’라고 말하며 미소짓는 것처럼, 그와 마찬가지로 요가수행자는 계행의 땅에 정려의 발을 굳건히 대고 인내와 부드러움이 결여되지 않도록 마음을 쏟으며, 마음을 자제(自制)에 단단히 놓고 조절과 수련에 전심하며, 욕망과 탐닉을 정복하고 올바른 주의노력에 의해서 마음에 틈을 주지 않고 정려를 더욱 분발하여 여섯 가지 감각 기관의 문을 닫고 정념을 확립하고서 '모든 번뇌를 지혜의 화살로 쏘리라'라고 말하며 미소지어야 합니다. 이것이 파악해야 할 궁사의 첫번째 지분입니다.

대왕이여! 나아가 또한 궁사는 굽어졌거나 뒤틀렸거나 둥글게 굽어 있는 화살을 꼿꼿하게 펴기 위하여 고정시키는 기계를 가지고 오는 것처럼, 그와 마찬가지로 요가수행자는 굽어졌거나 뒤틀렸거나 둥글게 굽어 있는 마음을 꼿꼿하게 하기 위해서 이 몸에 네 가지 전주라는 기계를 가지고 와야 합니다. 이것이 파악해야 할 궁사의 두번째 지분입니다.

대왕이여! 나아가 또한 궁사는 과녁을 향해서 실제로 연습하는 것처럼, 그와 마찬가지로 요가수행자는 이 몸에서 실천수행해야 합니다. 그렇다면 어떻게 요가수행자가 이 몸에서 실천수행해야만 하는가 하면, 모든 존재하는 것은 무상하다고 실천수행해야 합니다. 괴로움이라고 실천수행해야 합니다. 무아라고 실천수행해야 합니다. 병이라고, 나아가 악성종기라고, 화살이라고, 통증이라고, 번뇌라고, 다른 것이라고, 훼손되고 멸하는 것이라고, 질병이라고, 재앙이라고, 두려움이라고, 재환이라고, 움직임이라고, 무너짐이라고, 항상 하지 않는 것이라고, 구제하여 보호해 주는 곳이 아니라고, 피난처가 아니라고, 귀의처가 아니라고, 귀의할 것이 아니라고, 공무(空無)라고, 공하다고, 허물이며 상처라고, 견고하지 못하다고, 통한이라고, 살육자라고, 더러운 것이 흘러 나오는 곳이라고, 형성된 것이라고, 생겨난 것이라고, 늙는 것이라고, 병든 것이라고, 죽는 것이라고, 근심이 있는 것이라고, 슬픔이 있는 것이라고, 고민이 있는 것이라고, 번뇌의 더러움이 있는 것이라고 요가수행자는 이 몸에서 실천수행해야 하는 것입니다. 이것이 파악해야 할 궁사의 세번째 지분입니다.

대왕이여! 나아가 또한 궁사는 아침저녁으로 궁술을 실제로 연습하는 것처럼, 그와 마찬가지로 요가수행자는 아침저녁으로 마음통일의 대상에서 실천수행해야 합니다. 이것이 파악해야 할 궁사의 네번째 지분입니다.

대왕이여! 또한 법의 장군인 장로 사리풋타는 이런 시구를 설하셨습니다.

예를 들면 궁사가 아침저녁으로 실제로 연습하며,
실제로 연습하는 일을 멈추지 않고,
이리하여 그의 기술에 의해서
보수를 얻는 것처럼
그처럼 부처님의 아들도 또한
몸에 있어서 실천수행하고
몸에 있어서 실천수행을 멈추지 않는다면
그는 아라한의 지위를 증득하리라.

이렇게 말입니다."

맺 음 말

　이상 22장으로 꾸며진 6부에서 이 책에 전해진 밀린다왕의
질문 262가지는 끝났다. 그렇지만 전해지지 않는 질문은 42가지
가 있다. 전해진 것과 전해지지 않는 것 모두를 합해서 304개의
질문이 있다. 이들은 모두 '밀린다왕의 물음'이라고 불린다.

　왕과 장로와의 문답이 끝났을 때 840만 요쟈나 크기의 이 대
지는 물가에까지 여섯 번 진동하고 번갯불이 번득였으며, 신들
은 하늘의 꽃을 비처럼 뿌렸다. 대범천은 '훌륭한 일이로다'라
고 외쳤고, 대해의 바닥에서는 우레소리와도 같은 거대한 소리
가 울렸다. 이리하여 저 밀린다왕과 반대편에 섰던 신하들도 존
자 나가세나를 향해서 머리를 존자의 두 발에 대고 합장하고
예배하였다.
　밀린다왕은 마음으로 크게 기뻐하며 거만한 마음을 능히 되
돌려 부처님의 가르침을 진실하게 생각하였고 삼보에 대하여
능히 의심을 없앴으며, 모든 삿된 사상을 떠났고 우둔하고 미혹

함을 버린 사람이 되었으며, 장로 나가세나의 온갖 미덕과 출가·선한 실천도·행동거지에 대해 크게 깨끗한 믿음을 일으켰고 존경하고 믿으며, 집착을 떠났고, 교만한 마음과 자기에 대한 거만한 생각을 버렸으니 마치 뱀의 왕이 독이빨을 뽑은 것과도 같았다. 그리하여 왕은 이렇게 말하였다.

"잘 알았습니다. 잘 알았습니다. 존자 나가세나여! 당신은 부처님에 관한 질문을 명쾌하게 풀이해 주셨습니다. 이 부처님의 가르침에 대한 나의 질문을 해명한 자로서는 법의 장군인 장로 사리풋타를 제외하고 그 밖에 당신과 동등한 자는 존재하지 않습니다. 존자 나가세나여! 부디 저의 죄를 용서해 주십시오. 존자 나가세나여! 나를 재가신자로서 인정해 주십시오. 오늘부터 목숨이 끝날 때까지 삼보에 귀의하겠습니다."

그리하여 왕은 군대와 함께 장로 나가세나를 공손하게 받들면서 밀린다라고 이름하는 정사를 지어서 장로에게 바쳤고 그리고 네 가지 생활필수품을 장로 나가세나와 십억 명의 번뇌의 더러움을 멸한 비구들에게 공양하였다.

그 후 다시 장로의 위대한 지혜에 감명을 받아서 깨끗한 믿음을 일으켜 왕자에게 왕국을 넘기고 가정생활을 떠나 출가하여 뛰어난 관찰력(正觀)을 증대시켜서 아라한의 지위에 올랐다.

그런 까닭에 시구는 이렇게 말한다.

지혜는 세간에서 찬양받는다.
정법을 영원히 이 세상에 확립시킨 논의도 찬양받는다.
지혜에 의해 의혹을 끊고, 현자들은 고요함(열반)을 얻는다.

지혜를 몸에 확립하고, 거기에 정념까지 갖춘 자,
바로 그런 사람이야말로
뛰어난 공양을 받을 가장 높고 으뜸 가는 사람이다.
그런 까닭에 현자는 자기의 이익을 올바르게 보고,
지혜를 지닌 사람을 공양해야 한다.
마치 탑묘가 사람들의 공양을 받는 것처럼.

역주와 해설

밀린다왕문경 역주

1) 실리(實利) : 출가자가 얻는 4과(四果)를 의미한다.
2) 네 가지 폭류란, 모든 선(善)을 억눌러 거칠게 흐른다는 뜻으로 번 뇌의 다른 이름이다. 욕(欲)·유(有)·견(見)·무명(無明)의 네 가 지 거친 흐름을 말한다. 이것으로 인해 중생은 생사윤회하고 있는 것이다.
3) 세 가지 열화란, 탐욕·성냄·어리석음의 세 번뇌를 타오르는 불 길에 비유한 말이다.
4) 일반적으로 '보살'은 깨달음을 얻기 위해 수행하는 사람이라는 의미 인데 여기에서는 석가모니의 전생의 몸을 가리키고 있다.
5) 원문에서의 제목은 '위(胃)에 있어서 자제하라'라는 것인데 역자가 앞뒤의 내용을 살펴 '음식을 자제하라'라고 고친 것이다.
6) 바라문교에서는 베다성전을 연구하기 위한 보조학과로, 제사학·음 운학·운율학·천문학·어원학·문법학의 여섯 가지가 이미 기원 전 3, 4세기 이전부터 있었다.
7) 불교교단의 비구가 되기 위해서는 구족계를 받는 수계식을 행하여 야만 한다. 그 때 보통 세 사람의 스승, 즉 계를 주는 계화상(戒和 尙), 계를 받는 자에게 작법(作法)을 가르쳐 주는 교수사(敎授師), 계

를 받는 자리에서 작법을 실행하는 갈마사(羯磨師)가 있으며, 나아가 입회인으로서 일곱 사람의 증인이 필요하다. 이것을 예로부터 삼사칠증(三師七證)이라고 한다. 또한 이 득도수계와 함께 비구가 언제나 지니고 다녀야 할 삼의(三衣)와 일발(一鉢)이 주어지는데 이렇게 하여 정식 비구가 되는 것이다.

8) 승복을 입을 자격이 인정되지 않는데도 비구라고 자신을 부른다면 이것은 결국 승복(黃衣)을 훔치는 죄를 범하게 된다는 뜻이다.

9) 여기에서 생태(生態)라는 말은 자궁(子宮), 즉 태(胎)를 의미하기보다는 태생, 난생, 습생, 화생이라고 할 경우의 '생'에 해당한다.

10) 여기에서는 야차를 특정한 형태를 갖고 있는 실재(實在) 즉 예를 들면 악마와 같은 것으로 보지 않고, 인간을 제외한 폭넓은 동물의 사체에서 야차의 존재를 인정하고 있다. 이것은 야차가 죽은 영혼으로 간주하여 논의하고 있다고 할 수 있다.

11) maru, 산스크리트어로는 marutah라고 하며 'the spirit of the air'로 번역하고 있다.

12) 만다타르왕은 몇 차례나 인간세상에 태어나서 마음껏 황금의 비를 내리게 하며 즐겼고, 또한 천계에 태어나서는 마음먹은 대로 욕락을 누린 왕으로 이름을 널리 알리고 있다. 니미왕은 전생에 마카데바왕이라 불렸는데 출가하여 범천계에 태어났지만 이 세상에 다시 태어나서 니미왕이 되었고 다시금 출가하여 천계에 태어난 인물이다. 사디나왕은 비데하의 미틸라시(市)의 왕으로서 오계(五戒)를 지키고 대대적인 보시를 행하여 백성들을 돌보았다. 인드라천이 왕을 천계에 태어나게 하였는데 왕이 다시 미틸라시에 돌아왔을 때는 7백 년후의 일로서 이미 그의 7대손인 나라다왕이 다스리고 있었다고 한다. 음악가 굿틸라는 부처님의 전생으로 알려져 있다. 베나레스의 왕을 섬기던 음악가로서 앞못보는 노부모를 부양한 인물이다.

13) 원본에는 '원숭이의 얕은 잠'이라는 표현을 썼다. 즉 반쯤은 졸리고 반쯤은 졸리지 않은 상태를 원숭이가 졸고 있는 모습으로 비유한 말이다.

14) 승잔(僧殘)을 말한다. 비구에게는 열세 가지, 비구니에게는 열일곱 가지의 항목이 있는데 그 중 일곱 가지가 양자에게 공통된다. 승잔 이란 죄를 범해도 참회하면서 일정한 처벌을 받으면 비구·비구니 로서의 자격이 남아 있으며 승가에 머물 수 있다는 뜻이다.

15) 업처(業處)를 가리키는 것으로 보인다. 이것은 선정의 단계에 들어 가기 위해 수행자가 시체 썩는 모습 등과 같은 특정한 대상에 오로 지 마음을 기울이며, 그 대상의 한 가지 특징을 파악해서 잠시라도 잊는 일이 없는 수행법이다. 여기에서 나오는 내용은 선정에 들어 가기 위한 마음통일의 수단이 되는 것을 설명하고 있다.

16) 연성이란 음과 음이 결합할 경우 발생하는 음의 변화로서 범어에서 의 산디법칙을 말한다.

17) 출가자는 세 가지 옷 즉 하의(下衣, 안타의)·상의(上衣, 울타라승)· 대의(大衣, 승가리)만을 지니는 것이 원칙이다. 따라서 제4의 옷이란 출가자에게는 있을 수 없는 옷이므로 이 말은 가죽옷을 입지 않고 오직 삼의만을 입는다는 뜻이다.

18) 혹시 땅에 사는 생명체를 밟아 죽일지도 모르므로 눈을 아래로 내 려 깔아서 자신의 발 밑을 살피며 걷는 사람이란 의미이다. 《숫타 니파타》에도 이런 내용이 등장한다.

19) 세 곳의 장소란 빠치나(동쪽), 아반티(갠지스 강 상류지역), 다키나파 타(데칸지방)의 세 곳을 말하며, 열여섯 곳의 거대한 지방이란 당시 세력이 강하였던 십육대국(十六大國)을 말한다. 즉 앙가, 마가다, 카 시, 코살라, 밧지, 말라, 체티, 밤사, 쿠루, 판찰라, 마카, 수라세나, 앗사카, 아반티, 간다라, 캄보자이다.

20) 세속의 생활에 관련하여 일어나는 사항으로서, 이익·불이익·명성·불명예·즐거움·괴로움·칭찬·비난의 여덟 가지를 말한다.

21) 욕심과 성냄과 어리석음이라는 삼독(三毒)을 말하며 이러한 불길이 고요히 꺼진 경지가 바로 열반(니르바나)의 경지이다.

22) 중요한 관직에 오르면 천자(天子)로부터 하사받게 되는 인(印)과 인에 딸린 끈.

23) 오개(五蓋)를 말하며, 욕심·성냄·졸음과 같은 혼미한 상태·마음이 수선스럽거나 가라앉은 상태·의심의 다섯 가지 번뇌이다.

24) 일반적으로 수면(隨眠)을 말하며, 번뇌의 다른 이름이다. 《청정도론(淸淨道論)》에서는 일곱 가지의 수면을 말하고 있는데 그것은 탐욕(貪欲)수면, 진에(瞋恚)수면, 만(慢)수면, 견(見)수면, 의(疑)수면, 유탐(有貪)수면, 무명(無明)수면을 가리킨다. 수면이란 강력해진다는 의미를 갖고 있는데, 이러한 번뇌들이 강력해지는 까닭에 종종 욕탐 등을 일으키는 원인이 되어 오탁악세에서 생을 받게 한다고 설명한다.

25) 눈을 감았거나 눈을 떴을 때나 우리가 파악하는 대상의 상(相)이 하나가 되어서 나타나는 선정의 경지이다. 심신이 하나(一如)가 되면 보는 주체와 보여지는 객체가 별개의 존재로서 상대하여 존재하는 것이 아니게 된다고 한다. 보는 작용을 떠나서는 보여지는 대상도 존재하지 않는다. 따라서 주체와 객체는 모두 인식작용에서 비롯되는 존재임을 설명하는 내용이다.

26) 보시(布施), 애어(愛語), 이행(利行), 동사(同事)의 네 가지 덕목을 말한다.

27) 여기에서 말하는 올바른 특징이란, 출가자에게 어울리지 않은 재가자의 모습을 버리고 머리와 수염을 깎고 삼의를 입는 출가자의 모습을 의미한다.

28) 킨나라와 그 아내가 오랜 동안 이별하고 있다가 서로 포옹하며 기
   쁨의 눈물을 흘렸을 때 사냥꾼을 향해 그 까닭을 말해 준 시구로서
   쟈타카 504번째 이야기인 발라티야 쟈타카의 내용이다.

해 설

현대인과 《밀린다왕문경》

　《밀린다왕문경》의 원제목은 Milindapanha 또는 Milindapanho 이다. 팔리어로 쓰여진 성전 가운데 하나이다.

　《밀린다왕문경》은 기원전 2세기 후반, 즉 기원전 150년경에 서북인도를 지배하였던 그리스왕 메난드로스(밀린다는 음사어이다)와 불교 경전에 정통한 학승이었던 나가세나와의 사이에 벌어졌던 대론서이다.

　성전이라고 하면 일반적으로 '경'을 생각하는데 《밀린다왕문경》은 현재 스리랑카불교에서는 장외(藏外)의 전적으로 다루어지고 있다. 장외라는 것은 경률론 삼장 속에 들어가지 않는 것을 말한다. 다시 말하면 앞서 말한 바와 같이 경이 아니기 때문이다. 하지만 미얀마불교에서는 경장(經藏) 가운데 소부경전(小部經典) 속에 넣고 있으며 이런 의미에서 미얀마불교는 이 책을 대단히 존중하고 있다고 말할 수 있을 것이다.

밀린다(메난드로스)왕은 기원전 2세기 후반 서북인도를 통치한 그리스왕이었다. 기원전 327년 알렉산더대왕이 인도를 침입한 이래 인도대륙 특히 서북인도와 북인도에는 그리스 세력이 항상 미치고 있었다. 그 후 기원전 160～140년경에 밀린다왕이 나와서 인도의 내륙지방에까지 그 세력을 넓혔으며 기원전 80년에 인도대륙에 미친 그리스인의 정치적 지배는 종말을 고하게 되지만 수많은 그리스인들은 그대로 인도땅에 머물러 살면서 토착화되어 갔다. 인도문헌에 그들은 '야바나'라는 이름으로 자주 등장하며 다양하게 힌두세계에 동화되어 갔다. 하지만 비록 힌두사회에 정착을 완료했지만 바라문측의 사성제도 틀 속에서 그들은 수다라나 브라탸(평민) 정도의 지위에 지나지 않았으며 사실상 수다라와 다름없는 대우를 받았던 것이다. 따라서 그리스인을 포함한 인도 내의 이민족들이 인도사회에 동화되어 갈 때 그들이 계급제도에 대하여 개방적이고 평등한 입장을 취하고 있던 불교를 수용한 것은 당연한 일일지도 모른다.

이 책의 주인공인 밀린다왕은 인도 문화사상 후세에 영향을 남기고 있는 유일한 그리스왕이다. 다시 말하면 현존 인도문헌 속에서 그 이름이 전해지고 있는 유일한 그리스왕이라는 뜻이다. 밀린다왕의 인물 됨됨이에 대해서는 본서에서도 다음과 같이 소개하고 있다.

"그는 … 유식하고 달변하였으며 총명하고 유능하였다. 또한 여러 가지 예술과 학문에 통달하였고 훌륭한 논객으로서 누구나 접근하기 어렵고 굴복시키기 어려우며 여러 조사들 중에서 가장 훌륭한 자라고 인정받았다. 그리고 인도에서 체력, 민활성,

용맹성에 있어서는 물론이고 지혜에 있어서도 그와 대등한 자가 한 사람도 없었고 매우 부유하였고 엄청난 군사력도 지니고 있었다.(생략)"

밀린다왕이 정말 불교에 귀의하여 독실한 신앙생활을 하였던 증거는 오늘날 찾아볼 수 없지만 그가 남긴 화폐에 윤보(輪寶)를 새겨 넣었다는 사실은 불교와 밀접한 관련을 갖고 있음을 증명해 준다고 하겠다. 또한 그의 이름이 새겨진 석가모니 부처님의 사리탑 등이 발굴되어 이러한 사실을 뒷받침해 주고 있다.

한편 이 책의 또 한 사람의 주인공인 나가세나 비구는 바라문 집안에 태어났으며 어려서부터 총명하여 바라문 승려가 되기 위한 학업을 열심히 익힌 인물이다. 그러다가 그런 학업에 정통해보아도 마음의 공허함을 메우기 어려워지자 존자 로하나에게 나아가 출가하게 된다. 그는 제일 먼저 아비달마를 공부하였고 그 밖의 논장을 두루 익히고 통달하게 된다.

《밀린다왕문경》1, 2권은 크게 세 부분으로 나눌 수 있다.

첫번째 부분은 앞에서 소개한 밀린다왕과 나가세나 비구에 관한, 그들이 살아온 이야기와 평판, 그리고 두 사람이 만나기까지의 인연이야기인데 본서 《밀린다왕문경》제1권 앞부분에 실려 있다.

그리고 이어서 밀린다왕이 지금까지 지녀왔던 의문을 나가세나 비구에게 물어보는 부분이 등장하는 것이 두번째 부분이다.

또한 불교에 귀의하게 된 밀린다왕이 이번에는 부처님과 부처님의 가르침, 그리고 승단에 관한 다양한 문제를 나가세나 비구에게 물어보고 나가세나는 다양한 비유와 쉬운 설명, 그리고 반문 등으로 밀린다왕의 그런 의문을 시원하게 해결해 주는 부분이 바로 세번째 부분이다.

밀린다왕이 던진 질문은 오늘날 우리가 불교를 신앙하거나 공부해나가는 과정에서 생겨나는 숱한 의문을 대신하고 있다.

'나'라는 것이 무엇일까?

부처님은 '무아' 즉 '나'라는 것이 없다고 말씀하시고는 어찌하여 윤회를 말씀하시는 것인가? 윤회한다는 말은 '나'라는 것이 다음 세상에 다시 태어난다는 말이 아닌가?

정말 깨달은 사람은 괴로움이나 즐거움, 또는 몸으로 느끼는 육체적 고통과 같은 느낌이 있을까?

'태초'라고 하는 시간이 존재할까?

이 같은 질문을 비롯하여 밀린다왕은 나가세나 장로에게 '당신은 무엇 때문에 출가하였는가', '당신은 분명히 다음 세상에 생을 맺지 않겠느냐', 심지어는 석가모니 부처님이 전생에 보살행을 하실 때에 자신의 자식들을 바라문에게 보시하셨는데 이것은 무자비한 일이 아닌가, 정말 보시하고 싶으면 자기 자신이나 보시할 것이지 눈물로 호소하는 자식을 매정하게 자기 손으로 묶어서 바라문에게 준 것은 도저히 받아들일 수 없다는 내용의 질문을 화살처럼 퍼부어대고 있다.

밀린다왕의 질문을 보면 물론 오늘날의 상식으로 쉽게 납득할 수 없는 내용도 어느 정도 담고 있기는 하지만 상당부분이 우리들 불자에게도 의문으로 남아 있는 것들이다. 이에 대해 나가세나는 적절한 비유를 통해 밀린다왕의 의문을 해결해 주고 있는 것이다.

해 설

그가 들고 있는 비유들은 우리들 일상생활에서 쉽게 발견할 수 있는 사물, 예를 들면 등불, 전쟁터, 화살, 우유, 갓난아이, 바다, 산을 비롯한 온갖 동물들을 통하여 질문을 던진 사람의 의문을 곧바로 해결해 주기보다는 자신의 비유를 통해 추리하여 스스로 납득하도록 유도하는 특징도 지니고 있다.

그뿐 아니라 그가 취하는 입장은 단호하고 직설적이고 비유적이기도 한 반면 자신의 수행정도에 대해서는 겸손하고 솔직한 태도를 견지하고 있다. 어쩌면 밀린다왕은 이 같은 나가세나 장로의 솔직하고 겸손한 태도, 그러면서도 왕인 상대방을 위압하는 당당함과 태연함에 처음부터 마음이 굴복하였는지도 모른다.

물론 본서는 부파불교 특히 상좌부불교에 대한 이해가 전제로 되어야 하며 윤회라든지, 출가 우선주의와 같은 내용에 있어서는 당시 논란이 되었던 부파적 견해가 담겨 있으므로 일반 독자들이 무조건 말씀 그 자체라고 받아들이기에는 조심스러운 부분이 있다는 점도 인정해야 할 것이다.

하지만 일방적인 가르침이나 훈계가 아니라 상호간의 대화를 통해 전혀 다른 문화권의 사람을 자연스럽게 납득시켜 가는 점은 오늘날을 살아가는 불자들이 배우고 익혀야 할 태도라고 생각한다. 또한 간결하고 재미있는 대화를 통해 불교의 근본교리도 공부할 수 있다는 점에서 이 책은 상당한 가치를 지니고 있다고 할 수 있다.

마지막으로 본 민족사판 《밀린다왕문경》은 일본 평범사에서 간행된 동양문고 시리즈 가운데 《밀린다왕의 물음》 전 3권을 저본으로 하고 있음을 밝혀둔다.

역자소개 : 이 미 령

1964년 강원도 출생. 동국대학교 불교학과와 동(同) 대학원 불교
학과 석사과정 졸업. 현재 동국역경원의 역경불사에 동참하고
있으며 기타 불교관계 서적을 번역, 원고집필을 하고 있다. 불교
의 서구적모색(민족사), 원시경전시리즈(민족사), 본생경(민족사),
수필로 쓴 불교(불교시대사), 부처님의 십대제자(우리출판사), 경전
그 성립과 전개(시공사), 불설불모출생삼법장반야바라밀다경(동국
역경원), 대당서역기(동국역경원) 등을 번역하였다.

불
교
경
전
⑱

밀린다왕문경②

2000년 6월 15일 초판 1쇄 발행
2013년 11월 15일 초판 6쇄 발행

역 자 — 이 미 령
발행인 — 윤 재 승
ⓒ발행처 — 민 족 사

등록 제1-149호, 1980. 5. 9.
서울 종로구 수송동 58 두산위브파빌리온 1131호
전화 (02) 732-2403～4, 팩스 (02) 739-7565

E-mail / minjoksabook@naver.com
홈페이지 / www.minjoksa.org

값 18,500원

ISBN 978-89-7009-183-9 04220
• 경전은 부처님의 말씀입니다.
• 경전을 소중히 합시다.